江苏省高速公路养护人员培训教材

Qiaoliang Yanghu yu Jiagu Jishu
桥梁养护与加固技术
(Yanghu Shigong Jishu ji Guanli Renyuan)
（养护施工技术及管理人员）

龙兴灿 主编

张 毅 吴赞平 主审

人民交通出版社股份有限公司

北京

内 容 提 要

本书为江苏省高速公路养护人员培训教材。全书介绍在役桥梁检查方法、技术状况评定及承载能力状况评定方法;介绍桥面铺装、人行道、伸缩缝和支座的缺损类型、养护、维修与更换方法;桥梁钢筋混凝土构件的蜂窝麻面、剥落掉角、空洞孔洞、钢筋锈蚀等表面缺损类型及维修方法;对混凝土构件裂缝检查方法及成因分析,介绍裂缝的表面封闭法和压力灌浆修补法;梁桥上部结构缺陷类型分析及桥面补强、增大截面、粘贴钢板、粘贴碳纤维布、体外预应力等加固方法;以及拱桥上部结构、桥梁下部结构等部位的加固方法。

本书可供公路桥梁养护与加固技术人员学习使用,也可供相关专业学生、工程技术人员参考使用。

图书在版编目(CIP)数据

桥梁养护与加固技术:养护施工技术及管理人员 / 龙兴灿编. — 北京:人民交通出版社股份有限公司, 2021.1(2025.6 重印)
ISBN 978-7-114-16327-2

Ⅰ.①桥… Ⅱ.①龙… Ⅲ.①公路桥—保养—技术培训—教材②公路桥—加固—技术培训—教材 Ⅳ.①U448.145.7

中国版本图书馆 CIP 数据核字(2020)第 260417 号

江苏省高速公路养护人员培训教材

书　　名:	桥梁养护与加固技术(养护施工技术及管理人员)
著 作 者:	龙兴灿
责任编辑:	岑　瑜　闫吉维
责任校对:	孙国靖　龙　雪
责任印制:	张　凯
出版发行:	人民交通出版社股份有限公司
地　　址:	(100011)北京市朝阳区安定门外外馆斜街 3 号
网　　址:	http://www.ccpcl.com.cn
销售电话:	(010)85285911
总 经 销:	人民交通出版社股份有限公司发行部
经　　销:	各地新华书店
印　　刷:	北京虎彩文化传播有限公司
开　　本:	787×1092　1/16
印　　张:	18.75
字　　数:	441 千
版　　次:	2020 年 12 月　第 1 版
印　　次:	2025 年 6 月　第 4 次印刷
书　　号:	ISBN 978-7-114-16327-2
定　　价:	67.00 元

(有印刷、装订质量问题的图书由本公司负责调换)

前　言

目前,江苏省高速公路养护需求日益突显,养护工作量呈现井喷式增长,这使得本已滞后的养护工作显得更加落后于高速公路发展的需求。现阶段养护工作的主要突出问题表现在:养护管理滞后、养护法规及制度不完善、机械化水平较低、"管养一体"和"管养分离"两种管理模式并存、养护管理人员素质有待提高。因此,亟须建立完整的高速公路养护体系,使高速公路养护工作在体系框架下能够程序化、标准化、精细化、科学化地运行。

高速公路养护体系的建立主要是养护标准体系的建立,按照实施主体,可分为养护管理标准化、养护施工标准化及养护监理标准化,而养护施工标准化文件作为其他两个标准化文件的基础和实施对象应先期制定。通过高速公路养护施工标准化文件的制定与实施,可以解决目前高速公路养护施工中的诸多问题。例如,通过对江苏省高速公路常用养护施工方法制定标准,统一施工程序,可规范和提高施工技术水平;使养护施工管理有据可依,便于养护工作的评价与考核,系统地提高养护管理水平;可以有效地缩短施工时间,节约施工材料、劳动力资源和机械台班,减少重复工作和返工,从而提高效率、节约资源,实现绿色养护理念;通过"贯标"使企业的管理水平得到提升,从而实现企业自身价值的提升,提高企业的市场竞争能力;通过养护标准化系列文件的制定和实施,全面提升江苏省养护施工、管理水平,形成具有江苏特色的高速公路养护体系,从而树立江苏交通形象,形成独特的江苏交通文化。

根据江苏省高速公路养护体系标准化要求,江苏交通控股有限公司与南京交通职业技术学院共同完成了"江苏省高速公路养护标准化体系研究与实践"课题,并以优秀等次通过江苏省科学技术成果鉴定。以此课题为依据,两个单位共同编写了系列培训教材,旨在培养江苏省高速公路养护作业人员按照标准流程及工艺对高速公路进行养护作业与管理。本书为系列培训教材之一,主要针对现场养护技术人员对高速公路桥梁养护与加固施工作业开展培训,侧重于养护施工控制与管理。

本书具有以下特点：

(1)根据课题成果编写，具有较强的原创性。其中，标准养护作业方法、管理程序及表格为课题的直接研究成果。

(2)知识体系针对性较强，主要针对江苏省高速公路桥梁养护与加固技术人员进行培训，以解决工程实际问题。

(3)本书是江苏省高速公路养护人员培训教材之一。桥梁养护与加固是江苏省高速公路养护任务中最重要的部分之一。

本书按照桥梁养护与加固施工技术人员及工人的施工程序及管理要求，分为7个项目，内容如下：

项目1 桥梁养护与加固基本知识。主要介绍了桥梁结构组成与分类、结构体系划分；桥梁定期检查的工作流程、检查时间和检查的主要内容；桥梁技术状况评定方法；桥梁承载能力检测与评定方法；桥梁养护维修、桥梁加固的概念，养护与加固的程序等。

项目2 桥面系及支座养护。主要介绍了桥面系的组成；桥面铺装、人行道等的缺陷类型，及其维修方式；伸缩缝和支座的构造、常见缺陷类型，以及伸缩缝和支座的维修更换方法。

项目3 钢筋混凝土构件养护维修。主要介绍了钢筋混凝土构件的表面缺损技术状况，分析缺损成因和造成的危害，对桥梁构件一般性养护；钢筋混凝土构件裂缝类型、检测方法和成因分析，针对表面裂缝和深裂缝的修补方法。

项目4 梁桥上部结构加固。主要介绍了梁桥上部结构的跨中下挠、结构变位、承重构件损伤、预应力损伤等病害及成因；针对上部结构损伤提出增大截面加固法、粘贴钢板加固法、粘贴钢筋加固法、粘贴碳纤维加固法体外预应力加固法的构造要点、施工工艺流程。

项目5 拱桥维护与加固。主要介绍了砖、石拱桥常见病害和维修方法、加固方法；双曲拱桥常见病害、维修、加固方法；桁架拱桥与刚架拱常见病害、维修、加固方法；喷射混凝土加固施工方法和注意事项。

项目6 下部结构维修与加固。主要介绍了桥梁下部结构构造组成；桥墩、桥台、基础的病害类型；混凝土、砖石结构表层缺陷的维修方法，基础及其他缺陷的维修方法；钢筋混凝土盖梁、墩柱、桥台、承台、基础的加固方法；墩台地基的高压旋喷注浆法和土体注浆法的施工；桥头搭板注浆维修方法。

项目 7　其他加固方法。主要介绍了超重车过桥的相关规定,超重车辆过桥时的临时加固方法;常见桥梁震害,桥梁抗震的构造要求,桥梁抗震加固方法;公路桥梁汛期防护加固方法。

附录 A　加固用材料。水泥混凝土、钢材、锚固件、纤维复合材料、胶黏剂、裂缝修补材料、混凝土表面缺陷修复及防护材料。

附录 B　桥梁加固用表格。报验、审批、交底、验收、计量、预算等 13 项相关表格。

本书由南京交通职业技术学院龙兴灿编写,由江苏交通控股有限公司吴赞平和南京交通职业技术学院张毅主审。其间得到江苏交通控股有限公司相关部门的大力支持与帮助,在此一并表示感谢。

限于编者水平,书中难免有不足之处,恳请读者批评指正。

编　者
2020 年 5 月

目　　录

项目 1　桥梁养护与加固基本知识 ··· 1
　　任务 1.1　桥梁结构组成与分类 ··· 1
　　任务 1.2　桥梁检查 ·· 5
　　任务 1.3　桥梁技术状况评定 ·· 10
　　任务 1.4　桥梁承载能力评定 ·· 21
　　任务 1.5　桥梁养护与加固的基本概念 ·· 28
　　思考题 ··· 34

项目 2　桥面系及支座养护 ·· 35
　　任务 2.1　桥面铺装 ·· 36
　　任务 2.2　桥面系其他构件养护与维修 ·· 47
　　任务 2.3　伸缩缝装置 ··· 55
　　任务 2.4　支座维修与更换 ·· 67
　　思考题 ··· 90

项目 3　钢筋混凝土构件养护维修 ·· 91
　　任务 3.1　钢筋混凝土表面缺损 ··· 91
　　任务 3.2　桥梁构件一般性养护 ··· 96
　　任务 3.3　桥梁构件裂缝类型与成因 ·· 106
　　任务 3.4　裂缝检查与分析 ·· 124
　　任务 3.5　裂缝修补 ·· 137
　　思考题 ··· 140

项目 4　梁桥上部结构加固 ·· 141
　　任务 4.1　梁桥上部结构病害 ·· 141
　　任务 4.2　桥面补强加固 ··· 147
　　任务 4.3　增大截面加固法 ·· 149
　　任务 4.4　粘贴钢板加固法 ·· 152
　　任务 4.5　粘贴碳纤维加固法 ·· 160
　　任务 4.6　体外预应力加固法 ·· 169
　　思考题 ··· 174

项目 5　拱桥维护与加固 ··· 175
　　任务 5.1　圬工拱桥加固方法 ·· 175

  任务 5.2 双曲拱桥加固方法 ……………………………………………………… 181
  任务 5.3 桁架拱与刚架拱加固方法 ……………………………………………… 188
  任务 5.4 中下承式拱桥吊杆更换 ………………………………………………… 191
  任务 5.5 喷射混凝土加固 ………………………………………………………… 202
  思考题 …………………………………………………………………………………… 205

项目 6 下部结构维修与加固 ……………………………………………………………… 207
  任务 6.1 下部结构结构形式及缺损类型 …………………………………………… 207
  任务 6.2 下部结构养护维修 ……………………………………………………… 217
  任务 6.3 下部结构加固 …………………………………………………………… 221
  任务 6.4 墩台地基加固 …………………………………………………………… 227
  任务 6.5 桥头搭板维修 …………………………………………………………… 237
  思考题 …………………………………………………………………………………… 242

项目 7 其他加固方法 …………………………………………………………………… 243
  任务 7.1 超重车过桥加固 ………………………………………………………… 243
  任务 7.2 公路桥梁抗震加固 ……………………………………………………… 247
  任务 7.3 公路桥梁汛期防护加固 ………………………………………………… 262
  思考题 …………………………………………………………………………………… 264

附录 A 加固用材料 …………………………………………………………………… 266
  A.1 材料选用原则 ……………………………………………………………… 266
  A.2 水泥混凝土 ………………………………………………………………… 266
  A.3 钢材 ………………………………………………………………………… 267
  A.4 锚固件 ……………………………………………………………………… 267
  A.5 纤维复合材料 ……………………………………………………………… 268
  A.6 胶黏剂 ……………………………………………………………………… 269
  A.7 裂缝修补用材料 …………………………………………………………… 271
  A.8 混凝土表层缺陷修复及防护用材料 ……………………………………… 271

附录 B 桥梁加固用表格 ……………………………………………………………… 272
  B.1 工程设备报验单 …………………………………………………………… 272
  B.2 工程材料报验单 …………………………………………………………… 273
  B.3 施工组织设计报审表 ……………………………………………………… 274
  B.4 工程开工申请单 …………………………………………………………… 275
  B.5 高速公路养护施工作业报备表 …………………………………………… 276
  B.6 安全技术交底表 …………………………………………………………… 277
  B.7 专项养护工程报验单 ……………………………………………………… 278
  B.8 工程项目验收单 …………………………………………………………… 279

B.9 工程计量表 ………………………………………………………… 280
B.10 专项工程预算表 …………………………………………………… 281
B.11 现场工程量变更签证单 …………………………………………… 282
B.12 工序质量检验单(粘贴碳纤维) ………………………………… 283
B.13 现场质量检验报告单(粘贴碳纤维) …………………………… 284

参考文献………………………………………………………………… 285

项目1 桥梁养护与加固基本知识

> **学习目标**
> 1. 掌握桥梁结构组成与分类、结构体系划分。
> 2. 了解定期检查的工作流程、检查时间和检查的主要内容。
> 3. 熟悉桥梁技术状况评定方法。
> 4. 了解桥梁承载能力检测与评定方法。
> 5. 熟悉桥梁养护维修、桥梁加固的概念、养护与加固的程序。

通畅的交通不仅是经济发展的保障,也是衡量现代社会生活品质的重要指标之一,而桥梁作为交通运输重要的节点,近年来取得了举世瞩目的发展,更是形成了庞大的固定资产。对这些数目庞大、技术状况复杂的桥梁结构实施科学、有效的管理,维系桥梁结构的运营安全,对保障国民经济正常运行,是十分必要和非常重要的。对桥梁养护营运管理,先要认识桥梁的结构。

任务1.1 桥梁结构组成与分类

一、桥梁结构的组成

《公路桥梁技术状况评定标准》(JTG/T H21—2011)(以下简称《桥评标准》)将桥梁分为桥梁由上部结构、下部结构及桥面系三个基本部分(图1-1-1)。

图1-1-1 梁式桥基本组成

1. 上部结构

桥梁上部结构是承担线路荷载、跨越障碍的主要承重结构。它的作用是承担上部结构所

受的全部荷载并传给支座(或下部结构),是桥梁承载和跨越的重要部分,其主要构件如下:

(1)梁式桥的主梁、横隔梁,桁架梁桥中的主桁架等。

(2)圬工拱桥、板拱桥、肋拱桥、箱形拱桥和双曲拱桥中的拱肋(主拱圈)、拱上结构(立柱、横向联结)、桥面板等。

(3)桁架拱和刚架拱的上弦杆、拱片、横向联结杆(系梁)、微弯板等。

(4)钢—混凝土组合拱桥的(主拱圈)、横向联结、立柱、吊杆、系杆、防护板、桥面板等。

(5)支座。《桥评标准》将支座划分为上部结构。

2. 下部结构

桥梁下部结构是桥墩、桥台及桥梁基础的总称,是支承桥跨结构并将荷载传至地基的建筑物。《桥评标准》将翼墙、耳墙、锥坡、护坡、河床及调治构造物等附属设施划分为下部结构。

(1)桥墩:位于多孔桥跨的中间部位,支承相邻两跨上部结构的建筑物,其功能是将上部结构荷载传至基础。

(2)桥台:位于桥梁的两端,支承桥梁上部结构,并使之与路堤衔接的建筑物,其功能是传递上部结构荷载于基础,并抵抗来自路堤的土压力。

(3)桥梁基础:是桥梁最下部的结构,上承墩台,并将全部桥梁荷载传至地基。基底应设置在有足够承载力的持力层处,并要求有一定的埋置深度。基础工程在整个桥梁工程施工中是比较困难的部分,而且常常需要在水中施工,因而遇到的问题也很复杂。

(4)附属设施:桥梁附属设施有翼墙、耳墙、锥坡、护坡、河床及调治构造物等。

翼墙与耳墙:翼墙就是桥台两侧挡土墙,耳墙就是桥台盖梁上两侧挡土墙。

锥坡与护坡:为了维持路堤的边坡稳定并将水流导入桥孔,除带八字形翼墙的桥台外,在桥台左右两侧筑有保持路肩稳定的锥形护坡叫锥坡,直线形护坡叫护坡,坡面以片石砌筑。

河床:谷底部分河水经常流动的地方称为河床。

调治构造物:指的是为引导或改变水流方向,使水流平顺地通过桥孔以减缓水流对桥位附近河床、河岸的冲刷而修建的水工构造物,如导流堤、梨形坝、长堤、丁坝、顺坝、截水坝等。

3. 桥面系

桥面系一般由桥面铺装、栏杆(防撞墙)、人行道、伸缩缝、照明系统等组成。

桥面铺装用以防止车轮直接磨耗桥面板、排水和分布轮重。

伸缩缝位于桥梁墩顶上部结构之间或其他桥型上部结构与桥台端墙之间,以保证结构在各种因素作用下的自由变位,使桥面上行车顺适、不颠簸。

二、桥梁结构体系划分

桥梁有各种不同的分类方式,每一种分类方式均反映出桥梁在某一方面的特征。如:

(1)按用途分为:公路桥、公铁两用桥、人行桥、机耕桥、过水桥等。

(2)按工程规模分为:特大桥、大桥、中桥、小桥、涵洞,见表1-1-1。

(3)按行车道位置分为:上承式桥、中承式桥、下承式桥。

根据结构体系及其受力特点,将桥梁划分为梁式桥、拱式桥、悬索桥、斜拉桥四种形式的结构体系。不同的结构体系对应于不同的力学形式,表现出不同的受力特点。

桥梁按跨径分类 表1-1-1

桥涵分类	多孔跨径总长 L_Z(m)	单孔跨径 l_K(m)
特大桥	$L_Z > 1000$	$l_K > 150$
大桥	$100 \leq L_Z \leq 1000$	$40 \leq l_K \leq 150$
中桥	$30 < L_Z < 100$	$20 \leq l_K < 40$
小桥	$8 \leq L_Z \leq 30$	$5 \leq l_K < 20$
涵洞	—	$l_K < 5$

1. 梁式桥

梁式桥是古老的结构体系之一。梁作为承重结构,主要是以其抗弯能力来承受荷载。在竖向荷载作用下,其支承反力也是竖直的,一般梁体结构只受弯、受剪,不承受轴向力。如图 1-1-2 所示。

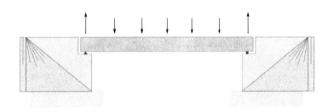

图 1-1-2 简支梁桥示意图

根据受力形式,梁式桥分为简支梁桥(含先简支后连续)、连续梁桥、连续刚构桥、T 形刚构桥、刚架桥、悬臂梁桥;根据材料组成,分为混凝土梁式桥和钢梁桥。

在梁式桥中,简支梁(图1-1-2)跨越能力有限,因此,悬臂梁(图1-1-3)和连续梁(图1-1-4)得到发展。它们通过改变或增强中间支承来减少跨中弯矩,更合理地分配内力,加大桥梁跨越能力。悬臂梁采用铰接或简支跨(称为挂孔)来连接其两端,其为静定结构,受力明确,计算简便;但因结构变形在连接处不连续而对行车和桥面养护产生不利影响,近年来已很少采用。连续梁因桥跨结构连续,克服了悬臂梁的不足,是目前采用较多的梁式桥型。

图 1-1-3 悬臂梁式桥

图 1-1-4 连续梁式桥

2. 拱式桥

拱式桥(图1-1-5)的主要承重结构是具有曲线外形的拱(其拱圈的截面形式可以是实体矩形、肋形、箱形、桁架等)。在竖向荷载作用下,拱主要承受轴向压力,同时也承受弯矩、剪力。支承反力不仅有竖向反力,也承受较大的水平推力。

图1-1-5 拱桥示意图

根据拱的受力特点,多采用抗压能力较强且经济合算的圬工材料和钢筋混凝土来修建拱桥,拱对墩台有较大的水平推力,对地基的要求较高,故一般宜建于地基良好之处。

根据主拱圈材料,拱式桥分为圬工拱桥,钢筋混凝土拱桥(板拱桥、肋拱桥、箱形拱桥、双曲拱桥、刚架拱桥、桁架拱桥),钢—混凝土组合拱桥及钢拱桥4种类型。

3. 悬索桥

悬索桥(也称为吊桥)主要由索(又称缆索)、索塔、锚碇、加劲梁等组成,如图1-1-6所示。对跨径较小(如小于300m)、活载较大且加劲梁较刚劲的悬索桥,可以视其为缆与梁的组合体系。但大跨径(1000m左右)悬索桥的主要承重结构为缆索,组合体系的效应可以忽略。在竖向荷载作用下,其缆索受拉,锚碇处会产生较大的竖向(向上)和水平反力。缆索通常用高强度钢丝制成圆形大缆,加劲梁多采用钢桁架或扁平箱梁,桥塔可采用钢筋混凝土或钢结构。因缆索的抗拉性能得以充分发挥且大缆尺寸基本上不受限制,故悬索桥的跨越能力一直在各种桥型中名列前茅。

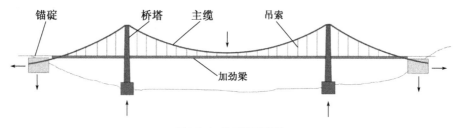

图1-1-6 悬索桥示意图

4. 斜拉桥

斜拉桥(图1-1-7)是由梁、塔和斜索(拉索)组成,结构形式多样,造型优美壮观。在竖向荷载作用下,梁以受弯为主,塔以受压为主,斜索则承受拉力。梁体被斜索多点扣拉,表现出弹性支承连续梁的特点。因此,梁体荷载弯矩减小,梁体高度可以降低,从而减轻了结构自重并节省了材料。另外,塔和斜索的材料性能也能得到较充分发挥。因此,斜拉桥的跨越能力仅次于悬索桥,是近几十年来发展很快的一种桥型。

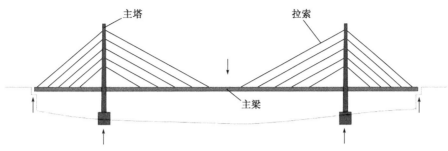

图 1-1-7 斜拉桥示意图

任务 1.2 桥 梁 检 查

为了确保桥梁的使用安全，及早发现桥梁病害及异常现象，应对桥梁进行检查，桥梁检查以目测与仪器结合的方法，对桥梁的蜂窝麻面、剥落、裂缝、挠度、结构变位等外观缺损状况进行检查。明确缺陷和损伤的性质、部位、严重程度及发展的趋势，从而寻找缺陷及损伤产生的原因，为桥梁技术状况评定提供依据。

一、桥梁检查的分类

桥梁检查根据时间周期，分为经常检查、定期检查及特殊检查三种类型。一般情况下，桥梁的检查指的是定期检查。

1．经常检查

桥梁的经常检查，也称为日常检查，主要指对桥面设施、上部结构、下部结构和附属构造物的技术状况进行日常巡视检查，及时发现缺损并进行小修保养工作。

2．定期检查

桥梁的定期检查是为评定桥梁的使用功能、制订管理养护计划提供基础数据，按规定周期，对桥梁主体结构及其附属构造物的技术状况进行定期跟踪的全面检查。主要检查各部件的功能是否完善有效，构造是否合理耐用，发现需要大、中修，改善或限制交通的桥梁缺损状况，同时检查小修保养状况。定期检查还为桥梁养护管理系统提供动态数据。

3．特殊检查

桥梁的特殊检查是查清桥梁结构的病害原因、构件破损程度、承载能力、抗灾能力，确定桥梁技术状况和承载能力。特殊检查分为应急检查和专门检查。

（1）应急检查是当桥梁遭受洪水、流冰、漂流物、船舶撞击、滑坡、地震、风灾和超重车辆自行通过等自然灾害或事故后，立即对结构做的详细检查。查明破损状况后，采取应急措施，以尽快恢复交通。

（2）专门检查是根据经常检查和定期检查的结果对需要进一步判明损坏原因、缺损程度或使用能力的桥梁，要求针对病害进行专门的现场试验检测、检算与分析等鉴定工作，确定桥梁的承载能力，以便进行有效的养护与加固。

二、定期检查工作流程

定期检查一般可由地(市)级公路管理机构的专职桥梁养护工程师负责,并制订桥梁年度定期检查计划,组织实施辖区内桥梁定期检查工作。负责检查的工程师应根据管辖区内登记的桥梁基本状况,制订出年度桥梁检查实施计划。公路桥梁定期检查工作流程如图1-2-1所示。

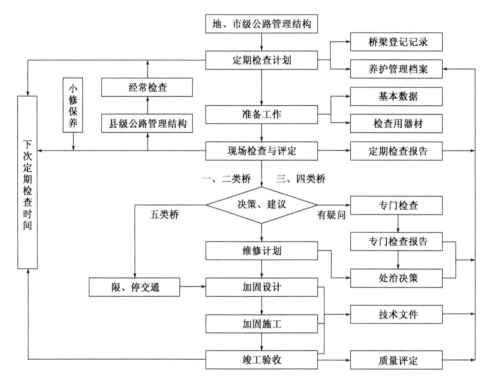

图1-2-1 公路桥梁定期检查工作流程

定期检查人员须事先携带或填写"桥梁检查清单"和"桥梁基本状况卡片",参见《公路桥涵养护规范》(JTG H11—2004)(以下简称《桥涵养护规范》)附录A。新建桥梁应根据技术档案事前做好桥梁卡片登记。最近经过专门检验或维修(大、中修)、加固改善的桥梁,其内容必须事先登记在卡片内。桥梁定期检查记录表包括本次用和上次(最近的)记录的检查数据表。应事先将本次用表的表头基本数据填写好。定期检查以目视观察为主,必要时辅以测量仪器。

三、定期检查的时间

定期检查的时间,按桥梁的不同情况有如下规定:
(1)新建桥梁竣工交付使用一年后,必须进行定期检查。
(2)一般桥梁检查周期不得超过三年。
(3)非永久性桥梁每年检查一次。
(4)在经常检查中发现重要部件缺陷达到三类以上的桥梁,必须安排定期检查。
(5)定期检查一般安排在有利于检查的气候条件下进行。

四、定期检查的主要内容

现场完成工作定期检查必须接近或进入各部件仔细检查其功能及材料的缺损状况,并在现场完成下列工作:

(1)现场校核桥梁基本状况卡片。

(2)当场填写桥梁定期检查数据表,记录各部件缺损状况。

(3)根据调查作出技术状况评分。

(4)实地判断缺损原因,估定维修范围及方式。

(5)对难以判断损坏原因和程度的部件,提出特殊检查(专门检验)的要求。

(6)对损坏严重、危及安全运行的危险桥梁,提出暂时限制交通的建议。

(7)根据桥梁的技术状况,确定下次检查时间。

1. 特大型、大型桥梁的控制检测

特大型、大型桥梁或特殊桥梁应设立永久性观测点,定期进行控制检测,还可根据养护、管理的需要,增加相应的控制检测项目。

(1)新建桥梁交付使用前,公路管理机构应事先要求桥梁建设单位在竣工时设置便于检测的永久性观测点。大桥、特大桥必须设置永久性观测点。测点的编号、位置(距离、高程和地物特征)和竣工测量数据,均应在竣工图上标明,作为验收文件中必要的竣工资料予以归档。

(2)应设置而没有设置永久性观测点的桥梁,应在定期检查时按规定补设。测点的布设和首次检测的时间及检测数据等,应按竣工资料的要求予以归档。

(3)桥梁主体结构维修、加固或改建前后,必须进行控制测量,以保持观测资料的连续性。若控制点有变动,应及时检测,建立基准数据。

(4)桥梁永久性观测点的设置要牢固可靠,当永久控制测点与国家大地测量网联络有困难时,可建立相对独立的基准测量系统。

(5)特大、大、中桥墩(台)旁,必要时可设置水尺或标志,以观测水位和冲刷情况。

2. 桥面系构造的检查

(1)桥面铺装层纵、横坡是否顺适,有无严重的裂缝(龟裂、纵横裂缝)、坑槽、波浪、桥头跳车、防水层漏水。

(2)伸缩缝是否有异常变形、破损、脱落、漏水,是否造成明显的跳车。

(3)人行道构件、栏杆、护栏有无撞坏、断裂、错位、缺件、剥落、锈蚀等。

(4)桥面排水是否顺畅,泄水管是否完好、畅通,桥头排水沟功能是否完好,锥坡有无冲蚀、塌陷。

(5)桥上交通信号、标志、标线、照明设施是否损坏、老化、失效,是否需要更换。

(6)桥上避雷装置是否完善,避雷系统性能是否良好。

(7)桥上航空灯、航道灯是否完好,能否保证正常照明。结构物内供养护检修的照明系统是否完好。

(8)桥上的路用通信、供电线路及设备是否完好。

3. 钢筋混凝土和预应力混凝土梁桥的检查

(1) 梁端头、底面是否损坏,箱形梁内是否有积水,通风是否良好。

(2) 混凝土有无裂缝、渗水、表面风化、剥落、露筋和钢筋锈蚀,有无碱集料反应引起的整体龟裂现象。混凝土表面有无严重碳化。

(3) 预应力钢束锚固区段混凝土有无开裂,沿预应力筋的混凝土表面有无纵向裂缝。

(4) 梁(板)式结构的跨中、支点及变截面处,悬臂端牛腿或中间铰部位,刚构的固结处和桁架节点部位,混凝土是否开裂、缺损和出现钢筋锈蚀。

(5) 装配式梁桥应注意检查联结部位的缺损状况,主要有如下两种情况。

①组合梁的桥面板与梁的结合部位及预制桥面板之间的接头处混凝土有无开裂、渗水。

②横向联结构件是否开裂,连接钢板的焊缝有无锈蚀、断裂,边梁有无横移或向外倾斜。

钢筋混凝土梁应重点检查宽度超过 0.25mm 竖向裂缝,并注意检查有无斜向裂缝及顺主筋方向的纵向裂缝;对预应力钢筋混凝土梁要观测梁的上拱度变化,并注意检查有无不允许出现的垂直于主筋的竖向裂缝。

4. 拱桥的检查

(1) 主拱圈的拱板或拱肋是否开裂。钢筋混凝土拱有无露筋、钢筋锈蚀。圬工拱桥砌块有无压碎、局部掉块,砌缝有无脱离或脱落、渗水,表面有无苔藓、草木滋生,拱铰工作是否正常。空腹拱的小拱有无较大的变形、开裂、错位,立墙或立柱有无倾斜、开裂。

(2) 拱孔立柱(或立墙)上下端、盖梁和横系梁的混凝土有无开裂、剥落、露筋和锈蚀。中、下承式拱桥的吊杆上下锚固区的混凝土有无开裂、渗水,吊杆锚头附近有无锈蚀现象,外罩是否有裂纹,锚头夹片、楔块是否发生滑移,吊杆钢索有无断丝。采用型钢或钢管混凝土芯的劲性骨架拱桥,混凝土是否沿骨架出现纵向或横向裂缝。

(3) 拱的侧墙与主拱圈间有无脱落,侧墙有无鼓突变形、开裂,实腹拱拱上填料有无沉陷。肋拱桥的肋间横向联结是否开裂、表面剥落、钢筋外露、锈蚀等。

(4) 双曲拱桥拱肋间横向联结拉杆是否松动或断裂,拱波与拱肋结合处是否开裂、脱开,拱波之间砂浆有无松散脱落,拱波顶是否开裂、渗水等。

(5) 薄壳拱桥壳体纵、横向及斜向是否出现裂缝及系杆是否开裂。

(6) 系杆拱的系杆是否开裂,无混凝土包裹的系杆是否有锈蚀。

(7) 钢管混凝土拱桥裸露部分的钢管及构件检查参见钢桥检查有关内容,同时还应检查管内混凝土是否填充密实。

圬工拱桥上部结构检查时,应检查圬工有无风化、剥落、破损及裂缝,注意变截面处、加固修复处及防水层的情况;对拱桥应测量主拱圈实际拱轴线和拱圈(或拱肋)尺寸,检查拱圈(或拱肋)有无横向(垂直路线方向)的裂缝发生;若上部结构有严重裂缝时,应测量具体位置及尺寸,并绘制裂缝图。

5. 钢桥的检查

构件(特别是受压构件)是否扭曲变形、局部损伤铆钉和螺栓有无松动、脱落或断裂,节点是否滑动、错裂。焊缝边缘(热影响区)有无裂纹或脱开。油漆层有无裂纹、起皮、脱落,构件有无锈蚀。钢箱梁封闭环境中的湿度是否符合要求,除湿设施是否工作正常。

6. 通道、跨线桥与高架桥的检查

通道、跨线桥与高架桥的结构检查同其他一般公路桥梁。通道还应检查通道内有无积水，机械排水的泵站是否完好，排水系统是否畅通。跨线桥、高架桥还应检查防抛网、隔音墙是否完好。通道、跨线桥与高架桥下的道面是否完好、有无非法占用情况等。

7. 悬索桥和斜拉桥的检查

(1) 检查索塔高程、塔柱倾斜度、桥面高程及梁体纵向位移，注意是否有异常变位。

(2) 检测索体振动频率、索力有无异常变化，索体振动频率观测应在多种典型气候下进行。观测周期不超过6年。

(3) 主梁或加劲梁的检查，按预应力混凝土及钢结构的相应要求进行。

(4) 悬索桥的锚旋及锚杆有无异常的拔动，锚头、散索鞍有无锈蚀破损，锚室(锚洞)有无开裂、变形、积水，温湿度是否符合要求。

(5) 主缆、吊杆及斜拉索的表面封闭、防护是否完好，有无破损、老化。

(6) 悬索桥的索鞍是否有异常的错位、卡死、辊轴歪斜，构件是否有锈蚀、破损，主缆索跨过索鞍部分是否有挤扁现象。

(7) 悬索桥吊杆上端与主缆索的索夹是否有松动、移位和破损，下端与梁连接的螺栓有无松动。

(8) 逐束检测索体是否开裂、鼓胀及变形，必要时可剥开护套检查索内干湿情况和钢索的锈蚀情况。检查后应做好保护套剥开处的防护处理。

(9) 逐个检查锚具及周围混凝土的情况，锚具是否渗水、锈蚀，是否有锈水流出的痕迹，周围混凝土是否开裂。必要时可打开锚具后盖抽查锚杯内是否积水、潮湿，防锈油是否结块、乳化失效，锚杯是否锈蚀。

(10) 逐个检查索端出索处钢护筒、钢管与索套管连接处的外观情况。检查钢护筒是否松动脱落、锈蚀、渗水，抽查连接处钢护筒内防水垫圈是否老化失效，筒内是否潮湿积水。

(11) 索塔的爬梯、检查门、工作电梯是否可靠安全，塔内的照明系统是否完好。

8. 支座的检查

(1) 支座组件是否完好、清洁，有无断裂、错位、脱空。

(2) 活动支座是否灵活，实际位移量是否正常，固定支座的锚销是否完好。

(3) 支承垫石是否有裂缝。

(4) 简易支座的油毡是否老化、破裂或失效。

(5) 橡胶支座是否老化、开裂，有无过大的剪切变形或压缩变形，各夹层钢板之间的橡胶层外凸是否均匀。

(6) 四氟滑板支座是否脏污、老化，四氟乙烯板是否完好，橡胶块是否滑出钢板。

(7) 盆式橡胶支座的固定螺栓是否剪断，螺母是否松动，钢盆外露部分是否锈蚀，防尘罩是否完好。

(8) 组合式钢支座是否干涩、锈蚀，固定支座的锚栓是否紧固，销板或销钉是否完好。

(9) 摆柱支座各组件相对位置是否准确，受力是否均匀。

(10) 辊轴支座的辊轴是否出现不允许的爬动、歪斜。

(11)摇轴支座是否倾斜。
(12)钢筋混凝土摆柱支座的柱体有无混凝土脱皮、开裂、露筋,钢筋及钢板有无锈蚀。

9.墩台与基础的检查

(1)墩台及基础有无滑动、倾斜、下沉或冻拔。
(2)台背填土有无沉降或挤压隆起。
(3)混凝土墩台及帽梁有无冻胀、风化、开裂、剥落、露筋等。
(4)石砌墩台有无砌块断裂、通缝脱开、变形,砌体泄水孔是否堵塞,防水层是否损坏。
(5)墩台顶面是否干净整洁,伸缩缝处是否漏水。
(6)基础下是否发生不允许的冲刷或淘空现象,扩大基础的地基有无侵蚀。桩基顶段在水位涨落、干湿交替变化处有无冲刷磨损、颈缩、露筋,有无环状冻裂,是否受到污水、咸水或生物的腐蚀。必要时对大桥、特大桥的深水基础,应派潜水员潜水检查。

10.其他

调治构造物是否完好、功能是否适用,桥位段河床是否有明显的冲淤或漂浮物堵塞现象。

下部结构检查时,应检查墩台结构有无风化剥落、破损及裂缝;对严重的裂缝应测量其具体位置及尺寸,并绘制裂缝图;对有下沉、位移、倾侧变位等情况的墩台,应查清地基情况,并检查梁端部、支座及墩台的相对位置关系。

除此之外,还应进行材质及地基的检验。必要时应切取钢材标准试件进行强度试验,决定其极限强度、屈服点、延伸率、冲击韧性等;混凝土的实际强度宜采用非破损检验法测定,在必要时,亦可从构件上钻取试样,然后在实验室内测定出混凝土相关力学性能;根据工程复杂程度和实际要求,可查考原设计时基底地质情况的工程地质资料或采用钻孔取原状土样检验、钻探或触探等方法。

任务1.3 桥梁技术状况评定

桥梁技术状况评定标准为《桥评标准》。根据桥梁外观和缺损状况检查的结果,结合《桥评标准》对桥梁进行技术状况评定,以此作为管理者对桥梁养护维修加固的依据。

一、桥梁技术状况评定方法

1.桥梁技术状况评定工作流程

(1)评定顺序

公路桥梁技术状况评定应采用分层综合评定与5类桥梁单项控制指标相结合的方法。

首先需要依据《桥评标准》第5章~第10章中各检测指标的技术状况评定表对指标进行评定,确定各构件指标的类别(1~5类)。对各构件检测指标的评定,是整个技术状况评定工作的关键和基础。然后依次计算构件,部件,部位(上部结构、下部结构、桥面系)的技术状况,最后根据部位的技术状况计算全桥技术状况,见图1-3-1。

(2)桥梁检查与评定工作流程

桥梁检查与评定工作流程见图1-3-2。

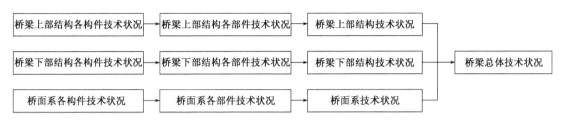

图 1-3-1 桥梁技术状况评定顺序

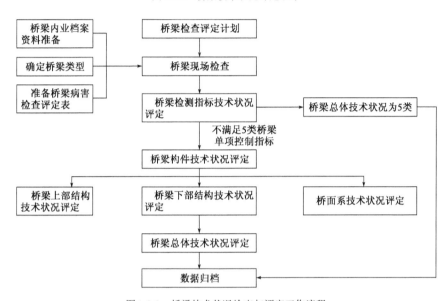

图 1-3-2 桥梁技术状况检查与评定工作流程

2. 桥梁技术状况等级分类

依据桥梁定期检查资料,通过桥梁各部件技术状况的综合评估桥梁的技术状况等级,提出各类桥梁的养护措施。桥梁一般评估适用于按桥总体技术状况等级评估,可采用考虑桥梁各部件权重的综合评估方法,亦可按照重要部件中最差的缺损状况评估,或对照桥梁技术状况标准(表1-3-1)进行评估。

桥梁技术状况标准　　　　　　　　　　　　　　表 1-3-1

分类	一类	二类	三类	四类	五类
D_r	[95,100]	[80,95)	[60,80)	[40,60)	[0,40)
状态	完好、良好	较好	较差	差的	危险
技术状况描述	功能完好	对使用功能无影响	尚能维持正常使用功能	严重影响桥梁使用功能,或影响承载能力,不能保证正常使用	不能正常使用,危及桥梁安全,桥梁处于危险状态
处治对策	日常养护	小修保养	中修	大修、加固、改建	加固、改建、重建

(1)由于不同的桥梁构件对桥梁技术状况影响程度不同,将桥梁结构分成两大部分,分别为主要部件和次要部件。各结构类型桥梁主要部件见表1-3-2,表中不包括的部件(如栏杆、桥面铺装、护坡等)为次要部件。

各结构类型桥梁主要部件 表1-3-2

序号	结构类型	主要部件
1	梁式桥	上部承重构件、桥墩、桥台、基础、支座
2	板拱桥(圬工、混凝土)、肋拱桥、箱形拱桥、双曲拱桥	主拱圈、拱上结构、桥面板、桥墩、桥台、基础
3	刚架拱桥、桁架拱桥	刚架(桁架)拱片、横向联结系、桥面板、桥墩、桥台、基础
4	钢—混凝土组合拱桥	拱肋、横向联结系、立柱、吊杆、行车道板(梁)、支座
5	悬索桥	主缆、吊索、加劲梁、索塔、锚碇、桥墩、桥台、基础
6	斜拉桥	斜拉索(包锚具)、主梁、索塔、桥墩、桥台、基础

(2)桥梁主要部件技术状况评定标度分为5类,见表1-3-3。

桥梁主要部件技术状况评定标度 表1-3-3

技术状况评定标度	桥梁技术状况描述
1类	全新状态,功能完好
2类	功能良好,材料有局部轻度缺损或污染
3类	材料有中等缺损;或出现轻度功能性病害,但发展缓慢,尚能维持正常使用功能
4类	材料有严重缺损,或出现中等功能性病害,且发展较快;结构变形小于或等于规范值,功能明显降低
5类	材料严重缺损,出现严重的功能性病害,且有继续扩展现象;关键部位的部分材料强度达到极限,变形大于规范值,结构的强度、刚度、稳定性不能达到安全通行的要求

(3)桥梁次要部件技术状况评定标度分为4类,见表1-3-4。

桥梁次要部件技术状况评定标度 表1-3-4

技术状况评定标度	桥梁技术状况描述
1类	全新状态,功能完好;或功能良好,材料有轻度缺损、污染等
2类	有中等缺损或污染
3类	材料有严重缺损、出现功能降低、进一步恶化将不利于主要部件,影响正常交通
4类	材料严重缺损、失去应有功能,严重影响正常交通;或原无设置,而调查需要补设

二、桥梁构件的技术状况评分

桥梁构件是组成桥梁结构的最小单元,如一片梁、一个桥墩等。桥梁构件的技术状况评分,按式(1-3-1)计算。

$$PMCI_l(BMCI_l 或 DMCI_l) = 100 - \sum_{x=1}^{k} U_x \tag{1-3-1}$$

当 $x=1$ 时

$$U_l = DP_{il}$$

当 $x \geq 2$ 时

$$U_x = \frac{DP_{ij}}{100 \times \sqrt{x}} \times 100 - \sum_{y=1}^{x-1} U_y \quad (\text{其中 } j = x)$$

当 $DP_{il} = 100$ 时

$$\text{PMCI}_l(\text{BMCI}_l \text{ 或 } \text{DMCI}_l) = 0$$

式中：PMCI_l——上部结构第 i 类部件 l 构件的得分，值域为 $0 \sim 100$ 分；

BMCI_l——下部结构第 i 类部件 l 构件的得分，值域为 $0 \sim 100$ 分；

DMCI_l——桥面系第 i 类部件 l 构件的得分，值域为 $0 \sim 100$ 分；

k——第 i 类部件 l 构件出现扣分的指标的种类数；

U、x、y——引入的变量；

i——部件类别，例如 i 表示上部承重构件、支座、桥墩等；

j——第 i 类部件 l 构件的第 j 类检测指标；

DP_{ij}——第 i 类部件 l 构件的第 j 类检测指标的扣分值，根据构件各种检测指标扣分值进行计算，扣分值按表 1-3-5 规定取值。

构件各检测指标扣分值　　　　表 1-3-5

检测指标所能达到的最高标度类别	指 标 标 度				
	1 类	2 类	3 类	4 类	5 类
3 类	0	20	35	—	—
4 类	0	25	40	50	—
5 类	0	35	45	60	100

构件技术状况评分方法特点：

(1) 构件病害增多，构件分数降低。

(2) 无论构件病害程度与病害数量如何增加，构件得分数始终 ≥ 0 分。

三、桥梁部件的技术状况评分

桥梁部件是结构中同类构件的统称，如梁、桥墩等。桥梁部件的技术状况评分，按式 (1-3-2) 计算。

$$\text{PCCI}_i = \overline{\text{PMCI}} - (100 - \text{PMCI}_{\min})/t \tag{1-3-2}$$

或

$$\text{BCCI}_i = \overline{\text{BMCI}} - (100 - \text{BMCI}_{\min})/t$$

$$\text{DCCI}_i = \overline{\text{DMCI}} - (100 - \text{DMCI}_{\min})/t$$

式中：PCCI_i——上部结构第 i 类部分的得分，值域为 $0 \sim 100$ 分；当上部结构中的主要部件某一构件评价值 PMCI_i 在 $[0,60)$ 区间时，其相应的部件评分值 $\text{PMCI}_i = \text{PCCI}_i$；

$\overline{\text{PMCI}}$——上部结构第 i 类部件的得分平均值，值域为 $0 \sim 100$ 分；

BCCI_i——下部结构第 i 类部件的得分，值域为 $0 \sim 100$ 分；当下部结构中的主要部件中某一构件评分值 BMCI_i 在 $[0,60)$ 区间时，其相应的部件评分值 $\text{BCCI}_i = \text{BMCI}_i$；

$\overline{\text{BMCI}}$——下部结构第 i 类各构件的得分平均值，值域为 $0 \sim 100$ 分；

DCCI_i——桥面系第 i 类部件得分，值域为 $0 \sim 100$ 分；

$\overline{\text{DMCI}}$——桥面系第 i 类部件各构件得分平均值，值域为 $0 \sim 100$ 分；

$\text{PCCI}_{\min}$——上部结构第 i 类部件中分值最低的构件得分值；

$\text{BCCI}_{\min}$——下部结构第 i 类部件中分值最低的构件得分值；

$\text{DCCI}_{\min}$——桥面系第 i 类部件分值最低的构件得分值；

t——随构件的数量而变的系数,见表1-3-6。

t 值 表1-3-6

n(构件数)	t	n(构件数)	t	n(构件数)	t	n(构件数)	t
1	∞	11	7.9	21	6.48	40	4.9
2	10	12	7.7	22	6.36	50	4.4
3	9.7	13	7.5	23	6.24	60	4.0
4	9.5	14	7.3	24	6.12	70	3.6
5	9.2	15	7.2	25	6.00	80	3.2
6	8.9	16	7.08	26	5.88	90	2.8
7	8.7	17	6.96	27	5.76	100	2.5
8	8.5	18	6.84	28	5.64	≥200	2.3
9	8.3	19	6.72	29	5.52		
10	8.1	20	6.6	30	5.4		

部件技术状况评分方法特点:

(1)组成部件的单个构件分数越低,部件分数降低。

(2)考虑最差构件对桥梁整体安全性、实用性的影响,通过最差构件得分对构件得分平均值进行修正。

(3)主要部件中缺损状况严重的构件对桥梁安全影响非常大,当主要部件中的构件评分值为[0,40)(5类)时,主要部件的评分值不再按公式(1-3-2)进行计算,部件直接取该构件的评分值。若多个构件均低于40分,则选取最低构件得分值作为部件得分值。

四、桥梁部位的技术状况评分

桥梁上部结构、下部结构、桥面系的技术状况评分,按式(1-3-3)计算。

$$\text{SPCI}(\text{SBCI 或 BDCI}) = \sum_{i=1}^{m} \text{PCCI}_i(\text{BCCI}_i \text{ 或 DCCI}_i) \cdot W_i \tag{1-3-3}$$

式中:SPCI——桥梁上部结构技术状况评分,值域为0~100分;

SBCI——桥梁下部结构技术状况评分,值域为0~100分;

BDCI——桥面系技术状况评分,值域为0~100分;

m——上部结构(下部结构或桥面系)的部件种类数;

W_i——第i类部件的权重,按《桥评标准》中表4.2.1~表4.2.4规定取值;对于桥梁中未设置的部件,应根据此部件的隶属关系,将其权重值分配给各既有部件,分配原则按照各既有部件权重在全部既有部件权重中所占比例进行分配。

该公式与全桥的技术状况评分计算方法类似,都是采用加权求和法进行,同《桥涵养护规范》,规范中通过部件计算全桥技术状况评分的方法同出一辙。

梁式桥各部件权重值宜按表1-3-7的规定取值。拱式桥、悬索桥、斜拉桥各部件权重值可参见《桥评标准》中表4.2.2~表4.2.4相应内容。

梁式桥各部件权重 表1-3-7

部 位	类 别 i	评价部件	权 重
上部结构	1	上部承重构件(主梁、挂梁)	0.70
	2	上部一般构件(湿接缝、横隔板等)	0.18
	3	支座	0.12
下部结构	4	翼墙、耳墙	0.02
	5	锥坡、护坡	0.01
	6	桥墩	0.3
	7	桥台	0.3
	8	墩台基础	0.28
	9	河床	0.07
	10	调治构造物	0.02
桥面系	11	桥面铺装	0.4
	12	伸缩缝装置	0.25
	13	人行道	0.1
	14	栏杆、护栏	0.1
	15	排水系统	0.1
	16	照明、标志	0.05

五、桥梁总体的技术状况评分

桥梁总体的技术状况评分,按式(1-3-4)计算。

$$D_r = BDCI \cdot W_D + SPCI \cdot W_{SP} + SBCI \cdot W_{SB} \quad (1-3-4)$$

式中:D_r——桥梁总体技术状况评分,值域为0~100分;

W_D——桥面系在全桥中的权重,按表1-3-10规定取值;

W_{SP}——上部结构在全桥中的权重,按表1-3-10规定取值;

W_{SB}——下部结构在全桥中的权重,按表1-3-10规定取值。

(1)在桥梁技术状况评定时,当满足"5类桥梁技术状况单项控制指标"中规定的任一情况时,桥梁总体技术状况应评为5类。

(2)当上部结构和下部结构技术状况等级为3类、桥面系技术状况等级为4类,且桥梁总体技术状况评分为$40 \leqslant D_r < 60$时,桥梁总体技术状况等级应评定为3类。

(3)全桥总体技术状况等级评定时,当主要部件评分达到4类或5类且影响桥梁安全时,可按照桥梁主要部件最差的缺损状况评定。

桥梁总体技术状况评分采用加权求和法,见表1-3-8。

桥梁部位组成权重值 表1-3-8

桥梁部位	权 重	桥梁部位	权 重
上部结构	0.40	桥面系	0.20
下部结构	0.40		

全桥最终采用哪种评定方法还应根据桥梁历史资料、缺损发展状况,以及检测工程师经验来确定。

当单个桥梁存在不同结构形式时,可根据结构形式的分布情况划分评定单元,分别对各评定单元进行桥梁技术状况的等级评定。

由于实际中桥梁可能由两种或者多种不同结构形式组成,当单个桥梁存在既有梁桥又有拱桥或其他桥型,或者主桥和引桥结构形式不同等情况时,可根据结构形式的分布情况采用划分评定单元的方式,逐一对各评定单元进行桥梁技术状况的等级评定,然后以技术状况等级评定结果最差的一个评定单元作为全桥的评定结果。

(4)五类桥梁技术状况单项控制指标。在桥梁技术状况评价中,有下列情况之一时,整座桥应评为5类桥:

①上部结构有落梁;或有梁、板断裂现象。

图1-3-3为某桥因偏载而落梁,图1-3-4为某桥重车压断空心板梁。

图1-3-3 落梁

图1-3-4 梁板断裂

②梁式桥上部承重构件控制截面出现全截面开裂;或组合结构上部承重构件结合面开裂贯通,造成截面组合作用严重降低。

图1-3-5为某Ⅱ形梁U形贯穿裂缝,跨中下挠;图1-3-6为某桥结合面开裂贯通,单板受力。

图1-3-5 Ⅱ形梁跨中U形裂缝、下挠

图1-3-6 结合面开裂贯通

③梁式桥上部承重构件有严重的异常位移,存在失稳现象。

图 1-3-7 为某桥在地震中造成横向位移、失稳;图 1-3-8 为某桥地震中纵向位移失稳。

图 1-3-7　横向移位

图 1-3-8　纵向移位

④结构出现明显的永久变形,变形大于规范值。

图 1-3-9 为某肋拱桥跨中严重下挠,图 1-3-10 为某桥工形梁下挠值超限。

图 1-3-9　跨中下挠

图 1-3-10　梁体下挠变形

⑤关键部位混凝土出现压碎或杆件失稳倾向;或桥面板出现严重塌陷。

图 1-3-11 为 T 梁梁端压碎;图 1-3-12 为某桥桥面板开裂、剥落、进而发展成桥面塌陷;图 1-3-13为某刚架拱桥主拱腿节点压碎;图 1-3-14 为桁架拱下弦杆断裂。

图 1-3-11　T 梁梁端压碎

图 1-3-12　桥面板塌陷

图1-3-13 刚架拱主拱腿压碎

图1-3-14 桁架拱下弦杆断裂(P标)

⑥拱式桥拱脚严重错台、位移,造成拱顶挠度大于限值;或拱圈严重变形。图1-3-15为某拱桥桥墩下沉,造成错台,拱圈变形;图1-3-16为某拱桥拱脚位移。

图1-3-15 拱脚错台,拱圈变形

图1-3-16 拱脚位移

⑦圬工拱桥拱圈大范围砌体断裂,脱落现象严重。图1-3-17为主拱圈砌块断裂;图1-3-18为主拱圈和侧墙砌块脱落。

图1-3-17 主拱圈砌体断裂

图1-3-18 砌块严重脱落

⑧腹拱、侧墙、立墙或立柱产生破坏造成桥面板严重塌落。图1-3-19为某拱桥桥墩侧墙等拱上结构破坏;图1-3-20为拱桥桥面板(微弯板)塌落。

图 1-3-19　拱上结构破坏

图 1-3-20　桥面板塌落

⑨系杆或吊杆出现严重锈蚀或断裂现象。图 1-3-21 为系杆锈蚀断裂；图 1-3-22 为吊杆锚头断裂。

图 1-3-21　系杆断裂

图 1-3-22　吊杆锚头断裂

⑩悬索桥主缆或多根吊索出现严重锈蚀、断丝。图 1-3-23 为悬索桥主缆锈蚀；图 1-3-24 为吊杆严重锈蚀。

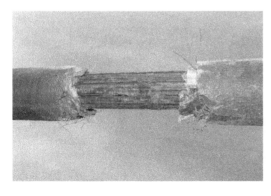
图 1-3-23　主缆锈蚀

图 1-3-24　吊杆严重锈蚀

⑪斜拉桥拉索钢丝出现严重锈蚀、断丝，主梁出现严重变形。图 1-3-25 为斜拉索（平行钢丝）严重锈蚀；图 1-3-26 为斜拉索（钢绞线）断裂。

图 1-3-25　斜拉索钢丝锈蚀断裂

图 1-3-26　斜拉索钢绞线断裂

⑫扩大基础冲刷深度大于设计值,冲空面积达 20% 以上。图 1-3-27 为圬工基础冲刷;图 1-3-28 为木桩扩大基础冲刷。

图 1-3-27　圬工基础冲刷

图 1-3-28　木桩扩大基础冲刷

⑬桥墩(桥台或基础)不稳定,出现严重滑动、下沉、位移、倾斜等现象。

图 1-3-29 为某桁架拱桥基础下沉;图 1-3-30 为弃土堆载导致桥墩倾斜;图 1-3-31 为某桥桥墩纵向位移;图 1-3-32 为某立交桥桥墩水平位移。

图 1-3-29　基础下沉

图 1-3-30　桥墩倾斜

⑭悬索桥、斜拉桥索塔基础出现严重沉降或位移;或悬索桥锚碇有水平位移或沉降。见图 1-3-33。

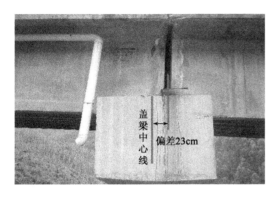

图 1-3-31 桥墩纵向水平位移

图 1-3-32 桥墩横向水平位移

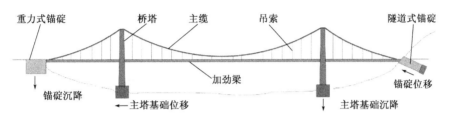

图 1-3-33 主塔或锚碇位移示意图

任务1.4 桥梁承载能力评定

桥梁检测是在桥梁检查的基础上,借助相关仪器设备,对桥梁材料、质量和工作性能等所做的更加精确的检测与试验。桥梁承载能力检测评定是依据检测结果通过检算方式评定桥梁承载能力,适用规程为《公路桥梁承载能力检测评定规程》(JTG/T J21—2011)。

现有公路桥梁有下列情况之一时,须进行承载能力检测评定:

(1)有明显质量衰退或有较严重病害和损伤的桥梁。
(2)按照《桥涵养护规范》评定技术状况为四类及以上者。
(3)需提高承载能力及使用功能的桥梁。
(4)需通行特种荷载的桥梁。
(5)缺失技术资料和安全运营资料的桥梁。
(6)发生意外事故并经技术处理后的桥梁。

一、承载能力评定内容与程序

1. 桥梁承载能力检测评定内容

在用桥梁的承载能力检测评定,一般应根据现有桥梁的技术状况和桥梁改造的具体要求确定承载能力检测评定的具体内容,必要时还应进行荷载试验评定:

(1)桥梁缺损状况检查评定。
(2)桥梁材质状况与状态参数检测评定。

(3)桥梁承载能力检算评定。

对于多跨或多孔桥梁,应根据桥梁技术状况检查评定情况,选择具有代表性的或最不利的桥跨进行承载能力检测评定。

2.检测评定程序

在进行桥梁结构承载能力检测评定时,应认真做好桥梁缺损状况调查评估和质量状况检测评定工作。一般情况下,根据桥梁缺损状况调查评估及质量状况检测评定结果,通过结构检算分析,对桥梁结构承载能力做出评定。只有根据调查、检测与检算结果尚难以确定现有桥梁结构承载能力时,才可通过荷载试验对桥梁的结构状态和工作性能进行测试评估,确定其承载能力。检测评定工作流程见图1-4-1。

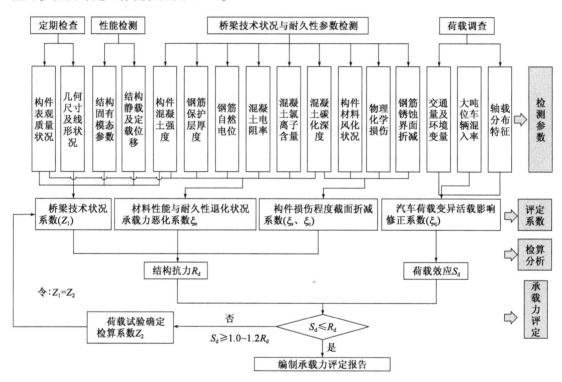

图1-4-1 承载能力检测评定工作流程

二、缺损状况检查与评定

1.桥梁缺损状况检查

对需要检测评定的桥跨,应按照现行规范有关定期检查的规定,对结构构件缺损状况逐一进行详细检查。对检查中发现的缺损应进行现场标注,并做影像记录和病害状况说明。对桥梁结构构件的内部缺陷,宜采用仪器设备进行现场检测。检查时,应采用图表和文字描述等方式详细记录缺损的位置、范围和严重程度,对其成因和发展趋势做出评判。

2.桥梁缺损状况评定

对需要检测评定的桥跨,应按照现行行业标准的有关规定,评定桥面系、上部和下部结构的技术状况等级。桥面系、上部和下部结构技术状况等级1、2、3、4和5,对应的缺损状况评定标度值为1、2、3、4和5。

桥梁缺损状况检查评定,主要依据《桥涵养护规范》和《检评标准》,针对所选择的承载能力检测评定桥跨实施。重点检查记录结构或构件缺损的类别、范围、分布特征和严重程度,并推断其发展变化趋势及其可能造成的不利影响,进而评定其技术状况等级并最终确定缺损状况评定标度值。

三、桥梁材质状况与状态参数检测评定

桥梁材质状况与状态参数检测是对其结构及部件的材料质量所存在的缺损状况进行详细检测、试验、判断的过程,是对桥梁的专门检验,属于桥梁诊断的范畴。

根据《公路桥梁承载能力检测评定规程》(JTG/T J21—2011),桥梁材质状况与状态参数检测项目有桥梁几何形态参数检测评定、桥梁恒载变异状况调查评估、桥梁材质强度检测评定、混凝土桥梁钢筋锈蚀电位检测评定、混凝土桥梁氯离子含量检测评定、混凝土桥梁电阻率检测评定、混凝土桥梁碳化状况检测评定、混凝土桥梁钢筋保护层厚度检测评定、桥梁结构自振频率检测评定、拉吊索索力检测评定、桥梁基础与地基检测评定共11项。

1. 桥梁几何形态参数检测评定

桥梁几何形态的变化能在一定程度上反映结构内力的变化情况,如桥跨结构的下挠、墩台沉降等。对于超静定结构而言,结构几何形态的变化造成结构的次内力对结构的影响往往不可忽略,通过结构几何形态的观测,可反演出结构的内力变化情况,并为分析结构形态变化的原因提供可靠依据。

2. 桥梁恒载变异状况调查评估

引起桥梁结构恒载变异的主要原因包括:施工造成的结构或构件尺寸差异,如结构或构件长度变异、构件断面尺寸变异、铺装层厚度变异和材料重度差异等;运营期布设附加构造物导致的附加重量,如过桥管线等。这些恒载变异对结构承载能力的影响需在结构检算分析过程中加以考虑。另外,尚需考虑桥梁计算跨径变异对内力计算结果的影响。

3. 桥梁材质强度检测评定

钢筋混凝土的价格低廉、成形容易、经久耐用等优点,使之几乎取代了其他所有的桥梁建筑材料。但随着时间的推移,钢筋混凝土出现了一些人们所没有认识到的危害,如混凝土的老化、碳化以及钢筋的锈蚀等许多不可逆的物理、化学变化,使钢筋混凝土的寿命大大地打了折扣。公路桥梁材料性能检测是对其结构及部件的材料质量所存在的缺损状况进行详细检测、试验、判断的过程,是对桥梁的专门检验,属于桥梁诊断的范畴。根据缺损的类型、位置和检测要求,可选择表面测量、无破损检测、半破损检测等。

4. 混凝土桥梁钢筋锈蚀电位检测评定

混凝土中钢筋锈蚀不仅影响结构耐久性,而且影响结构的安全性。钢筋锈蚀电位直观反映了混凝土中钢筋锈蚀的活动性。通过测试钢筋/混凝土与参考电极之间的电位差,可判断钢筋发生锈蚀的概率。通常,电位差越大,混凝土中钢筋发生锈蚀的可能性越大。

5. 混凝土桥梁氯离子含量检测评定

混凝土中的氯离子可诱发并加速钢筋锈蚀,测量混凝土中氯离子含量可间接评判钢筋锈蚀活化的可能性。混凝土中氯离子含量越高,钢筋发生锈蚀的可能性越大。

6. 混凝土桥梁电阻率检测评定

混凝土电阻率反映了混凝土的导电性能,可间接评判钢筋的可能锈蚀速率。通常混凝土电阻率越小,混凝土导电的能力越强,钢筋锈蚀发展速度越快。

7. 混凝土桥梁碳化状况检测评定

配筋混凝土构件中的钢筋通常由于碱性混凝土环境的保护而处于钝化状态,混凝土碳化将造成钢筋失去碱性混凝土环境的保护,钢筋易发生锈蚀。通过测试混凝土的破化深度,并结合钢筋保护层厚度状况,可评判混凝土碳化对钢筋锈蚀的影响。

8. 混凝土桥梁钢筋保护层厚度检测评定

混凝土对钢筋的保护作用包括两个方面:一是混凝土的高碱性使钢筋表面形成钝化膜;二是作为保护层,对外界腐蚀介质、氧气及水分等渗入起阻止作用。后一种作用主要取决于混凝土的密实度及保护层厚度。因此,混凝土保护层厚度及其分布均匀性是影响结构钢筋耐久性的一个重要因素。

9. 桥梁结构自振频率检测评定

桥梁自振频率变化不仅能够反映结构损伤情况,而且还能反映结构整体性能和受力体系的改变。通过测试桥梁自振频率的变化,可以分析桥梁结构性能,评价桥梁工作状况。

10. 拉吊索索力检测评定

拉吊索索力直接反映索结构桥梁持久状况下的内力状态,是评价桥梁承载能力的重要指标。在用桥梁拉吊索索力测量通常采用振动法,现场检测时应事先解除索的阻尼装置并通过现场试验确定换算索长,并应依据不少于前五阶特征频率计算索力的平均值。

11. 桥梁基础与地基检测评定

桥梁基础变位检测评定应包括以下三个方面内容:基础的竖向沉降、水平变位和转角;相邻基础的沉降差;基础的不均匀沉陷、滑移、倾斜和冻拔等。

四、桥梁承载能力评定

在用桥梁承载能力评定包括持久状况下承载能力极限状态和正常使用极限状态。承载能力极限状态针对的是结构或构件的截面强度和稳定性,正常使用极限状态主要针对结构或构件的刚度和抗裂性。对在用桥梁,应从结构或构件的强度、刚度、抗裂性和稳定性四个方面进行承载能力检测评定。

1. 圬工桥梁承载能力评定

圬工桥梁承载能力极限状态评定,主要考虑采取引入桥梁检算系数、截面折减系数和活载修正系数分别对极限状态方程中结构抗力效应和荷载效应进行修正,并通过比较判定结构或构件的承载能力状况。

2. 配筋混凝土桥梁承载能力评定

配筋混凝土桥梁承载能力极限状态评定，采取引入桥梁检算系数、承载能力恶化系数、截面折减系数和活载修正系数分别对极限状态方程中结构抗力效应和荷载效应进行修正，并通过比较判定结构或构件的承载能力状况。

3. 桥梁结构或构件在持久状况下裂缝宽度评定裂缝宽度应小于后文中表3-3-1的限值

五、分项检算系数确定

1. 圬工与配筋混凝土桥梁

圬工与配筋混凝土桥梁，应综合考虑桥梁结构或构件表观缺损状况、材质强度和桥梁结构自振频率等的检测评定结果，确定承载能力检算系数 Z_1。

2. 配筋混凝土桥梁承载能力恶化系数 ξ_e

对配筋混凝土桥梁，为考虑评定期内桥梁结构质量状况进一步衰退恶化产生的不利影响，通过承载能力恶化系数 ξ_e 来反映这一不利影响可能造成的结构抗力效应的降低。引入承载能力恶化系数的目的是为了使结构质量状况进一步衰退至某一阶段时，承载能力评定结果仍能维持在一定的可靠度水平之上。承载能力恶化系数主要考虑了结构或构件的缺损状况、钢筋锈蚀电位、钢筋保护层厚度以及混凝土强度、电阻率、氯离子含量和碳化状况等影响因素，通过专家调查方式确定各因素的影响权重，并综合考虑环境的干湿、温度及侵蚀介质等条件加以确定。

3. 截面折减系数 ξ_c

对圬工及配筋混凝土桥梁，由于材料风化、碳化、物理与化学损伤（如混凝土剥落、疏松、掉棱、缺角、桩基与墩柱由于冲蚀引起的剥落缩径等）引起的结构或构件有效截面损失，以及由于钢筋腐蚀剥落造成的钢筋有效面积损失，对结构构件截面抗力效应会产生影响。在检算结构抗力效应时，可用截面折减系数计及这一影响。

4. 钢筋截面折减系数 ξ_s

配筋混凝土结构中，发生腐蚀的钢筋截面折减系数 ξ_s，应按钢筋锈蚀引起混凝土剥落、钢筋外露、出现锈蚀剥落、钢筋断面损失等相关因素确定。

5. 活载影响系数 ξ_q

活载影响系数用于考虑实际桥梁所承受的汽车荷载与标准汽车荷载之间的差异。主要根据桥梁运营荷载的调查统计情况，从典型代表交通量、大吨位车辆混入率及轴荷分布情况三个方面进行综合修正确定。

六、荷载试验检测与评定

荷载试验规范为《公路桥梁荷载试验规程》（JTG/T J21-01—2015），分为静载试验和动载试验，桥梁承载能力评定时，一般采用静载试验。

实施荷载试验的主要目的是：当通过检算分析尚无法明确评定桥梁承载能力时，通过对桥梁施加静力荷载作用,测定桥梁结构在试验荷载作用下的结构响应,并据此确定检算系数 Z_2,重新进行承载能力检算评定或直接判定桥梁承载能力是否满足要求。

采用分项检算系数主要是根据在用桥梁的检算和荷载试验鉴定的实践经验确定的,按规范检算时材质参数取值留有一定的安全储备。在保证桥梁安全的前提下,为充分发挥在用桥梁的承载潜力,对检算的作用效应大于抗力效应且超过幅度在 20% 以内的桥梁(即作用效应与抗力效应的比值在 1.0~1.2),应通过荷载试验进一步评定其承载能力。

1. 静载试验

试验加载过程中,应有专门人员统一指挥加载的实施,及时掌握各方面情况,根据试验数据的实时处理分析以及有无试验现象等情况,安全有序实施加载计划。

(1)静力荷载试验效率

静力荷载试验效率 η_q,是某一控制截面在试验荷载作用下的计算效应与该截面对应的设计控制效应的比值。对于在用桥梁,其使用荷载变化情况复杂且长期处于各种荷载作用之下,为使荷载试验能充分反映结构的受力特点,一般要求采用较高的荷载试验效率,其取值范围宜介于 0.95~1.05。

静载试验效率为:

$$\eta_q = \frac{S_s}{S \cdot (1 + \mu)} \tag{1-4-1}$$

式中:S_s——静载试验荷载作用下控制截面内力计算值;

S——控制荷载作用下控制截面最不利内力计算值;

μ——按相关规范采用的冲击系数,平板挂车、履带车、重型车辆,$\mu = 0$。

(2)测试工况及测试截面

桥梁静载试验应按桥梁结构的最不利受力原则和代表性原则确定试验工况及测试截面。通常根据桥梁结构的内力包络图,并考虑应力分布,按最不利受力原则选定截面,然后拟定相应的试验工况。一般应包括中载工况和偏载工况。

简支梁桥和连续梁桥静载试验工况及测试截面宜按表 1-4-1 确定。表中,主要工况应为必做工况,附加工况可视具体情况由试验检测者确定是否进行。测试最大正弯矩产生的应变时,应同时测试该截面的位移。

试验工况及测试内容 表 1-4-1

桥型		试验工况	测试截面	测试内容
简支梁桥	主要	跨中截面主梁最大正弯矩工况	跨中截面	(1)跨中截面挠度和应力; (2)支点沉降; (3)混凝土梁体裂缝观测
	附加	(1)$l/4$ 截面主梁最大正弯矩工况; (2)支点附近主梁最大剪力工况	(1)$l/4$ 截面; (2)梁底距支点 $h/2$ 截面内侧向上 45°斜线与截面形心线相交位置	(1)$l/4$ 截面挠度; (2)支点斜截面应力

续上表

桥型	试验工况		测试截面	测试内容
连续梁桥	主要	（1）主跨支点位置最大负弯矩工况； （2）主跨跨中截面最大正弯矩工况； （3）边跨主梁最大正弯矩工况	（1）主跨（中）支点截面； （2）主跨最大弯矩截面； （3）边跨最大弯矩截面	（1）主跨支点截面应力； （2）主跨最大正弯矩截面应力及挠度； （3）边跨最大弯矩截面应力及挠度； （4）支点沉降； （5）混凝土梁体裂缝观测
	附加	主跨（中）支点附近主梁最大剪力工况	梁底距（中）支点 $h/2$ 截面上45°斜线与主跨截面形心线相交位置	支点附近斜截面应力

(3) 测试内容

静载试验的测试内容应反映桥梁结构内力、应力（应变）、位移及裂缝最不利控制截面的力学特征，试验过程应关注可能出现的异常现象。

①应力（应变）观测主要是针对测试截面的受拉和受压区。通常沿截面高度或横向位置分布测点，以测试结构的应力分布特征。

②位移测试包括主梁控制截面的挠度、纵向或横向位移、主塔三维坐标等的测试，反映了桥梁结构整体或局部的刚度特性。在测试竖向挠度时，应同时测试支点的竖向变位，并进行支点沉降修正。

③通过观测结构裂缝变化，或异常振动及响声等试验现象，可以帮助了解结构或构件在试验过程中的表观状况。

(4) 分级加载

为了获取结构试验荷载与变位的相关曲线以及防止结构意外损伤，对主要控制截面试验荷载的施加应分级进行。加载级数应根据荷载量和加载最小荷载增量而定。试验荷载应按控制截面最大内力或位移分成 4~5 级施加。受条件所限时，至少也应分成 3 级施加。在前一荷载阶段内结构应变或变位相对稳定后，方可进入下一荷载阶段。对结构变位或应变较大的测点，应实时绘制测点变位或应变与荷载的关系曲线，分析结构工作状态，保证结构安全。

2. 结构校验系数及相对残余变形计算

(1) 校验系数 ζ

主要测点静力荷载试验结构校验系数 ζ，应按式（1-4-2）计算：

$$\zeta = \frac{S_e}{S_s} \qquad (1\text{-}4\text{-}2)$$

式中：S_e——试验荷载作用下主要测点的实测弹性变位或应变值；

S_s——试验荷载作用下主要测点的理论计算变位或应变值。

静力荷载试验结构校验系数 ζ，是试验荷载作用下测点的实测弹性变位或应变值与相应的理论计算值的比值。ζ 值小于 1 时，代表桥梁的实际状况要好于理论状况。

(2) 相对残余应变 S'_p

主要测点相对残余变位或相对残余应变 S'_p，应按式（1-4-3）计算：

$$S'_P = \frac{S_P}{S_t} \times 100\% \qquad (1\text{-}4\text{-}3)$$

式中：S_P——主要测点的实测残余变位或残余应变；

S_t——试验荷载作用下主要测点的实测总变位或总应变。

相对残余变位或相对残余应变 S'_P，是测点实测残余变位或残余应变与对应的实测总变位或总应变的比值。S'_P 越小，说明结构越接近弹性工作状况。

3. 试验结果评定

当出现下列情况之一时，应判定桥梁承载能力不满足要求：

(1) 主要测点静力荷载试验校验系数大于1。

(2) 主要测点相对残余变位或相对残余应变超过20%。

(3) 试验荷载作用下裂缝扩展宽度超过表 3-3-1 的限值，且卸载后裂缝闭合宽度小于扩展宽度的 2/3。

(4) 在试验荷载作用下，桥梁基础发生不稳定沉降变位。

桥梁荷载试验的条件为：通过检算分析确定桥梁结构或构件的作用效应大于抗力效应且超过幅度在 20% 以内，表明通过检算分析，已预判结构承载能力存在不满足要求的可能性。

在此条件下，主要测点静力荷载试验结构校验系数 ζ 大于1，表明桥梁实际工作状况要差于理论状况；主要测点发生较大的相对残余变位或相对残余应变，以及结构裂缝超限且闭合状况不良，表明结构在试验荷载作用下有较大的不可恢复变位或应变。

这都表明结构实际状况与理想状况相比偏于不安全，可直接依据试验结果判定承载能力不能满足要求。另外，对在用桥梁而言，由于地基在长期荷载作用下已趋于稳定，如在试验荷载作用下，发生基础不稳定沉降变位，可直接判定其承载能力不满足要求。

不符合以上规定时，应取主要测点应变校验系数或变位校验系数较大值，按表 1-4-2 确定检算系数 Z_2 代替 Z_1，按本规程的有关规定进行承载能力评定。

经过荷载试验的承载能力检算系数 Z_2 值　　　　　　　　表 1-4-2

ζ	Z_2	ζ	Z_2
0.4 及以下	1.30	0.8	1.05
0.5	1.20	0.9	1.00
0.6	1.15	1.0	0.95
0.7	1.10		

注：对主要挠度测点和主要应力测点的校验系数，两者中取较大值；Z_2 值可按 ζ 值线性内插。

当荷载效应与抗力效应的比值小于 1.05 时，应判定桥梁承载能力满足要求，否则应判定桥梁承载能力不满足要求。

任务 1.5　桥梁养护与加固的基本概念

为保证桥梁的正常运营，尽量保持和延长桥梁的使用年限，对桥梁结构进行日常养护维修是非常必要的。当桥梁结构物无法满足承载能力，通行能力（如荷载标准提高、原结构严重损伤从而使承载能力降低、桥面过窄妨碍车辆畅通)、防洪等要求时,则需对桥梁结构进行必要的加固、拓宽等技术改造。

因此,桥梁竣工验收并交付使用后,将进行两方面的工作,其一是日常的养护维修,其二是针对桥梁在运营过程中实际存在的问题与新的使用要求,进行必要加固改造。具体来说,桥梁养护的工作内容和基本要求主要有以下几方面:

(1)建立、健全公路桥涵的检查、评定制度。对公路桥涵构造物进行周期检查,系统地掌握其技术状况,及时发现缺损和相关环境的变化。按桥梁检查结果,对桥梁技术状况进行分类评定,制订相应的养护对策。

(2)建立公路桥梁管理系统和公路桥梁数据库,实施桥涵病害监控,实施科学决策。逐步建立特大型桥梁荷载报警系统,地震、洪水和流冰等预防决策系统。

(3)公路桥涵养护应做到:桥涵外观整洁,桥面铺装坚实平整、横坡适度,桥头连接顺适,排水通畅,结构完好无损,标志、标线等附属设施齐全完好。

(4)桥涵构造物的养护,首先应使原结构保持设计荷载等级的承载要求及设计交通量的通行要求。根据交通发展的需要,也可通过改造或改建来提高承载能力和通行能力。

(5)在确定改造或改建工程方案时,应注意新旧结构之间的关系,充分发挥原有结构的作用。

(6)养护作业和工程实施应注意保障车辆、行人的安全通行及环境保护。

(7)桥涵构造物养护应有应对洪水、流冰、泥石流和地震等灾害的防护措施,同时备有应急交通方案。

(8)新建或改建桥梁交工接养,应有完备的交接手续并提供成套技术资料。特大、大桥应配置养护设施、机具,设置养护工作通道、扶梯、吊杆、平台。设计单位应提供养护技术要点及要求。未配置或配置不能完全满足养护工作需要的,可根据实际需要予以增添。

(9)桥涵构造物的检查及技术状况评定、养护对策,维修、加固、改建的竣工验收等有关技术文件,均应按统一格式完整地归入桥梁养护技术档案及数据库。

一、桥梁的养护维修

(1)桥梁的养护维修是指为保持桥涵及其附属物的正常使用而进行的经常性保养及维修作业,预防和修复桥涵灾害性损坏与提高桥涵质量、服务水平而进行的改造。各类养护工程分别包括下列内容:

①小修保养工程。对管养范围内的桥涵及其工程设施进行预防性保养和修补轻微损坏部分,使其经常保持完好状态。它通常是由基层管理机构在年度内小修保养定额经费内,按月(旬)排计划,经常进行的工作。

②中修工程。对管养范围内的桥涵及其工程设施的一般性磨损和局部损坏,进行定期的维修加固,恢复原状的小型工程项目。它通常是由基层管理机构按年(季)安排计划并组织实施。

③大修工程。对管养范围内的桥涵及其工程出现的较大损坏,进行周期性的综合维修,以全面恢复到原设计标准;或在原技术等级范围内进行局部改善和个别增建,以逐步提高通行能力的工程项目。

④改建工程。对桥梁及其工程设施因不适应交通量、载重、泄洪或局部改建需要提高技术等级及重建,或通过改建显著提高其通行能力的较大工程项目。

⑤专项抢修工程。这是指采用临时性措施在最短的时间内恢复交通的工程设施。专项修复工程是指采用永久性措施恢复桥涵原有功能的工程措施。对于阻断交通的桥涵恢复工程,应优先考虑。

(2)按照《桥涵养护规范》的要求,公路桥涵养护应遵循下述技术政策:

①公路桥涵养护工作按"预防为主,防治结合"的原则,以桥面养护为中心,以承重部件为重点,加强全面养护。

②推广应用先进的养护技术和科学的管理方法,改善养护生产手段,提高养护技术水平,大力推广和发展公路桥涵养护器械。

③公路桥涵的养护按其工程性质、规模大小、技术难易程度划分为小修保养、中修、大修、改建和专项抢修工程五类。

④桥涵养护工程应重视经济技术方案的比选,并充分利用原有工程材料和原有工程设施,以降低成本。

⑤重视环境保护和环境综合治理。

二、桥梁加固

桥梁加固的含义为:当桥涵构造物局部损坏或承载能力不足时,对桥涵构造物所进行的修复和补强工程措施。通过改善结构性能,恢复和提高桥梁结构的安全度,提高其承载能力和通过能力,以延长桥梁的使用寿命,使整个桥梁结构可满足规定的承载能力要求,并满足规定的使用功能需求。

桥梁加固一般是针对四~五类桥梁,或者是临时需要通过超重车的桥梁。有些时候,加固补强和桥梁拓宽、抬高等技术改造工程同时进行,以满足并适应发展了的交通运输的要求。

桥梁结构的安全性包括:结构的承载力、刚度、稳定性及耐久性等指标,即桥梁结构必须满足承载能力要求及正常使用功能要求。桥梁结构应具有足够的强度,以承受作用于其上的荷载,使桥梁结构的构件或其连接不致破坏;结构各部分应具有足够的刚度,以使其在荷载作用下不产生影响正常使用的变形;构件的截面必须有适当的尺寸,使其在受压时不发生屈曲而丧失稳定性。对桥梁结构不仅要保证结构具有整体强度、刚度及稳定性,而且必须保证结构各组成部分具有足够的强度、刚度及稳定性,同时结构物必须具备良好的使用性能与耐久性。

但是,桥梁结构由于所受荷载的随机性、材料强度的离散性、制造与安装质量的不确定性,以及理论计算的近似性等原因,其实际安全度往往是一个不确定值。有的桥梁由于设计与建造年代久远,设计荷载标准偏低,重车增多后而不适应;有的桥梁由于采用了不恰当的结构形式或采用了不合理的设计计算方法,导致桥梁结构实际受力状态与力学图式不尽相符;有的桥梁在施工时由于质量控制不严、管理不当而造成不应有的缺陷;有的则是因为不注意日常养护维修整而导致结构产生缺陷;有的是使用不当而不能维持正常的工作条件等。

桥梁加固一般以保持原结构受力体系为原则,如需改变原结构受力体系,须进行严格的结构分析与验算,目前桥梁加固的方法很多,在具体实施工程中,应按照旧桥的使用状况、承载能力下降的程度以及今后的使用要求而定,不管采用哪种方案进行加固,都应该兼顾投资少、工期短、尽量不影响交通、技术上可行并可靠、有较好的耐久性等方面的要求。

三、桥梁养护与加固相关规范

我国桥梁工作者对桥梁检测、评定、养护、加固方面做了大量研究工作,近年来编制的相关规范见表1-5-1。

桥梁检测与评定相关规范 表1-5-1

序号	规范名称	规范号	备注
1	大跨径混凝土桥梁荷载试验的方法	YC4-4/1978	承载能力评定
2	公路旧桥承载能力鉴定方法	1988,试行	承载能力评定
3	公路桥涵养护规范	JTG H11—2004	技术状况等级
4	公路桥梁加固设计规范	JTG/T J22—2008	加固设计
5	公路桥梁加固施工技术规范	JTG/T J23—2008	加固施工
6	公路养护技术规范	JTG H10—2009	公路桥梁养护
7	桥梁技术状况评定标准	JTG/T H21—2011	技术状况等级评定
8	公路桥梁承载能力检测评定规程	JTG/T J21—2011	材质状况检测、承载能力评定
9	公路桥梁荷载试验规程	JTG/T J21-01—2015	荷载试验、承载能力评定
10	其他:桥梁相关设计、施工、试验检测规范和产品标准等		

(1)交通部于1988年颁布了主要针对钢筋混凝土、预应力混凝土和圬工拱桥的《公路旧桥承载能力鉴定方法》(试行),该方法主要是基于技术状况调查和荷载试验,对桥梁承载能力的检算基本上是按现行的有关公路桥梁设计规范进行,根据桥梁调查、检算及荷载试验情况,采用桥梁检算系数 Z_1 和 Z_2 对检算结果进行修正。

(2)《桥涵养护规范》,规定了桥涵养护工作的主要工作内容及基本要求:检查及评价,采集更新数据;保养、维修和安全防护;加固改造;环保、防灾;建立档案和数据库等。

(3)《公路桥梁加固设计规范》(JTG/T J22—2008),指导桥梁加固设计,满足桥梁安全适用、技术可靠、经久耐用、经济合理、环境保护的要求。适用于各类公路桥梁以恢复使用功能、提高承载能力、增强安全性和耐久性为目的的加固设计。

(4)《公路桥梁加固施工技术规范》(JTG/T J23—2008),满足公路桥梁加固工程施工的需要,确保加固工程质量,适用于公路桥梁加固工程的施工。公路桥梁的改建与大、中修工程可参照执行。

(5)《公路桥梁技术状况评定标准》(JTG/T H21—2011),桥梁技术状况评定的目的是通过全面描述桥梁各部件的缺陷,评价桥梁技术状况,记录桥梁基本特征,建立健全桥梁技术档案,提供进行桥梁养护、维修和加固的决策支持,使桥梁长期处于良好的工作状态,最终体现于对营运的桥梁进行有效管理和状况监控。有效地确定桥梁技术状况,科学地评价桥梁状态。

(6)《公路桥梁承载能力检测评定规程》(JTG/T J21—2011),对《公路旧桥承载能力鉴定方法》进行全面修订,加强材质状况与状态参数检测结果的定量化应用;《公路桥梁荷载试验规程》(JTG/T J21-01—2015)是通过加载试验,评价桥梁技术状况,记录桥梁基本特征,客观评定桥梁承载能力。为桥梁承载能力评定和日后养护、维修和加固的决策提供科学依据和支持,规范承载能力检测评定工作。

(7)根据《高速公路改扩建设计细则》(JTG/T L11—2014),桥涵荷载等级的选用应符合下列规定:

①既有桥涵的检测评价应采用原设计荷载等级。

②对拼宽部分与既有部分结构连接进行整体验算,评价正常使用极限状态时应采用原设计荷载等级,评价承载能力极限状态时应采用现行荷载等级。

③分离增建桥涵、拼宽桥涵的新建部分设计,应采用现行荷载等级。

④分离增建时,既有桥涵可维持原设计荷载等级。

四、桥梁养护与加固的程序

桥梁检测与评定由具有相应资质的检测单位进行;桥梁养护与加固通常由专业桥梁施工队或承包商来完成,需要使用复杂或非常规的设备,需要具备较高专业化,而且工作程序一般比较复杂。桥梁检测、评定与加固的程序见图1-5-1。

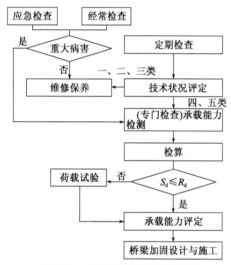

图1-5-1 桥梁检测、评定与加固程序

1. 桥梁检测与评定

桥梁加固前,应按照有关要求及相关规范对其技术状况、承载能力进行检测、评定,并对建设方案进行社会、经济、技术比较对桥梁进行调查,一般可采用以下步骤:

(1)检查桥梁上部结构的现状及损坏情况。

(2)调查桥梁的有关技术资料和现有交通状况。

(3)对桥梁的现状进行评价。

桥梁现状评价是建立在对桥梁技术状况、基础上,对其进行使用功能和承载能力评价。桥梁评价的内容如下:

①使用功能评价。各部位缺陷和病害进行全面细致的检查与检测设计技术标准、桥涵各部件完好程度、桥梁养护状况及意外事故的分析。

②承载能力评价。原结构验算、基于检测结果的承载能力评定、荷载试验鉴定。

2. 可行性研究

提出加固工程可行性研究报告应根据桥梁使用功能和承载能力评价的情况,如果桥梁主要承重构件需要进行加固,则应委托有加固设计方案的单位进行加固工程可行性研究工作。

3. 加固方案

提出加固方案并进行分析比较,应有两个以上的加固设计方案进行比选,并遵循以下原则:

(1)结构验算分析应简单,构造措施应合理,设计方案力求成熟。

(2)施工过程中粉尘、噪声、废弃物等对环境的影响要小。

(3)施工难度要小,工艺要成熟,质量和工期要易于控制。

(4)施工过程中对人身安全、行车安全和结构安全要易于控制。

(5)工程费用应经济合理。

(6)加固后的结构耐久性要好,后期养护的费用要小。

4.确定方案并进行加固施工图设计

略。

5.加固工程施工监理招标

略。

6.对桥梁加固进行施工组织设计

根据桥梁调查报告和设计图纸编制施工组织设计,经工程师审批后上报相关部门备案,经相关部门同意后组织实施。

现场负责人应根据工程量和生产能力组织施工人员和设备,材料准备时应充分考虑到实际使用过程的损耗。

工程量核对。根据桥梁调查报告或设计图纸,对桥梁进行全面的检查。如有工程量与调查报告或设计图纸不符的,必须请业主现场代表在现场确认,并填写现场工程量签证单,请业主代表现场签字确认。桥梁加固相关表格可参见附录B。

现场放样并计算详细的工程量,以便于材料准备。

7.桥梁加固施工

(1)现场要求。

现场要使用环氧树胶等化学材料的,对于温度、湿度有一定的要求,施工时应满足要求;伸缩缝、支座等橡胶制品的施工对温度也有一定的要求。

(2)人员要求。

每个工种的人数可根据养护施工项目规模大小及组织方式,在满足养护施工要求的情况下灵活配置。

工作人员应执证上岗。桥梁养护施工人员应有公路养护工证,质量检测人员应有公路水运试验检测师/助理检测师证(桥梁或材料),安全员必须有公路工程安全员证,专业机械操作手应经过专业培训并有养护主管单位发的机械操作员证,特殊工种必须持有相关证书。

(3)材料与设备准备。

使用的材料应符合本书附录A的相关要求,设备应能满足施工需求。

(4)桥梁加固施工时应采取确保质量和安全的有效措施,并应遵照有关现行规范进行施工。

8.安全文明施工

(1)施工单位不得污染路面、桥面及或将生活垃圾抛弃在路面、边坡及桥下;建筑垃圾妥善保存,施工结束后清运到指定位置。

(2)施工现场应做到布置井然有序,机械设备及小型工具放置在安全围挡区域内,安全标志清洁、反光清晰、摆设合理。

(3)所有的外露喷涂记号等,撤场时均须清除;支架等临时设施须拆除,施工时所造成的建筑垃圾须清理干净。

(4) 养护成品检测合格后,将所有设备清理干净,所有的设备和工具清理干净,收回库房;剩余的材料,分类收回。

9. 撤场组织

(1) 交通安全标志和隔离设施的撤除

按照《公路养护安全作业规程》(JTG H30—2015)和《江苏省高速公路养护工程施工安全技术规范》(DB 32/T 1363—2009)要求撤除交通安全标志和隔离设施。

(2) 养护机械及人员撤场

由现场施工安全人员协助现场保通指挥人员指挥车辆。首先,由移动标志车倒车至上游疏导交通,作业车回收完交通隔离设施及安全标志后与养护专用车沿顺车流方向正常行驶返回项目部,然后移动标志车跟随作业车和养护专用车返回项目部。

思考题

1. 桥梁由哪些基本部分组成?
2. 上部结构的作用是什么?包括哪些部位?
3. 下部结构的作用是什么,包括哪些部位?
4. 桥面系由哪些部分组成?
5. 附属设施由哪些部分组成?
6. 定期检查的时间按桥梁的不同情况有何规定?
7. 定期检查在现场完成的工作有哪些?
8. 桥梁技术状况评定工作流程是什么?
9. 五类桥梁技术状况单项控制指标有哪些?
10. 现有公路桥梁什么情况下须进行承载能力检测评定?
11. 桥梁养护与加固的程序是什么?
12. 目前常用的桥梁加固方法有哪些?
13. 桥梁养护的主要内容包括哪些?

项目2 桥面系及支座养护

> **学习目标**
> 1. 掌握桥面系的组成;熟悉桥面铺装、人行道等的缺陷类型,掌握其维修方式。
> 2. 熟悉伸缩缝和支座的构造、常见缺陷类型。
> 3. 掌握伸缩缝和支座的维修更换方法。

1. 桥面系

桥面系包括行车道铺装、排水防水系统、人行道(或安全带)、缘石、栏杆、护栏、照明及标志物、伸缩缝等。桥面构造直接与车辆、行人接触,它对桥梁的主要结构起保护作用,使桥梁能正常使用。同时,桥面构造多属外露部位,其选择是否合理,布置是否恰当直接影响桥梁的使用功能、布局和美观。桥面系一般构造见图2-0-1。

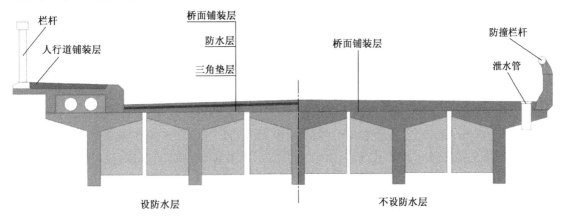

图2-0-1 桥面系一般构造图

由于桥面构造工程量小,项目繁杂,在施工中又多在主体工程结束之后进行,往往在设计和施工中得不到应有的重视,从而因出现缺陷影响桥梁使用,不得不过早地进行维修、养护,甚至中断交通。桥面系主要缺陷见表2-0-1。

桥面系主要缺陷　　　　　表2-0-1

构	件	构件技术状况
桥面铺装	沥青混凝土	(1)变形(车辙、拥包、高低不平等);(2)泛油;(3)破损;(4)裂缝(龟裂、块裂、纵向裂缝、横向裂缝等)
	水泥混凝土	(1)磨光、脱皮、露骨;(2)错台;(3)坑洞;(4)剥落;(5)拱起;(6)接缝料损坏;(7)裂缝(板角断裂、破碎板)

续上表

构　件	构件技术状况
伸缩缝装置	(1)凹凸不平;(2)锚固区缺陷;(3)破损;(4)失效
人行道	(1)破损;(2)缺失
栏杆、护栏	(1)撞坏、缺失;(2)破损
防排水系统	(1)排水不畅;(2)泄水槽缺陷
照明、标志	(1)污损或损坏;(2)照明设施缺失;(3)标志脱落、缺失

2. 支座

支座是连接上部结构和下部墩台的重要组成部分,其主要作用是传递桥梁结构上的荷载,同时满足桥梁结构变形的需要。在日常养护中,桥面构造及桥梁支座都是主要维修部位。支座主要缺陷见表2-0-2。

支座主要缺陷类型　　　　表2-0-2

类　型	主　要　缺　陷
橡胶支座	(1)板式支座老化变质、开裂;(2)板式支座缺陷;(3)板式支座位置串动、脱空或剪切超限;(4)盆式支座组件损坏;(5)聚四氟滑板磨损;(6)盆式支座位移、转角超限
钢支座	(1)钢支座组件或功能缺陷;(2)钢支座位移、转角超限;(3)钢支座部件磨损、裂缝

任务2.1　桥面铺装

桥面铺装也称行车道板铺装,是桥梁结构的一个重要组成部分,其作用是保护属于主梁整体部分的行车道板不受车辆轮胎的直接磨耗,防止主梁遭受雨水的侵蚀,并能对车辆轮重的集中荷载起一定的分布作用,减少车轮对桥梁结构的冲击力,改善行车条件,延长桥梁使用寿命。因此,要求桥面铺装具有抗车辙、行车舒适、抗滑、不适水和刚度好(与桥面板一起作用时)等特点。桥面铺装可采用沥青表面处治、水泥混凝土和沥青混凝土等类型。

一、铺装层缺损类型

1. 沥青混凝土桥面铺装

沥青混凝土桥面铺装由黏结层、防水层及沥青表面层组成。高速公路、一级公路的沥青混凝土铺装层厚度通常为70~80mm,必要时可增至100mm;二级及二级以下公路通常为50~80mm。沥青铺装应按照《公路沥青路面设计规范》(JTG D50—2017)有关规定实施。沥青混凝土铺装维修养护方便,铺筑后几小时就能通车运营,行车舒适,但容易老化和变形,受温度影响较大。

沥青混凝土桥面应重点检查沥青泛油、桥面变形,破损、裂缝(龟裂、块裂、纵向裂缝、横向裂缝等)。

(1)变形(车辙、拥包、高低不平等)

①车辙。

沥青路面的车辙是在道路延长方向车轮集中通过位置上所生成的连续的纵向变形。主要原因是沥青混合料的稳定性不够,过大的重交通(特别在高温、低速或静止荷载下)重复作用下,路面产生累积永久性的带状凹槽,如图2-1-1、图2-1-2所示。

图 2-1-1 车辙检测

图 2-1-2 车辙断面

②拥包。

拥包是由于在行车水平力作用下,沥青面层材料的抗剪强度不足而产生。

沥青混合料的油石比油量偏高或细料偏多,或沥青面层摊铺原因致使路面上下层黏结不好,影响面层和基层之间的结合,在行车水平力的作用下,使路面产生推移而形成局部不规则隆起的变形,如图2-1-3所示。

③波浪。

路表面出现轻微、连续的接近等距离的起伏状,形似洗衣搓板,称为波浪(搓板)。如图2-1-4所示。

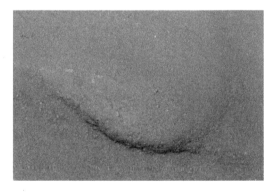

图 2-1-3 拥包

图 2-1-4 波浪

路面出现波浪的主要危害是行驶稳定性舒适性下降;由于积水降低了抗滑力,安全性下降;由于溅水,行人和沿线居民受害。

(2)泛油

泛油是指路面沥青被挤出或表面被沥青膜覆盖形成发亮的薄油层。

使用沥青标号不当,稠度太低、针入度过大、热稳性差等,或混合料级配不当,油量过大,集料过少,均会引起泛油。图2-1-5为路面泛油,图2-1-6为钻取的芯样,因油上泛,下部松散。

图 2-1-5 泛油　　　　　　　　　　　　图 2-1-6 泛油取芯

（3）破损

破损的形式有松散、坑槽等。

①松散的症状表现为沥青混凝土中沥青与集料的黏结力作用逐渐下降并丧失,在车辆荷载作用下使沥青混凝土表面层呈松散状态,面层中的集料颗粒脱落,粗细集料散失起砂,路面磨损,路表粗麻,多处微坑,表层剥落,路面外观质量差,行车不适。如图 2-1-7、图 2-1-8 所示。

图 2-1-7 新铺路面松散（一）　　　　　　图 2-1-8 新铺路面松散（二）

产生的原因有沥青、集料质量不合格;油石比、级配设计不合理;或沥青混合料潮湿,冒雨摊铺,碾压不及时等。

②脱皮是沥青面层层状脱落。

产生的原因有:铺筑面层时,基层未洒透层油;层铺法施工时,上下层黏结不好,形成隔层,表层被行车推移;面层偏薄等(图 2-1-9)。

③坑槽。

沥青路面的坑槽往往都有一个形成的过程,开始时是局部龟裂松散,在行车荷载和雨水等自然因素作用下逐步形成坑槽(图 2-1-10)。

2. 裂缝

（1）龟裂、块裂

龟裂是小网格式的、成块的、不规则破碎性网状裂缝,块裂是龟裂进一步发展,形成较深裂缝,沥青块状裂开(图 2-1-11、图 2-1-12)。

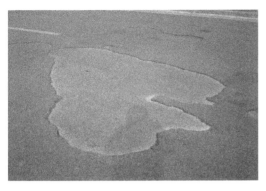
图 2-1-9 脱皮

图 2-1-10 坑槽

图 2-1-11 龟裂

图 2-1-12 块裂

(2)纵向裂缝

有的纵向裂缝是由于梁间铰缝(或湿接缝)破坏而反射到桥面造成的纵向裂缝,有 1 条或多条平行裂缝,如图 2-1-13 所示。此类纵向裂缝一旦扩展,形成单板受力,危害很大,不能按桥面裂缝进行评定。

有的纵向裂缝是桥面铺装混凝土浇筑时收缩造成的,可能长达好几孔,如图 2-1-14 所示。该类裂缝对桥梁影响不大,但检测时应注意与铰缝破坏反射裂缝(单板受力)区分。

图 2-1-13 铰缝破坏反射裂缝

图 2-1-14 纵向收缩裂缝

(3)横向裂缝

如图2-1-15所示为桥面变形形成横向裂缝,桥面塌陷。

如图2-1-16所示的横向裂缝的主要原因是梁的刚度较小,在荷载作用下,梁端转角较大,引起桥面连续处产生较大负弯矩而拉裂。该裂缝会引起该处渗水,钢筋锈蚀,在车辆荷载的反复作用下逐步损坏。这类裂缝是横桥向的,常见于简支梁桥面连续构造。

图2-1-15 横向裂缝　　　　　　　图2-1-16 横向负弯矩裂缝

二、水泥混凝土桥面铺装

水泥混凝土桥面铺装应符合《公路水泥混凝土路面设计规范》(JTG D40—2011)的有关规定,水泥混凝土桥面铺装耐磨性能好,适合重载交通,但养生期长,日后修补较麻烦。

水泥混凝土桥面铺装重点检查病害:磨光、脱皮、露骨;错台;坑洞;剥落;拱起;接缝料损坏;裂缝(板角断裂、破碎板)。

1. 磨光、跑砂、脱皮、露筋

(1)磨光:其原因是混凝土路面表面水泥砂浆强度低,水泥及集料等原材料耐磨性差,或路面使用时间过长等,表层砂浆磨损,造成粗集料外露(图2-1-17)。

(2)跑砂:其原因主要是混凝土表面灰浆不足,泌水提浆,从而造成混凝土路面表层强度不足,造成粗集料外露(图2-1-18)。

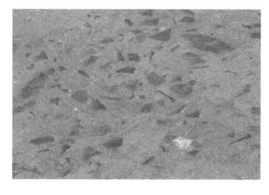 

图2-1-17 磨光露骨　　　　　　　图2-1-18 跑砂

(3)脱皮：一般是混凝土施工时收光不及时，表面粗糙，洒干水泥收光，使用过程中表面脱落(图2-1-19)。

(4)露筋：铺装层的保护层厚度太薄，铺装层内的钢筋露出铺装层表面(图2-1-20)。

图2-1-19　脱皮

图2-1-20　露筋

2.错台

错台是指水泥混凝土桥面裂缝(或切缝)两侧板块出现高差。图2-1-21为伸缩缝两侧错台。

3.坑槽

坑槽是铺装层局部存在凹陷；产生原因有铺装层材料质量分布不均，局部区域混凝土抗剪强度不够(图2-1-22)。

图2-1-21　伸缩缝错台

图2-1-22　桥面坑槽

4.剥落

沿接缝方向的板边出现裂缝、破碎或脱落现象，裂缝面一般不是垂直贯穿板厚，而是与板面成一定角度(图2-1-23)。

5.桥面起拱

热膨胀受阻，接缝两侧的板挤压，横缝两侧的板体发生明显抬高，高度大于10mm，损坏按拱起所涉及的板块面积计算(图2-1-24)。

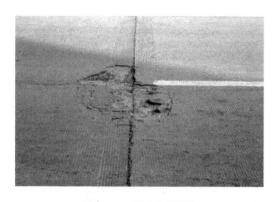
图 2-1-23　板角分层剥落

图 2-1-24　桥面起拱

6. 裂缝

水泥混凝土桥面铺装裂缝种类很多,从外观表现形式分类,主要有龟裂、板角裂缝、纵向裂缝、横向裂缝、斜裂缝、碎裂等。

(1)龟裂:裂缝有多条,裂缝不长,形状杂乱。产生原因主要是施工养护不当、温度表面裂缝等,见图 2-1-25。

(2)铺装层裂缝:面积较大,裂缝长度 1~5m,不规则,以纵向和网状居多,形成原因可能是铺装层整体脱开,或桥梁变形,病害难以根治,见图 2-1-26。

图 2-1-25　表面龟裂

图 2-1-26　铺装层裂缝

(3)断裂或破损:水泥混凝土铺装上裂缝宽度较大,并有混凝土破裂(图 2-1-27、图 2-1-28);产生原因是铺装层与桥面板之间存在脱空间隙。

(4)横向裂缝:裂缝延伸的方向与行车方向垂直。产生原因是温度应力,或上部结构受力裂缝的反射(图 2-1-29)。

(5)纵向裂缝:裂缝延伸的方向与行车方向平行。温度收缩应力产生的裂缝,一般细而长(有的全桥通长),对承载力影响不大。上部结构变位,铰缝开裂的反射(图 2-1-30)应立即修补,以防止造成单板受力。

三、桥面铺装的养护

桥面铺装的使用性应满足如下要求:

①保护行车道板,使其不受由于交通荷载冲击产生的磨耗和剪切作用。
②防止桥面板因雨水等自然条件的作用而产生侵蚀。
③对车辆轮重的集中荷载起到一定的分配作用。

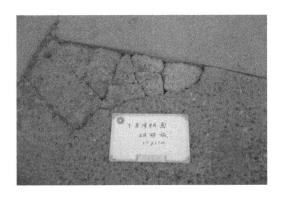

图2-1-27　板角裂缝

图2-1-28　混凝土破碎

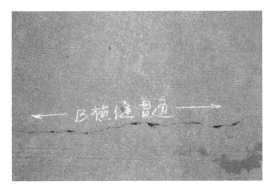

图2-1-29　横向裂缝

图2-1-30　铰缝纵裂

因此,桥面铺装的日常养护工作应注意如下要点:
①经常清扫桥面使桥面清洁平整,保持行车的舒适性。
②桥面铺装应保持一定的横坡和纵坡,在雨后应及时将积水排除。
③冬季雨、雪后应及时清除桥面上的冻块或积雪。
④严禁在桥面上放置杂物或作为晒场等。
⑤保持桥面防水层具有良好的使用性能。
⑥及时处理桥面铺装存在的裂缝等表面缺陷,当桥面铺装采用水泥混凝土铺装层时,应及时处理如磨光、脱皮等表面缺陷。
⑦保持桥面上的人行道铺装、盲道和缘石完好、平整。有缺损时,应及时维修或更换。
⑧桥上架设的管线的安全保护设施应保持良好的工作性能。

四、沥青混凝土桥面铺装的修补

桥梁铺装层在使用过程中,经常出现的凹凸、车辙、泛油、混合料松散剥离、磨光、裂缝裂隙及与结构连接处高低差等缺陷,为确保桥面铺装的正常使用性能,综合考虑铺装层不同的损伤种类、施工条件及通车要求等因素,选择合理的修缮措施,提高破损铺装层的服务质量,具体施工方法见图 2-1-31。

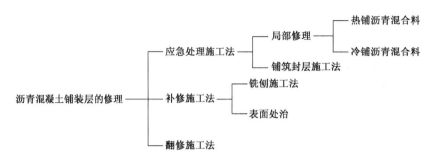

图 2-1-31 沥青混凝土铺装的施工方法

1. 应急处理施工法

(1) 局部维修

所谓局部维修,是修复裂缝、坑槽等面积比较小的损伤部位,以沥青混合料或只以沥青填埋。

补修的沥青混合料,应与原铺装材料类型相同,一般使用热铺沥青混合料。另外,当要求紧急处理时,使用冷铺沥青混合料。

以下就热铺沥青混合料施工法、冷铺沥青混合料施工法,叙述其施工顺序和一般注意事项,见表 2-1-1。

沥青混合料施工法　　　　表 2-1-1

	热 铺 沥 青	冷 铺 沥 青
施工顺序和方法	(1) 切除损伤部位周围的不良部分、对补修外形不好的进行整形(圆洞方补、浅洞深补); (2) 取出损伤部分中的离散物,认真清扫尘埃; (3) 潮湿部分,利用燃烧器等加热设备使其干燥; (4) 铺沥青黏结层; (5) 倒入加热的沥青混合料并进行摊铺; (6) 用压路机碾压; (7) 在表面撒布石粉或砂; (8) 表面温度达到手能触摸的程度,即可开放交通	(1) 除掉损伤部位周围的不良部分,非常仔细地清扫灰尘泥土等; (2) 潮湿部分,利用燃烧器等加热设备使其干燥; (3) 铺沥青黏结层; (4) 倒入常温的沥青混合料并进行摊铺; (5) 利用压路机碾压; (6) 在表面撒布石粉或砂
一般注意事项	(1) 损伤范围沿四角形切断,垂直于路面切除; (2) 将原铺装清除时,注意不要伤及桥面板; (3) 沥青黏结层,不仅在桥面板顶面上,而且在坑槽侧面,在各个角隅都要非常仔细地涂敷; (4) 沥青黏结料使用沥青乳剂; (5) 集料的最大粒径应符合要求; (6) 修饰表面,要与周围的铺装表面平顺地连接,一般应小于 5mm	(1) 混合料应用利于保存的薄膜袋或容器装好; (2) 修饰面要与周围的铺装表面平顺地连接,一般应小于 5mm; (3) 碾压前以燃烧器稍微加热使其干燥; (4) 考虑压实下沉,进行超填; (5) 与加热混合料相比较,它的稳定性和耐久性较差

(2) 铺筑封层

铺装层的裂缝可使沥青混合料由于水和空气等的侵蚀而产生沥青剥离的现象,因而失去黏结力，缩短铺装的使用年限。当为钢桥面板时，则会生锈。为了防止发生这些问题，用铺装焦油等办法将裂缝灌满，或采用修补带贴缝。

①灌缝法施工顺序。

a. 非常仔细地清扫裂缝，除掉灰尘、泥土等。以钢丝刷或竹子等抠出之后，再以大功率吸尘器将这些杂物吸出即可；

b. 由高向低方向贯注注入料（图2-1-32）；

c. 将从裂缝溢出、冒到铺装面上的注入料刮去；

d. 用加热注入料时，在温度下降之后，开放交通。

一般注意事项如下：

a. 注入料的加热温度，依据组成的材料而异，但为使其易于进入裂缝之中，加热到保持其流动程度即可；

b. 对于开裂很宽的裂缝，可能有注入一次不够的情况，必须反复充分地注入几次。

②裂缝贴补法施工。

先把裂缝里和裂缝周围路面上的石子土粒等杂物清理干净，然后加热裂缝周围沥青路面，再剪取适当长度修补带粘贴在裂缝上，最后用橡胶锤锤几下，使修补带紧贴路面（图2-1-33）。

图2-1-32 灌缝法修补裂缝

图2-1-33 贴补法修补裂缝

2. 补修施工法

（1）铣刨施工法

铺装铣刨施工的目的，大致可以包括：翻修、罩面、修补桥面铺装层的凸凹不平（图2-1-34）。

一般施工方法是以路用加热器加热到规定温度（60～180℃）后，用铣刨机旋转刀铣刨，将废料用装料器或铲车装到载货汽车上，以人力或动力扫除机清扫之后，就此开放交通，或再做罩面工程，开放交通。

（2）表面处治施工法

表面处治施工法，是在薄封层恢复铺装表面机能之外，为了维持和恢复铺装层抗滑机能的施工法。

①刻槽或树脂减速带。

运用刻槽施工法或用合成树脂使硬质集料黏结铺装层施工法等，在弯道区间、下坡路、合流区间等线形条件较差的地点较为有效，图2-1-35为合流区段树脂减速带。

图 2-1-34　桥面沥青铣刨

图 2-1-35　合流区树脂减速带

②辙和松散。

在铺装层变形比较小时,采用开级配沥青混凝土、间断密级配沥青混凝土等混合起来的表面处治施工法。为了确保铺装的最小厚度和取得均匀的压实等,要将凸出部分铣刨掉。

③裂缝。

当裂缝宽度小于5mm时,且缝边沥青混合料未脱落,可灌入合适的沥青材料,如SBS改性沥青。

当裂缝宽度大于5mm时,且缝边的沥青混合料松动脱落,则可将一定范围内的沥青铺装层凿除,底面和侧壁涂 $0.3 \sim 0.5 kg/m^2$ 黏层沥青后,采用与原沥青铺装层相同的级配和材料进行修复,并用小型机械充分压实,缝边采用热烙铁烫密,见图2-1-36、图2-1-37。

图 2-1-36　裂缝切除

图 2-1-37　裂缝压实

3. 翻修施工法

表面处治和薄层覆盖等,主要是针对铺装层面层的处治,所以只限于原有铺装的损伤比较轻微的情况,其效果的持续性也比较短,且要反复进行补修。当处理变得困难,结构上不能再覆盖薄层时,则应进行翻修铺装。依据损伤的程度,可以采取翻修桥面板上铺装总厚度、仅翻修面层和翻修局部三种方法。

在翻修之前,当然要调查了解损伤的原因,而对于补修日期、选料、配合设计、铣刨法和铺筑问题也要充分研究分析,保证翻修后的短期内不致再发生破坏损伤。

从混合料的级配看,随着粗集料掺合量的增多,铺装处于高温稳定度增大的倾向。但在桥面上铺装厚度较薄,从防水渗入的意义上看,单将粗集料增加也是不合理的。

裂缝在比较富有柔性的钢桥面板和钢梁结构等上面较易出现,在这样的结构上要求尽量采用较厚的铺装和具有柔性的混合料。

4. 沥青桥面预养护

沥青路面预养护的施工方法有以下几项,具体施工方法参见沥青路面施工:

(1)稀浆封层;

(2)处理裂缝,再加罩;

(3)加罩热再生。

五、水泥混凝土桥面铺装的修补

1. 桥面补强层加固

在旧有混凝土或钢筋混凝土桥面上,重新加铺一层混凝土或钢筋混凝土补强层。这种方法叫作补强层加固法,此法既能修补已出现的裂缝、剥离等缺陷,又能加大原有梁板的有效高度,增加板的抗弯能力,改善铰接梁的横向分布,从而提高梁的承载能力。具体施工方法见"任务4.2 桥面补强加固法"。

2. 局部修补

(1)孔洞与坑槽的修复:孔洞和坑槽的出现是因为混凝土中夹带着杂物。修补时,先将孔洞凿成形状规则的直壁坑槽(图2-1-38),然后用钢丝刷和吸尘器清理坑槽,填上混凝土,最后养生至规定通车强度时即可通车。

(2)磨光的处理:为了改善混凝土铺装的防滑性能,可采用刻槽机对磨光的部分进行刻槽处理(图2-1-39)。

图2-1-38 坑槽修复

图2-1-39 桥面刻槽

任务2.2 桥面系其他构件养护与维修

一、人行道

为了保障行人安全,位于城镇和近郊的桥梁均应设置人行道,其宽度和高度应根据行人的交通流量和周围环境来确定。此外,人行道在桥面断缝处必须做伸缩缝。

(一) 人行道的主要病害

人行道应重点检查人行道破损,人行道缺失。

1. 人行道破损

人行道破损主要是人行道板裂缝、铺砌破损,路缘石松动、残缺等缺损,见图 2-2-1 ~ 图 2-2-4。

图 2-2-1　人行道破损

图 2-2-2　铺砌破损坑槽

图 2-2-3　人行道塌陷

图 2-2-4　路缘石松动破损

2. 人行道缺失

主要是人行道板缺失,如图 2-2-5、图 2-2-6 所示。人行道板缺失对行人安全造成较大影响,管养部门应立即修复。

(二) 人行道维修

主要为人行道板维修,人行道板分面板(贴面砖)和道板(承重板)两部分。

道板发生破损或缺失(图 2-2-3、图 2-2-6),将影响到行人的生命安全,应立即封闭交通,设置安全标识,然后现场量取缺损人行道板的尺寸,查询设计图纸,预制人行道板,重新安装。

人行道面砖发生缺失的(图 2-2-5),人工凿除松动的面砖和基层水泥砂浆,铺筑同标号砂浆,捣实,然后铺筑同类型面砖。

图 2-2-5　人行道板(面砖)缺失

图 2-2-6　人行道板断裂缺失

二、栏杆、防撞护栏

(一) 主要缺损类型

桥梁上的栏杆与防撞墙属桥面系的安全设施,栏杆与防撞墙必须保证牢固可靠,确保其能够发挥正常的使用功能。目前,城市桥梁中主要使用的防护设施有钢筋混凝土栏杆、钢栏杆及钢筋混凝土防撞墙。其主要的病害、损伤和产生的原因见表 2-2-1。

栏杆与防撞墙的主要病害、损伤及其产生的原因　　表 2-2-1

种类	损伤形式	主要原因	对使用性能的影响
钢筋混凝土栏杆	混凝土表面蜂窝、麻面 混凝土开裂、剥落 钢筋锈蚀 桥梁与引道连接处损坏 栏杆不顺直	施工质量不好 混凝土碳化 交通荷载撞击 雨水侵蚀 保护层不足	栏杆的使用寿命 行车的安全性 栏杆的耐久性 行车的视距
钢栏杆	涂装层油漆脱落 擦伤、划痕、破损 钢栏杆锈蚀 栏杆变形 连接螺栓松动或丢失 焊缝破损 焊缝锈蚀、脱焊	油漆老化 交通车辆撞击 油漆脱落 雨水侵蚀 不同金属接触产生电流作用 温度影响而产生胀缩 构件疲劳	失去保护作用,加速钢材锈蚀 行车的安全性 结构的耐久性 栏杆美观及耐久性
防撞墙	预制(后浇)构件锚固失效 混凝土开裂、剥落、严重损伤 预制(后浇)构件扭转 露筋	锚固不牢或车辆撞击 混凝土碳化 车辆撞击 保护层不足	降低行车安全性 雨水渗入侵蚀桥面板 影响耐久性 影响车辆正常通行

栏杆应重点检查:栏杆破损,栏杆撞坏、缺失。

1.栏杆破损

钢筋混凝土栏杆,构件截面小,极易发生蜂窝麻面、剥落、露筋、锈蚀、裂缝、变形错位等病害,桥梁检查时应注意。

(1)栏杆钢筋极易锈蚀,产生钢筋锈蚀裂缝,混凝土剥落,从而造成栏杆破损,图2-2-7为栏杆钢筋锈蚀,图2-2-8为防撞护栏钢筋锈蚀,钢制的栏杆也容易发生锈蚀现象。

图2-2-7　栏杆锈蚀、混凝土剥落　　　　　　图2-2-8　防撞护栏钢筋锈蚀

(2)构件节点处,受撞击等因素,混凝土破损,如图2-2-9所示。

(3)栏杆底座开裂,如图2-2-10所示,在双曲拱、桁架拱等刚度小的桥梁中十分常见,说明桥面下沉变形,注意主拱圈是否变形。

图2-2-9　节点破裂缺损　　　　　　图2-2-10　栏杆底座脱裂、主拱圈变形

2. 栏杆撞坏、缺失

栏杆受到车辆冲撞引起的损坏,或构件脱落、缺失。见图2-2-11、图2-2-12。

图2-2-11　栏杆撞坏　　　　　　图2-2-12　栏杆缺失

(二)栏杆与防撞墙的养护

栏杆与防撞墙的养护主要包括如下内容:
(1)保证路缘石和连接的板或梁工作状态良好,必须对立柱起有效的支撑作用。
(2)检查栏杆中松动或丢失的连接件,焊缝是否破损。
(3)栏杆中涂装层破损严重的部位,应及时油漆,保证栏杆使用的耐久性,油漆时应注意以下几点:
①错误的说明或使用而使涂料丧失黏结力。
②涂层中相邻的涂层不相容。
③在边角处、焊缝处或油漆阴影区的防护涂层不充分。
④表层涂层厚度不足,造成栏杆锈蚀。
(4)保持桥梁栏杆与引道栏杆之间的顺直,不影响交通车辆的行驶。
(5)伸缩缝处的栏杆或护栏维修后,应断开并留有与梁体相等的伸缩量,以满足桥梁随温度变化的位移,不得将套筒焊死。
(6)校正或修补由于撞击使防撞墙引起的转动或损伤。
(7)对预制防撞墙构件锚固失效的部位进行及时加固。

(三)栏杆与防撞墙的修补

通过检查,发现护栏出现异常情况,应及时予以修复或调整、更换。主要的工作内容如下:
(1)护栏表面金属或非金属防护层损坏时,应及时修补。反光膜脱落,随时补贴。
(2)涂料性能应符合设计要求,表面涂层应均匀、不漏刷、不流淌。
(3)由于交通事故或自然灾害造成护栏缺损或变形,应及时修复或更换,锈蚀严重的金属护栏应予以更换。
(4)由于高程调整,原护栏高度不符合规定时,应对护栏的高度予以调整。
(5)伸缩缝处的栏杆维修后应满足桥梁随温度变化的位移,不得将套筒焊死。
(6)在不能及时将损坏部位按原样修复而又对交通安全威胁比较大的地段,宜采用应急材料临时修复。
(7)油漆是保证金属护栏正常工作、延长使用寿命的重要措施。护栏表面油漆损坏除应及时用速干油漆修补外,还应定期重新涂漆。重新涂漆的周期可根据当地气候特点、护栏染褪色程度、油漆质量而定,一般每隔1~2年重新涂漆一次。在交通量大及容易受有害气体、盐腐蚀路段的护栏,涂漆的周期应相应缩短。钢质护栏在涂漆前应将铁锈完全打磨干净,埋入地下部分适当进行覆膜处理。
(8)栏杆。对栏杆标柱的养护工作,应经常检查有无歪斜、变形、缺少、损坏,油漆是否剥落、褪色等;应经常保持标柱表面清洁;对于倾斜或松动的,应予以固定;如已变形、损坏或缺失,应尽快修复、更换或补缺。
(9)防撞墙露筋修补。防撞墙露筋是常见的病害,常用的修补施工方案步骤如下:
①如图2-2-13所示,用钢凿凿除露筋附近的混凝土,直至露出新鲜创面。

②用钢丝刷刷除钢筋表面的锈蚀部分。
③用丙酮洗刷钢筋。
④涂刷界面剂。
⑤调制混凝土砂浆,材料要求:水泥(500号)、黄沙(特细沙)、107胶水,配合比1:2,每立方米加100kg胶水和200kg清水(一泥桶拌和量:水泥2.1kg、黄沙4.2kg、胶水0.3kg和清水0.6kg),调制混合搅拌至黏稠;
⑥可依次涂刷,也可分层涂刷,分层涂刷间隔时间不大于15min;
⑦湿润养护2h,每间隔10min浇水一次。

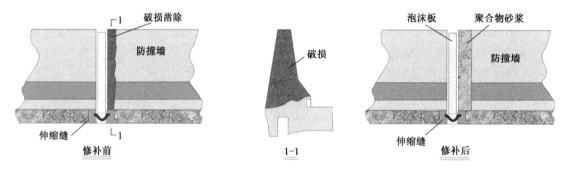

图2-2-13 防撞墙伸缩缝修补

(10)防撞墙伸缩缝修补。
防撞墙伸缩缝的破坏一般状态如图2-2-13所示,需要进行如下的修补操作:
①用钢凿凿除防撞墙损坏部分的混凝土,直至露出新鲜创面。
②镶嵌泡沫板与原防撞墙齐平,立模材料可用九夹板。
③灌注聚合物混凝土,可掺入30%细石,粒径为5~15mm。
④拆模,剔除泡沫深40mm。
⑤打磨缝边混凝土,当缝宽小于60mm时,用聚氨酯填充,大于60mm时浇筑密封橡胶条。

三、防排水系统

为迅速排除桥面上的雨水,防止渗入梁体引起腐蚀而影响桥梁结构的耐久性、稳固性,确保城市桥梁的正常使用,除在桥面铺装内设置防水层外,采取有效的桥面排水设施也相当重要。以城市高架桥为例说明,如图2-2-14所示,可大致分为三种设施,即由排水槽、井盖等组成的桥面排水设施;由排水管、支撑构件等组成的从桥面到集水设施间的导水设施;流向地下或河海的集水设施。

(一)桥面排水的病害与损伤

1.排水不畅

防排水系统设计、施工不当、养护不及时,造成构件表面水污染,构件腐蚀混凝土劣化,台背沉降等缺陷,影响桥梁的耐久性(图2-2-15、图2-2-16)。

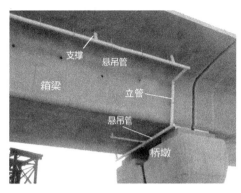 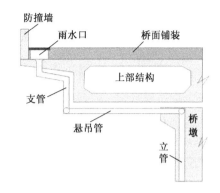

图 2-2-14 排水设施名称示意图

图 2-2-15 T 梁渗水钢筋锈蚀起壳　　　　　　图 2-2-16 水浸蚀混凝土劣化

2. 泄水管、引水槽缺陷

桥面垃圾积累未清除,导致泄水管、引水槽、排水孔出现堵塞;或排水设施构件老化破损、缺件、管体脱落、漏留泄水管等排水病害,造成排水不畅(图 2-2-17、图 2-2-18)。

 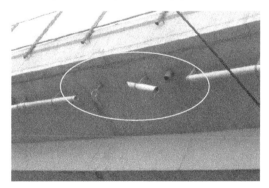

图 2-2-17 排水管锈蚀导致混凝土剥落　　　　　　图 2-2-18 排水管破损

桥面排水设施的缺陷,对桥梁的结构安全影响较大,导致桥面积留水,降雨时引起车辆滑移,成为造成交通事故的原因,排水槽和井盖等的破坏,成为造成运输事故的直接原因。并且积留水会引起桥下溅水,严重影响附近的民宅和行人。同时应注意,导水设施对环境的影响较大。

3. 排水设施的养护

排水设施日常养护主要包括以下内容:

(1)保证路面纵、横坡的完好、泄水孔通畅,迅速排除桥面上的雨水。

(2)保持桥面铺装内设置的防水层使用性能良好,防止雨水渗入梁体引起腐蚀而影响桥梁结构的耐久性、稳固性。

(3)及时修补或更换损坏的排水槽等设施,避免因桥面积留水而造成交通事故。

(4)经常疏通排水管,及时清除管内的淤泥和杂物,确保排水通畅。

(5)及时维修导水设施的支撑构件,防止由于支撑构件的损坏而影响排水。

(6)排水设施和导水设施之间连接可靠,确保排水系统整体的工作性能。

(7)立交桥除泄水管排水外,其他地方不得往桥下排水。

(二)桥面排水的维修

(1)排水管焊接处裂缝应及时焊接修理。

(2)锈蚀、破损严重处应及时更换。

四、照明、标志标线

1. 照明

城市路段,桥梁设有照明,检查时应注意是否有灯具是否损坏,是否有行驶车辆碰撞灯柱(图 2-2-19)。

(1)检查照明设施是否符合标准,对于不符合标准的照明设施及时维修、更换(图 2-2-20)。

图 2-2-19 照明缺失

图 2-2-20 路灯更换

(2)保证照明设施的电线不外露,接线盒处于良好的工作状态。

(3)固牢照明设备的锚固支承,对疲劳损伤的部位应特别注意。

(4)在台风、暴雨、地震等灾害后,及时对照明设备的检修孔或探孔情况、配电盘及电源线的引入情况、油漆状况进行检查。

2. 标志标线

应检查桥梁的禁令、警告、指示、辅助等标志物是否有锈蚀、涂层老化、撞击破坏等缺损;桥面行驶标线是否有缺失,涂层是否模糊。

标志标线如有残缺、破损、模糊等缺损,应及时修整、更换,及时重新刷涂标线(图 2-2-21、图 2-2-22)。

图 2-2-21 交通标志更换

图 2-2-22 交通标线更新

任务 2.3 伸缩缝装置

桥梁伸缩装置,是指为了使车辆在由于桥梁温度变化、混凝土收缩、徐变以及荷载作用等产生梁端变位的情况下,能够顺利地在桥面行驶,同时能够满足桥面变形的要求,而在桥台与梁端、两梁端相邻之间设置的装置。一般设在两梁端之间及梁端与桥台背之间。特别要注意,在伸缩缝附近的栏杆、人行道结构也应断开,以满足梁体的自由变形。

桥梁伸缩装置的类型有 U 形锌铁皮伸缩装置、跨搭钢板式伸缩装置、橡胶伸缩装置等,目前大多用橡胶伸缩装置。伸缩装置按照伸缩体结构的不同分为模数式伸缩装置、梳齿板式伸缩装置、橡胶式伸缩装置、异型钢单缝式伸缩装置四类,见表 2-3-1。

桥梁伸缩缝形式及其构造　　表 2-3-1

类型	简　图	说　明
钢板伸缩缝	 a) 钢板缩缝 b) 梳形钢板伸缩缝	适用于伸缩量不大于 300mm 的公路桥梁。 用一块厚度约 10mm 的钢板覆盖在断缝上,钢板的一边焊在锚固于桥面的角钢 1 上,另一边可沿着对面的角钢 2 自由滑动。在角钢 2 的边缘上还焊一条窄钢板,以压住桥面的沥青砂面层。 该伸缩缝适用于梁变形量在 4~6cm 之间的桥梁,常用于温差较大的桥梁。 当变形量与交通量更大时,可采用梳形钢板伸缩缝构造
橡胶板式伸缩缝		适用于伸缩量不大于 120mm 的公路桥梁。 由橡胶板和钢支承两部分构成,按桥面宽度设置,橡胶板整块,无接缝,防水性好。 安装时,螺栓从上向下与角钢连接,施工方便

续上表

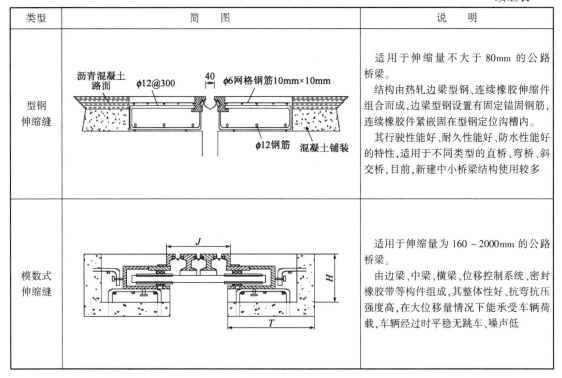

类型	简图	说明
型钢伸缩缝		适用于伸缩量不大于80mm的公路桥梁。 结构由热轧边梁型钢、连续橡胶伸缩件组合而成，边梁型钢设置有固定锚固钢筋，连续橡胶件紧嵌固在型钢定位沟槽内。 其行驶性能好、耐久性能好、防水性能好的特性，适用于不同类型的直桥、弯桥、斜交桥，目前，新建中小桥梁结构使用较多
模数式伸缩缝		适用于伸缩量为160～2000mm的公路桥梁。 由边梁、中梁、横梁、位移控制系统、密封橡胶带等构件组成，其整体性好、抗弯抗压强度高，在大位移量情况下能承受车辆荷载，车辆经过时平稳无跳车、噪声低

一、伸缩缝装置缺损类型

桥梁伸缩装置直接暴露在大气中，承受车辆、人群荷载的反复作用，很小的缺陷和不足，就会引起跳车等不良现象，从而使其承受很大的冲击，甚至影响到桥梁结构本身和通行者的生命安全，是桥梁结构中最易损坏又较难修缮的部位。伸缩缝损坏的原因主要有：

1. 设计方面的原因

(1)设计时梁端部未能慎重考虑。在反复荷载作用下，梁端破损引起伸缩装置失灵。有些桥梁结构，桥面板端部刚度不足，当桥面板受到汽车荷载作用时，因翼板较薄，横向联系较弱，导致桥面板反复变形过大。

(2)伸缩量计算不准确，没有考虑到伸缩装置安装时的实际温度对伸缩装置的影响，伸缩装置本身无法或很难调整初始位移量。

(3)一些设计是将伸缩装置的锚固件置于桥面铺装层中，与主梁(板)连接的部分很少，而且力的分布不容易传递，微小的变形可能演变成大的位移，最终导致混凝土黏结力的失效。

(4)设计上未严格规定伸缩装置两侧的后浇混凝土和铺装层材料的选择、配合比、密实度和强度，产生不同程度的破坏，致使伸缩装置营运质量下降。

2. 施工方面的原因

(1)对桥梁伸缩装置施工工艺重视不够，未能严格掌握施工工艺和标准，未按安装程序及有关操作要求施工，致使伸缩装置不能正常工作。

(2)伸缩装置两侧水泥混凝土和沥青混凝土铺装层结合不好，碾压不密实，容易产生开裂、脱落。

（3）后浇混凝土（或其他填充料）浇筑不密实，出现蜂窝、空洞等，达不到设计的强度要求，难以承受车辆荷载的强烈冲击。

（4）伸缩装置安装是桥梁施工最后几道工序之一，为了赶竣工通车，忽视内部质量管理，施工人员疏忽大意，伸缩装置锚固钢筋焊接得不够牢固或产生遗漏预埋钢筋的现象，梁端伸缩缝间距人为地放大和缩小，定位角钢位置不正确，给伸缩缝本身造成隐患，质量不能保证。

3. 养护及外界的影响

（1）原有桥梁铺装层逐渐老化，得不到及时经常的维修，因此破坏不断扩展。

（2）落入伸缩装置的砂土、杂物未能及时认真地清扫，使原设计的伸缩量不能保证。

（3）车辆荷载增大，交通量增加，车辆的冲击作用也随之明显变大。桥梁超载情况不能得到有效控制，超载车辆自行上桥，对桥梁伸缩装置的有效使用和耐久性带来严重威胁。

（4）地震等其他恶劣气候条件的影响。

桥梁伸缩装置的重点检查缺损类型有凹凸不平、锚固区缺陷、破损、失效，主要体现为胶带脱落、支承横梁、中梁压断、混凝土损坏、闭合间隙过小或过大等现象。这些现象给行车安全和桥梁的安全运营造成的危害较直接。

伸缩缝装置缺损表现形式有：

①凹凸不平（高差）。

墩台不均匀沉降，或梁板变位，或梁端混凝土破坏，造成伸缩有高差。有的伸缩缝安装时与桥面不在同一高度，也会造成凹凸不平，见图2-3-1。而桥与路连接处，由于路的沉降速率大于桥的沉降速率，很容易产生高差，又称桥头跳车，应及时进行修补，见图2-3-2。

图2-3-1 伸缩缝凹凸不平（高差）

图2-3-2 桥头跳车修补

凹凸不平会引起跳车等不良现象，从而使伸缩缝承受很大的冲击，加速伸缩缝和桥体破坏，还会造成行车安全。

②锚固区缺陷。

锚固区缺陷，指锚固区混凝土压碎破坏或锚固钢筋损坏，不能正常锚固伸缩缝。

图2-3-3为空心板型钢伸缩缝构造的保护段混凝土强度不高，且未采用钢纤维混凝土而产生收缩裂缝，并进一步龟裂，造成锚固区破坏。图2-3-4为橡胶伸缩桥锚固区破坏、锚固螺栓松脱。

图2-3-3 锚固区混凝土压碎,锚固钢筋断裂

图2-3-4 橡胶伸缩缝锚固区破坏

③伸缩缝破损。

伸缩缝破损指伸缩缝本身材料的破损,主要表现在异形钢梁变形、压断;连杆、支承箱和支承梁等联结开裂破坏;橡胶条老化、脱落;伸缩量过大,造成止水橡胶挤出或拉裂、脱落、破损等。见图2-3-5~图2-3-8。

图2-3-5 拉伸过大、止水橡胶破损

图2-3-6 横梁压断、中梁损坏

图2-3-7 螺栓松脱、橡胶板丢失

图2-3-8 滑移箱(杆)断裂

④伸缩缝失效。

伸缩缝失效指伸缩缝失去伸缩功能,主要有伸缩缝间隙过小顶死、齿板变形咬死、缝内有杂物顶死、未设置伸缩缝等。见图2-3-9~图2-3-12。

图2-3-9 伸缩装置咬死

图2-3-10 伸缩装置间隙过小

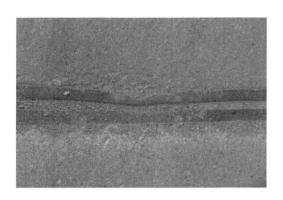
图2-3-11 上槽口堵塞、变形

图2-3-12 伸缩缝缺失(未设置)

二、伸缩缝装置的养护

伸缩缝装置应保证平整、顺直、正常伸缩,处于良好的工作状态。及时清除堵塞的杂物,出现渗漏、变形、连接部位开裂、跳车、行车有异常噪声时应及时维修。

根据伸缩缝装置的不同种类,日常养护中应采取相应的养护措施:

1. 梳形钢板伸缩缝

(1)观察梳形钢板伸缩缝在梳齿与承托连接处是否牢固。

(2)经常清除缝内塞进的硬物、杂物,保证排水和自由伸缩。

(3)经常检查紧固螺栓,防止梳齿板转动外翘。

2. 橡胶板式伸缩缝

(1)保持伸缩缝表面清洁、行车平顺、防止硬物使橡胶块产生破坏。

(2)紧固松脱的固定螺栓,防止橡胶剥离。

(3)橡胶板丢失应及时修补,大面积破损时应同型号的全部更换。

(4)清除伸缩缝内垃圾和杂物,保持伸缩缝自由伸缩。

(5)防止伸缩缝局部的下陷或凸出而产生的噪声。

3. 模数式伸缩缝

(1)清除伸缩缝内垃圾和杂物,保持伸缩缝自由伸缩(图2-3-13、图2-3-14)。

(2)经常检查钢板焊接部位是否可靠。
(3)防止密封橡胶带老化,严重漏水。

图 2-3-13　伸缩缝清理

图 2-3-14　伸缩缝冲洗

4. 型钢伸缩缝

(1)每月一次清除伸缩缝内垃圾和杂物,保持伸缩缝的自由伸缩。
(2)防止密封橡胶带的老化,如有漏水,则应更换密封橡胶带。

三、伸缩缝的维修

在查明伸缩缝破损原因后,采取行之有效的修补办法,依据伸缩缝的类型和缺陷程度,决定部分修补或部分以致全部更换。

1. 锚固修补

松动的保护角钢或平板及松动的底板可以通过重新锚固加以维修。如果它们是过分松动,这时替换是必需的。

(1)切割损坏部位(图2-3-15),安装附加锚具,如化学锚具,不应采用膨胀楔形锚具,因为它在车轮冲击影响下会松动。
(2)浇筑钢筋或植筋,重新把底板、保护角钢或平板与混凝土中钢筋连接牢固,然后浇筑混凝土,并振捣密实(图2-3-16)。

图 2-3-15　破损切割凿除

图 2-3-16　修补后混凝土浇筑

2. 密封层和密封条的替换

因为大多数密封层和密封条只有很短的寿命,不能修补。一旦退化就应该替换,采用优质的替换材料。

在维修更换过程中,养护人员先利用氧焊枪对损坏的橡胶条部位进行高温加热处理,使橡胶条与伸缩缝钢梁自行脱离,然后将损坏的橡胶条抽出(图2-3-17),再对伸缩缝钢梁内的垃圾杂物及残留的橡胶条进行清理;在此基础上,用润滑油脂均匀涂抹钢梁两侧凹槽,将准备好的新橡胶条平放于安装位置;最后用专用工具将橡胶条嵌进钢梁凹槽完成封闭(图2-3-18)。

图2-3-17 加热与橡胶条拆除

图2-3-18 橡胶条安装

3. 钢板伸缩缝的焊缝修补

对于钢板伸缩缝,当钢板与角钢焊接破裂时,应清除垃圾后重新焊牢;当梳齿断裂或出现裂缝后,也要采取焊接方法进行修补,如图2-3-19、图2-3-20所示。

图2-3-19 梳齿板拆除清理

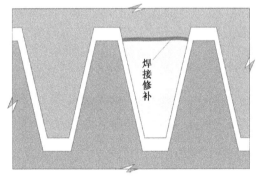

图2-3-20 断齿焊接修补

4. 锈蚀处理

锈蚀可以通过喷相关溶剂(加有防锈剂)处理不可触及的区域,然后使用润滑剂或油脂涂抹整个表面,或者采用适当的标准防锈措施。

5. 施工注意事项

桥面伸缩缝的修补或更换工作大都不中断交通。因此,通常可考虑采用限制车辆通行,半幅施工,半幅通行车辆;或白天使用盖板,夜间施工时禁止通行。总之,均要注意抓紧时间,尽量缩短施工工期,保证修补质量。

四、伸缩缝更换

在伸缩缝严重损坏、广泛分离和渗漏或混凝土桥面板或桥台台背广泛开裂和碎裂的地方,可以建议采用新的伸缩缝进行整体替换。常常需要拆除和重建桥面板端部,以便安装足够的锚固。伸缩缝施工工艺流程见图2-3-21。

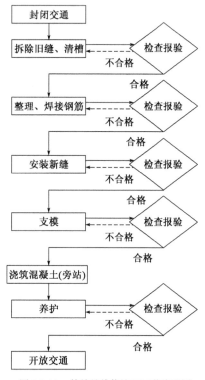

图2-3-21 伸缩缝维修施工工艺流程图

1. 准备工作

(1)测量放样

进场作业前,施工单位应确定破损区域,用粉笔或记号笔在靠近混凝土破损处做好标识,标识线(图2-3-22)应有内、外两道,并垂直于伸缩缝轴心方向,两道标识线间距为5cm。标识完毕后,施工单位拍摄伸缩缝混凝土破损处照片一张,照片要求横幅垂直于拍摄面,并已含桩号标识。

(2)工程量核对

与如有工程量与调查报告或设计图纸不符的,必须请业主现场代表在现场确认,并填写现场工程量签证单,请业主代表现场签字确认。

(3)养护施工控制区布置

养护作业班组根据批准的施工组织设计,按照《公路养护安全作业规程》(JTG H30—2015)和《江苏省高速公路养护工程施工安全技术规范》(DB 32/T 1363—2009)要求设置养护控制区。

2. 凿除和清理破损混凝土

(1)根据标识线开始凿除破损混凝土,在两道内侧标识线以内的混凝土可用风镐凿除(图2-3-23),两道外侧标识线以内的5cm混凝土须改为电锤或人工凿除,以防止混凝土破损区域扩大。同时,还须注意保护梁端和墩台背墙。

图2-3-22 标识线

图2-3-23 混凝土凿除

(2)混凝土凿除深度应以完全露出完整的新鲜混凝土界面为止,彻底清除破损混凝土。桥台侧应凿除到原有背墙顶面。桥面处根据每座桥梁沥青面层和铺装层厚度来确定,高度应满足安装后伸缩缝顶面与路面平齐。

(3)破损混凝土凿除到位后清理槽口(图2-3-24),清理干净后洒水检查,如发现底部仍有少量破损混凝土,应继续向下凿除,直到露出完好的混凝土界面,并确保槽口为规则的矩形,不得出现斜面。

(4)清理完毕后,施工单位拍摄槽口处照片一张,照片要求横幅、垂直于拍摄面,并包含桩号标识。

图2-3-24 槽口清理

3. 钢筋施工

(1)对槽口内预埋的锚固钢筋进行检查。由于预埋的锚固钢筋一般为20cm/档,伸缩缝型钢固定钢筋为15cm/档,可能存在弃用的锚固钢筋对混凝土浇筑质量不利,必须予以切除,防止成为浮筋。如图2-3-25所示。

(2)对缺失的钢筋应通过植筋补充(图2-3-26)。植筋钢筋的规格应与原预埋的锚固钢筋规格一致,一般采用$\phi16$钢筋,对于空心板梁则采用$\phi12$钢筋。

图2-3-25 切除不利钢筋

图2-3-26 植筋

(3)钢筋绑扎时要注意不同区域的不同布筋方式。

①在新、老桥梁拼接处,槽口内应设置上、下两层$\phi16$钢筋,每根$\phi16$钢筋横向间距不超过10cm(一般为5根),跨新、老桥梁拼接缝长度不小于20cm,保护层厚度为4.5cm。其上再铺设一层$\phi8$的防裂钢筋网片,间距10cm×10cm,钢筋保护层厚度3.5cm。见图4.3-2、图4.3-3。

②在非新、老桥拼接处及桥面一侧的钢筋布设只需铺设一层$\phi8$的防裂钢筋网片,间距10cm×10cm,钢筋保护层厚度3.5cm。

(4)预埋的锚固钢筋和伸缩缝型钢固定钢筋连接处脱焊的应补焊,钢筋焊接质量和植筋质量均须满足规范要求。

4. 伸缩缝的存放和吊装

(1)伸缩缝宜在气温为年平均气温时安装。当安装温度与年平均温度相差较大以致影响伸缩缝正常使用时,应在制造厂家工程师的指导下,确定新伸缩缝装置的开口量。不得自行拆卸夹具,防止伸缩缝参数变化。

(2)伸缩缝装置出厂时,装卸吊点已用明显颜色标明,工地吊装时必须按照吊点的位置起吊,必要时可再作适当加强措施,确保安全可靠(图2-3-27)。

(3)伸缩缝安装前必须对伸缩缝妥善存放,不得有变形和污染。为避免多次吊装造成产品变形,伸缩缝在安装前一般运送并存放在安装位置附近。在工地存放时,应垫离地面至少30cm,并且不得露天存放(图2-3-28)。

图2-3-27 伸缩缝起吊

图2-3-28 伸缩缝不得露天存放

5.安装准备

(1)在具备使用完整伸缩缝的条件下,应尽量使用完整的伸缩缝。

需半幅整体更换伸缩缝时,因伸缩缝长度较长,可将伸缩缝分段运输,如具备半幅封闭施工的条件,截断的位置可设置在2、3车道分界线(图2-3-29);如不具备半幅封闭施工的条件,可以车道宽度为最小单元。运输到现场后,先对接,再安装。

对接时,应将两段伸缩缝上平面置于同一水平面上,使两段伸缩缝接口处紧密靠拢,并校直调正。两段伸缩缝对接处的焊接,宜安装2~3cm的钢板托底,采用托底焊调平,然后采用坡口焊焊接伸缩缝(图2-3-30)。为保证焊缝饱满,宜采用CO_2气体保护焊,用高质量的焊条逐条焊接,焊接时宜先焊接顶面,再焊侧面,最后焊底面,要分层焊接,确保质量,并及时清除焊渣。焊接结束后用手提砂轮机磨平顶面。

图2-3-29 半幅施工

图2-3-30 伸缩缝钢板对接

仅需局部更换伸缩缝时,更换单元不宜小于单车道宽度,拼接位置宜设置在车道分界处。

(2)伸缩缝安装之前,理顺、调整槽内预埋钢筋,对漏埋或折断的预埋钢筋应采用补充植筋来加强,植筋深度应不小于预埋钢筋的设计深度。

(3)安装时的实际气温与出厂时的温度有较大出入时,须调整组装定位空隙值(具体数值以原设计图纸中温度对应值为准),伸缩缝定位宽度误差为±2mm,要求误差为同一符号,不允许一条缝不同位置上同时出现正负误差。

(4)伸缩缝的安装最好选在环境温度变化不大的时段进行,安装时伸缩缝的中心线与梁端中心线相重合,最大偏差不能超过10mm。然后穿横向连接水平钢筋,整个伸缩缝要多点垫起,避免下挠变形。

6. 伸缩缝安装

(1)伸缩缝安装时,应校正到与两侧沥青混凝土路面纵、横坡大致吻合。通常伸缩缝上顶面高程与两侧沥青混凝土面层高程一致,然后调整伸缩缝的纵向直线度。伸缩缝的高程与直线度调整到符合设计要求后,方可进行临时固定(图2-3-31、图2-3-32)。

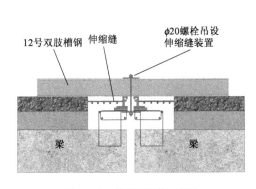

图2-3-31 伸缩缝安装示意图

图2-3-32 伸缩缝安装

(2)固定时,应沿更换伸缩缝的一端向另一端,每隔2~3个锚固钢筋依次将伸缩缝边梁上的锚固装置与预留槽内的预埋钢筋焊一个焊点,以保证抄平后的伸缩缝不再发生变位。注意应采取两侧对称施焊,严禁从一端平移施焊,造成局部温度过高、伸缩缝翘曲。

(3)固定后将伸缩缝的高程复测一遍,确认在临时固定过程中未出现变形、偏差后,仍然采用每隔2~3个锚固钢筋焊一个焊点的方式,依次将伸缩装置上的锚固装置与预留槽内的预埋钢筋焊接。

(4)若有路拱时,伸缩装置的固定应从拱顶中心向两端,对称地采用每隔2~3个锚固钢筋焊一个焊点的方式,依次将伸缩装置的固定装置与预留槽内的预埋钢筋焊接。

(5)临时固定后对伸缩装置的高程再复测一遍,确定在临时固定过程中未出现任何变形或偏差后,将伸缩装置边梁两侧的锚固板、锚固筋与预埋钢筋焊接,再将伸缩缝上的锚固钢筋与预埋钢筋在两侧同时焊牢,焊缝长度均不小于5cm,最好一次全部焊牢。如有困难,可先将一侧焊牢,待环境温度达到预定的安装气温时,再将另一侧全部焊牢。

(6)在焊接的同时,应随时用3m直尺及塞尺检测伸缩缝与两侧沥青混凝土面的高差,高差应控制在0~+2mm范围以内,否则易出现跳车现象。

(7)在固定焊接时,对于经常出现的预留槽内预埋钢筋与伸缩缝锚固钢筋不相符的现象,可采用U形、L形、S形钢筋进行加固连接,以确保缝体与梁体的牢固连接。连接处焊缝长度应不小于100mm,并按照规范要求采用浅接触,严禁出现点焊、跳焊、漏焊等现象(图2-3-33)。

(8)伸缩缝焊接牢固后,应尽快将预先设定的临时固定卡具、定位角钢用气割枪割去,使其自由伸缩(图2-3-34)。

图2-3-33 U形筋加固焊接

图2-3-34 焊接结束解除限位板

7.模板施工

支模时泡沫板应尽量紧贴梁或台帽混凝土侧面,对由于台帽侧面缺损或不在同一直线上从而造成泡沫板无法与混凝土面紧贴的,应用M7.5砂浆填实之间的缝隙。泡沫板只能用于垂直面支护,严禁用泡沫堵塞缺损或缝隙,防止泡沫板进入混凝土底部(图2-3-35、图2-3-36)。

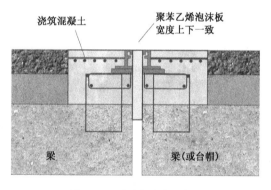
图2-3-35 泡沫板填充示意图

图2-3-36 浇筑前泡沫板填充密实

8.混凝土浇筑

(1)在浇筑混凝土前,必须用塑料布加土工布对路面进行覆盖,并用胶带纸封好边缘,防止水泥浆污染路面。混凝土浇筑高程与路面高程高差控制在±2mm。

(2)在初凝前及时收面,用木板、钢板各收面不少于2次,防止出现收缩裂缝,混凝土浇筑结束后覆盖养生(图2-3-37)。

(3)养生结束在开放交通前,须进行混凝土浇筑质量检查,如混凝土表面出现塑性网状收缩裂缝,应用结构胶封闭,如出现贯通的收缩裂缝,应用环氧胶进行灌缝。

(4)所有工序完成后,施工单位拍摄修复后的伸缩缝混凝土破损处照片一张(图2-3-38),

照片要求横幅垂直于拍摄面,并包含桩号标识,同时完成所有现场实测项目的检验及施工记录的填写。

图 2-3-37 压光、养护　　　　　　　　　图 2-3-38 开放交通(修复后拍照)

任务 2.4　支座维修与更换

钢筋混凝土和预应力混凝土梁式桥在桥跨结构和墩台之间均须设置支座,其作用如下(图 2-4-1):

(1)传递上部结构的支承反力,包括恒载和活载引起的竖向力和水平力;

(2)保证结构在活载、温度变化、混凝土收缩和徐变等因素作用下的自由变形,以使上、下部结构的实际受力情况符合结构的静力图式。

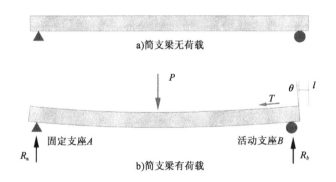

图 2-4-1　简支梁支座作用

因此,梁式桥的支座一般分成固定支座和活动支座两种。固定支座既要固定主梁在墩台上的位置并传递竖向压力和水平力,又要保证主梁发生挠曲时在支承处能自由转动,如图 2-4-1b)左端所示。活动支座只传递竖向压力,但它要保证主梁在支承处既能自由转动,又能水平移动,如图 2-4-1b)右端所示。

公路桥梁常用的支座有板式橡胶支座和盆式橡胶支座。支座出现橡胶老化、变质、钢板锈蚀、脱空、没有变形能力等病害时,梁体也失去自由伸缩能力,直接导致梁端或墩、台帽混凝土破裂,造成掉角、啃边现象,严重的导致伸缩缝破坏,主梁出现裂缝、桥墩台出现裂缝等现象,具体病害参见相应章节。

一、支座缺损类型

(一)板式橡胶支座

板式橡胶支座按结构形式分为普通板式橡胶支座和四氟滑板式橡胶支座;按形状分为含圆形板式支座和方形板式支座;按支座材料和适用温度分为常温型橡胶支座(-25~60℃)和耐寒型橡胶支座(-40~60℃)。

板式橡胶支座(图2-4-2、图2-4-3)通常由若干层橡胶片与以薄钢板为刚性的加劲物组合而成,各层橡胶与上下钢板经加压硫化牢固的黏结成为一体。支座在竖向荷载作用下,具有足够的刚度,主要是由于嵌入橡胶片之间的钢板限制橡胶的侧向膨胀。在水平力作用下,支座的水平位移量取决于橡胶片的净厚度。在运营期间,为防止嵌入钢板锈蚀,支座的上下面及四边都有橡胶保护层。

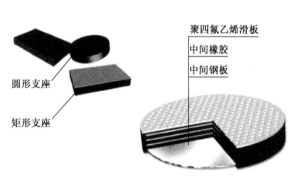

图2-4-2 板式橡胶支座结构图　　图2-4-3 板式橡胶支座安装图

根据《桥评标准》,板式橡胶支座的技术状况分为:老化变质开裂、支座缺陷、位置串动胶空或剪切超限。

1. 板式支座老化变质、开裂

橡胶支座在正常使用过程中,受荷载、环境因素的综合作用,引起橡胶的组成、结构的变化,出现老化龟裂现象,逐步失去原有的优良性能,甚至丧失使用功能。橡胶老化是不可逆转的过程,实质是橡胶支座的失效过程。

图2-4-4为板式橡胶支座外鼓,老化后开裂;图2-4-5为矩形板式支座老化,并产生位移。板式支座老化变质、开裂应进行更换。

2. 板式支座缺陷

板式橡胶支座缺陷指滑动支座缺陷、钢板锈蚀、橡胶外鼓、支座开裂等质量缺陷,或临时支座未拆除,导致支座失效。

(1)活动支座缺陷

支座分为固定支座和活动(滑板)支座端两种,梁体有纵向、横向或转角的位移时,固定支座不动,滑板支座与梁体发生位移。

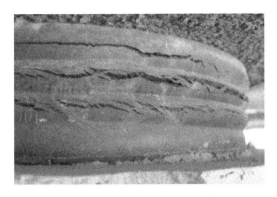
图2-4-4 圆形板式支座老化开裂

图2-4-5 矩形板式支座老化

活动支座缺陷指滑板磨损、滑脱、不锈钢钢板脱落、滑板倒置等,使活动支座无法正常滑移,或者滑动位移量超过标准允许范围。

图2-4-6为聚四氟乙烯滑板磨损摩阻力过大,支座产生剪切变形,支座底面出现翻边;图2-4-7为活动支座聚四氟乙烯滑板滑脱移位,影响滑动面的正常滑动。

图2-4-6 滑板磨损剪切　　　　　　　　图2-4-7 滑板磨损脱落

图2-4-8为活动支座聚四氟乙烯滑板倒置,支座上部脱空;图2-4-9为活动支座聚四氟乙烯滑板缺失,活动支座不能正常滑移,丧失滑动功能。

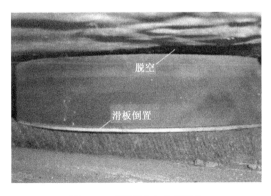
图2-4-8 滑板倒置、上部脱空

图2-4-9 聚四氟乙烯滑板缺失

图2-4-10为活动支座不锈钢板缺失,图2-4-11为不锈钢板脱落(或施工时未安装钢板,导

致脱空）。不锈钢板缺损导致支座不能滑动。

图 2-4-10 不锈钢板缺失、外鼓

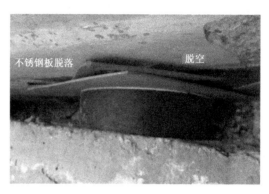

图 2-4-11 不锈钢板脱落

（2）钢板锈蚀

钢板锈蚀是支座中最常见的缺陷之一（图 2-4-12、图 2-4-13），伸缩缝破损，排水不良，导致支座处积水，造成钢板锈蚀，沿海桥梁尤为严重。钢板严重锈蚀将导致支座失效。

图 2-4-12 钢板锈蚀

图 2-4-13 钢板锈蚀、位移

（3）临时支座未拆除

先简支后连续施工，或悬臂施工等工艺中，需对梁体设置临时支座，施工时未进行临时支座拆除、落梁（图 2-4-14、图 2-4-15），造成支座无法正常滑移，产生异常剪切，甚至会造成梁体破坏或盖梁破坏。

图 2-4-14 临时支座未拆除

图 2-4-15 两端横梁间临时支撑未拆除

(4)外鼓

①外鼓指橡胶支座竖向载荷过大,超过支座设计允许压应力,或支座本身产品质量低劣致使板式支座橡胶层不均匀外鼓,并产生分层环向裂纹。图 2-4-16 为支座承载力不足,轻微外鼓。许多桥梁都存在轻微外鼓现象,但对桥梁使用影响不大;

②施工架梁时不够平稳,偏压造成支座较大的初始变形,也会造成外鼓,如图 2-4-17 所示。如果新桥发现支座偏压、剪切,大多数是架梁不平稳造成的。

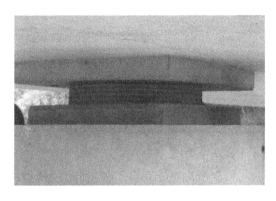

图 2-4-16 支座轻微外鼓

图 2-4-17 架梁时偏压

(5)压裂、压坏

支座承载力不足,受压造成压裂破坏,如图 2-4-18、图 2-4-19 所示。超载严重则支座胶层错位,严重开裂,钢板外露,处于压溃状态,如图 2-4-20 所示。如图 2-4-21 所示为外鼓破坏后支座切面,发现中钢板与中间橡胶分离。

图 2-4-18 支座竖向裂缝

图 2-4-19 支座横向裂缝

支座压裂一般是 1~2 条较宽的裂缝,而支座老化是较多的细裂缝(图 2-4-4、图 2-4-5),检查时应注意区分。

3.板式支座脱空、剪切和移位

(1)支座脱空

空心板梁、小箱梁的 4 个支座没有调平,或梁体在荷载作用下变形,导致支座脱空,见图 2-4-22,只有"三只脚"受力。支座脱空的梁体往往比附近梁体高,见图 2-4-23。支座脱空在空心板梁中较为常见,由于梁底受力不均匀,在车辆荷载作用下,易造成受力大(未脱空处)

的支点混凝土破坏,铰缝破坏,桥面形成纵向裂缝等缺损。支座脱空,标度为4类。

图 2-4-20　支座压溃、钢板外露

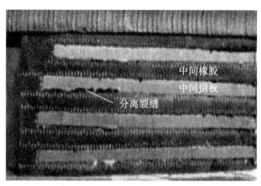

图 2-4-21　钢板与橡胶分离

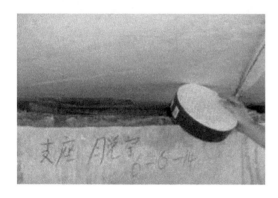

图 2-4-22　支座脱空

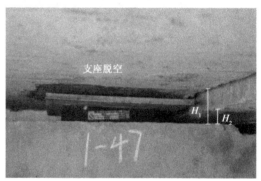

图 2-4-23　支座脱空的梁较高

(2)支座剪切

梁(板)安装就位时与设计安装温度差别较大,导致剪切变形大于设计值;梁(板)端建筑垃圾清除不彻底,限制梁(板)正常伸缩,致使支座向一个方向偏移过大等。表现为板式橡胶支座剪切变形过大,支座水平剪切角超过标准规定值,如图2-4-24所示。

滑板支座因摩擦力过大而失效,也会导致支座剪切,图2-4-25为滑板支座剪切并分层破坏。剪切造成支座滑动失效,支座破坏,严重的可能造成梁体变形破坏。

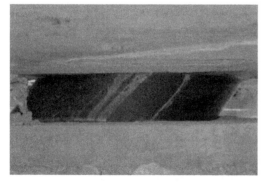

图 2-4-24　固定支座剪切

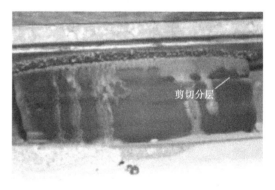

图 2-4-25　滑动支座剪切分层

(3)支座偏压

施工控制不严,支座安装位置不准确,如支承垫石或梁底面不水平,造成支座一侧受力变形较大,另一侧变形较小,形成偏压。

图 2-4-26 为固定支座局部偏压明显,向一边倾斜明显,胶层一侧外鼓。维护后仍可使用。图 2-4-27 为滑板支座局部偏压剪切明显,支座顶面与梁底脱空。

图 2-4-26　固定支座偏压　　　　　　　图 2-4-27　滑动支座偏压、剪切、脱空

(4)支座移位、串动

支座移位、串动指支座偏离设计位置,从而影响到梁体受力。产生的原因:有的是施工时未安装到正确位置;也有桥梁在营运期间,梁体发生位移,导致支座偏位;或支座受"挤",串动到其他位置。

例:图 2-4-28 为支座偏离设计位置接近规范允许范围,调整后仍可使用;图 2-4-29 为支座移位到钢板边缘;图 2-4-30 为支座安装缺陷造成支座上承压钢板小于支座承压面,未安装不锈钢板支座部分悬在垫石外边支承位置已影响梁体受力;图 2-4-31 为支座移动到设计位置之外,严重影响梁体受力,且支座破坏。

图 2-4-28　支座轻微移位,标度 2　　　　　图 2-4-29　支座移位,标度 3

(二)盆式橡胶支座

盆式橡胶支座按适用温度范围分为常温型支座(-25 ~60℃)和耐寒型支座(-40 ~ 60℃)两类。

图 2-4-30 支座移位较大,标度 4

图 2-4-31 支座严重位移且剪坏,标度 5

盆式橡胶支座按使用性能分为双向、单向及固定三类：
(1)双向活动支座(多向活动支座)：具有竖向承载、竖向转动和多向滑移性能。
(2)单向活动支座：具有竖向承载、竖向转动和单一方向滑移性能。
(3)固定支座：具有竖向承载和竖向转动性能。

盆式橡胶支座具有结构紧凑、摩擦系数小、承载能力大、质量小、结构高度小、转动及滑动灵活、成本较低等特点,是一种具有发展前途的大中型桥梁支座。盆式橡胶支座由钢盆、橡胶板、中间钢板(铝板)聚四氟乙烯滑板等组成,见图 2-4-32、图 2-4-33。

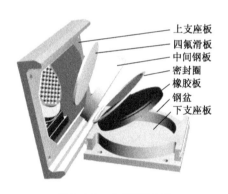
图 2-4-32 盆式橡胶支座

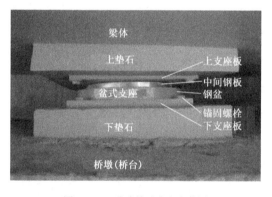
图 2-4-33 盆式橡胶支座安装图

盆式橡胶支座病害主要原因有：
(1)产品质量不合格：承载力不足,钢构件质量不合格,橡胶不合格等。
(2)设计不合理：主要是固定支座、单向支座、双向支座位置设置不合理,桥梁变形过大。
(3)施工不当：限位拆除时间不当,锚固螺栓安装不当,单向支座装反等。
(4)养护缺失：梁端顶死、位移过大,滑板、橡胶磨损,锚固螺母剪切变形,支座锈蚀、偏压、脱空等。

根据《桥评标准》,盆式支座的技术状况分为：盆式支座组件损坏、聚四氟滑板磨损及盆式支座位移、转角超限。

1. 盆式橡胶支座组件损坏

盆式橡胶支座缺损指盆式支座固定螺栓弯曲断裂,上承压板或下座板弯曲变形,钢盆开裂,限位板顶歪、脱焊,钢组件严重锈蚀。

（1）钢组件锈蚀

盆式橡胶支座由橡胶板、钢盆、中间钢板、锚栓及其他零件组成,在使用过程中,钢制构件易发生锈蚀(图2-4-34),影响支座的耐久性。

（2）钢盆开裂

钢盆铸造质量低劣,盆壁内部有缺陷,使用材料不当;或支座垫石不平整和梁底支承接触面不平整,导致受力不均匀,局部应力集中,而使钢盆竖向开裂盆环开裂(图2-4-35),对橡胶失去径向约束,支座失效破坏。

图2-4-34　支座钢板锈蚀　　　　　　　图2-4-35　钢盆开裂

（3）盆内构件缺损

密封圈压缩变形,老化、开裂,中间钢板变形损坏,支座失效破坏。

图2-4-36为中间钢板翘起挤出;图2-4-37为拆除后的支座,中间钢板变形,滑板损坏变形。

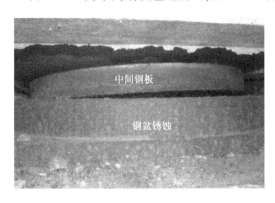 

图2-4-36　中间钢板挤出　　　　　　　图2-4-37　中间钢板变形

2. 盆式橡胶支座安装缺陷

盆式橡胶支座安装缺陷主要有：

（1）螺栓安装不当(螺栓未安装、未紧固、未安装螺帽、螺栓过长、剪切、锚栓孔未灌浆等),将导致底座未能固定,支座变形和失效。

图2-4-38为支座失效,横向受阻,支座螺栓被剪断;图2-4-39为预埋螺栓孔洞处未灌浆,底座钢板变形。

图 2-4-38　螺栓被剪断　　　　　　　　图 2-4-39　预埋螺栓孔洞处未灌浆

（2）支座限位（吊装钩）未拆除。

支座限位装置未拆除（图 2-4-40、图 2-4-41），造成支座无法正常滑移，产生异常剪切，钢盆变形，甚至会造成梁体破坏。

图 2-4-40　支座限位装置未拆除（一）　　　图 2-4-41　支座限位装置未拆除（二）

例：某公路跨河大桥，为主跨 36m 的三跨变截面箱梁桥、双向二车道。采用的是盆式橡胶支座，支座布置如图 2-4-42 所示。箱梁合龙后受力体系转换为支座受力时，由于盆式支座的安装连接板未拆除，而导致活动支座不能自由滑动，使盆式支座严重损坏，丧失支座使用功能，如图 2-4-43、图 2-4-44 所示。

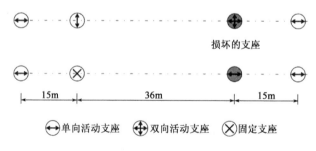

图 2-4-42　三跨变截面箱梁盆式支座布置图

图2-4-43 单向活动支座变形

图2-4-44 多向活动支座变形

(3)施工顺序错误。

施工顺序错误,临时支座在浇筑混凝土之前拆除,将导致支座变形失效(图2-4-45);箱梁张拉前解锁,将导致支座变形破坏(图2-4-46)。

图2-4-45 浇筑混凝土之前拆除临时支座

图2-4-46 张拉前解锁

(4)支座脱空。

盆式橡胶支座同样存在支座脱空现象(图2-4-47、图2-4-48)。

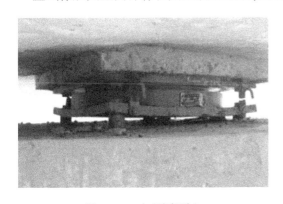
图2-4-47 支座底部脱空

图2-4-48 支座上部脱空

(5)单向支座安装错误(水平方向旋转90°)。

盆式支座的固定支座和活动支座安装位置错误,或单向活动和双向活动支座安装位置及安装滑移方向错误,造成支座无法正常滑移,甚至会造成梁体破坏;如图2-4-49所示为单向支座装反后,垫石剪裂,如图2-4-50所示为限位板顶坏。

图2-4-49　垫石开裂

图2-4-50　限位板顶坏

例:图2-4-51为某箱现浇箱梁桥单向支座大小位移方向安反,即安装时旋转90°,支座不能滑移,箱梁在使用过程中开裂;立柱出现环向裂缝(图2-4-52)。

图2-4-51　单向支座安装旋转90°

图2-4-52　立柱环向裂缝

3. 聚四氟乙烯滑板缺损

盆式橡胶支座由于荷载大,位移大,使用过程中养护不当,表面粗糙,易造成聚四氟乙烯滑板缺损。图2-4-53为支座对梁底的磨损,图2-4-54为聚四氟乙烯滑板磨损。

图2-4-53　支座对梁底的磨损

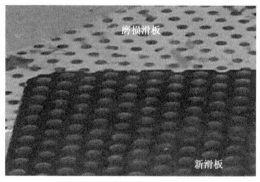

图2-4-54　磨损的聚四氟乙烯滑板

当聚四氟乙烯滑板磨损后,梁底与滑板的摩阻力增大,导致滑板挤出(图2-4-55),有时密封橡胶也会挤出(图2-4-56)。滑板被磨形粉末状,有的从钢盆中析出(图2-4-57),粉末呈棕色状;有时橡胶板也磨成粉,与滑板粉一齐析出(图2-4-58)。

图2-4-55　四氟滑板挤出

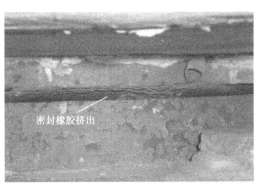

图2-4-56　密封橡胶挤出

图2-4-57　四氟滑板粉末析出

图2-4-58　橡胶粉末析出

4. 盆式支座位移、转角超限

(1)支座位移

梁体发生较大位移,导致支座位移过大,超出设计限值,与设计、施工有很大关系。图2-4-59为单向支座横向位移,造成限位钢板顶死;图2-4-60为支座位移超限。

图2-4-59　支座横移,上下钢板顶死

图2-4-60　支座位移超限

例：某现浇七跨50m预应力混凝土连续箱梁，采用移动支架施工，第一联跨落梁时，箱梁在活动盆式支座上出现滑移，1h后最大横向滑移量达46cm，导致严重事故（图2-4-61、图2-4-62）。

图2-4-61　左支座滑移　　　　　　　　　图2-4-62　右支座滑移

原因分析：

①支座布置不合理，如图2-4-63所示。第一联跨箱梁落梁时，落在4个多向活动支座上，4个支座总摩擦力为80kN，50m跨箱梁的理论自重为1600t，如果落架时高程有先后，就有可能产生水平推力，促使梁体在支座上发生滑移。

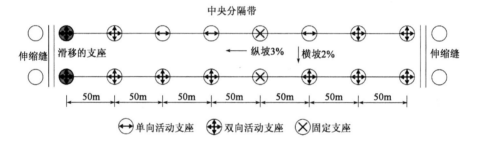

图2-4-63　盆式支座不合理布置图

正确的设计对连续梁靠分隔带的一侧应该全部布置单向活动支座，靠护栏一侧的支座应全部布置多向活动支座，中间跨桥墩布置固定盆式支座，如图2-4-64所示。

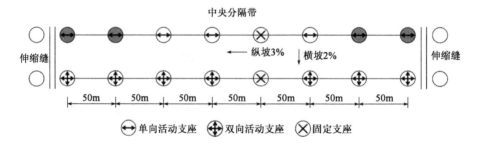

图2-4-64　七跨连续箱梁盆式支座的合理布置图

②设计选用的盆式支座的设计转角为0.02rad，4个多向活动支座上实际产生的转角有可能达到0.04rad，已超过支座设计转角的2倍，所以梁体在支座上发生滑移是必然的。

③施工原因：由设计图可知，第一联跨箱梁下面布置的是4个多向活动支座，制订施工方

案时未考虑落梁时活动支座会产生滑移的防滑措施。

(2) 偏压、转角位移

图 2-4-65 为支座偏压倾斜，上承压板轻微脱空，锚固螺栓顶死弯曲；如图 2-4-66 所示，安装错误，偏压过大导致上压板倾斜角过大，支座上下钢板顶死。

图 2-4-65　支座偏压倾斜

图 2-4-66　支座转角过大

例： 对于多联跨纵向坡度大于 5% 以上匝道弯桥，从设计和施工两方面均未考虑纵坡的影响，设计图上未标注安装图，导致施工单位随意安装，造成如图 2-4-67 所示状况，支座转角过大，上压板变形。从图 2-4-68 中可看出，由于纵坡的影响，支座上压板呈倾斜状，已将钢盆盆壁压屈，使支座失去使用功能。

图 2-4-67　上压板变形

图 2-4-68　钢盆变形失效

(三) 支座垫石及使用环境

在支座板下应设置钢筋混凝土支座垫石，其上安放支座，以利较好地分布支座压力。当墩台上要安置不同高度的支座时，通常由不同高度的支承垫石来调整高差。一般垫石尺寸较支座底板每边大 15～20cm。

《桥评标准》中无支座垫石技术状况相关规定，根据江苏省地方标准《公路桥梁橡胶支座病害评定技术标准》(DB32/T 2172—2012) 进行评定，支座垫石技术状况分为 3 级：

(1) 支座 1 级病害

进行适当外防护处理控制病害发展后可正常使用，属于轻度病害。

（2）支座2级病害

已对支座使用功能产生影响,但进行加强外防护处理或修复,并定期观察。严格控制病害发展后仍可使用,属于中度病害。

（3）支座3级病害

支座已部分或者完全丧失使用功能,须立即更换,属于重度病害。

1. 支座垫石等附属构件缺陷

支座垫石等附属构件缺陷主要有支座垫石开裂、歪斜不平整、垫石尺寸不规范、垫石模板未拆除、上下承压钢板尺寸不规范或弯曲变形、不锈钢板脱落等。

（1）支座垫石缺陷

支座垫石设置于桥台、墩顶部与支座连接部分,承受荷载大,要求强度高,平整度高,多为高强混凝土或环氧树脂细石混凝土(或砂浆)现场浇筑。支座垫石缺陷导致承载力下降。图2-4-69~图2-4-72为支座垫石常见缺损。

图2-4-69　支座垫石开裂

图2-4-70　支座垫石空鼓

图2-4-71　支座垫石缺损

图2-4-72　支座垫石劣化损坏

（2）支座垫石承压面不平整

支座垫石承压面不平整导致支座局部承压破坏,钢板变形。

图2-4-73为支座垫石不平整,支座底部脱空;图2-4-74为支座垫石不平整;下承压垫板尺寸小于支座平面,支座未平置,呈歪斜状态。

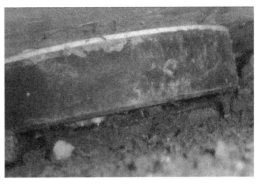

图 2-4-73 垫石不平整,支座底部脱空　　　　图 2-4-74 垫石不平整,钢板尺寸小于支座

(3)钢板缺损

如图 2-4-75 所示钢板不平整,局部承压、变形造成支座破坏或失效;图 2-4-76 为钢板缺失,垫石不平整,支座变形。

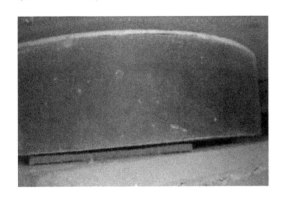

图 2-4-75 钢垫板小于支座面积　　　　　　　图 2-4-76 钢板缺失

图 2-4-77 为支座脱空后,采用加塞垫钢板的方法,钢板尺寸较小且偏位,造成支座局部承压;如图 2-4-78 所示梁底未安放钢板,梁底和垫石不平整,支座变形失效。

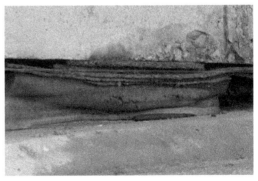

图 2-4-77 钢板设置不合理　　　　　　　　　图 2-4-78 支座裂破压坏

支座垫石等附属构件缺陷分级评定见《公路桥梁橡胶支座病害评定技术标准》(DB 32/T 2172——2012)相关内容。

2. 支座使用环境病害

支座使用环境病害主要有废弃混凝土和建筑垃圾堆积而影响支座使用功能;排水不畅,积水过多;废气、废水、油漆等污染导致支座腐蚀严重。

(1)建筑垃圾堆积

盖梁、台由上的建筑垃圾堆积,将梁端顶死,使伸缩缝失效,从而造成盖梁、立柱开裂,梁端破损等次生病害(参见任务5.1)。而且堆积物较多,影响支座正常使用,加速支座损坏。

图2-4-79为板式橡胶支座垃圾废弃混凝土堆积过多,积水潮湿,锚固螺栓,上下承压钢板严重锈蚀;图2-4-80为盆式橡胶支座堆积物较多,钢盆构件锈蚀严重。

图2-4-79 板式支座堆积物　　　　　　图2-4-80 盆式支座堆积物

(2)支座积水

桥墩(台)的伸缩缝漏水,支座积水,如垫石模板未拆除,则积水更加严重。积水导致钢板锈蚀,加速支座破坏。如图2-4-81所示。

(3)油漆污染

有的养护单位采用对锈蚀的钢板刷涂油漆进行防锈处理时,操作不当,导致支座受到油漆腐蚀,加速支座的腐蚀老化破坏(图2-4-82)。

图2-4-81 支座积水　　　　　　图2-4-82 支座油漆污染

二、支座的养护

桥梁支座的主要作用是将桥跨结构上的恒载与活载反力传递到桥梁的墩台上去,同时它又能保证桥跨结构所要求的位移和转动,以便使结构的实际受力情况能与设计时所采用的计算图式相吻合,因此要求及时有效的日常养护,以保证支座的正常使用和完好,并防止支座损坏的扩大。支座的日常养护工作要求主要如下:

(1)支座各部应保持完整、清洁,每年应检查一次;

板式橡胶支座可抽样检查;检查其是否老化并做好记录。

对固定支座及盆式橡胶支座应检查锚栓的坚固程度,支承垫板应平整密贴支座,及时拧紧结合螺栓。

(2)在滚动支座滚动面上定期更换润滑油(每年一次),在涂油之前,应先清洁滚动面。

(3)对钢支座每三年进行敲铲油漆一次(包括盆式橡胶支座的钢圈部分),清除锈迹,打磨光洁,并重新涂刷防锈油漆保护。

(4)各种橡胶支座应经常清除墩、台帽上的污水和垃圾;宜用高压冲水枪冲水,每年9~10月实施一次,枪口的出水压力为 $10 \sim 15 kg/cm^2$。

三、支座一般维修

在支座日常检查和养护过程中,若出现以下病害情况,应采取相应的措施进行维修:

(1)滚动面不平整,辊轴有裂纹或切口,以及个别辊轴大小不合适时,必须予以更换。

(2)梁支点承压不均匀时,应进行调整。调整时可采用千斤顶将梁上部顶起,然后移动调整支座的位置。在矫正支座位置以后,降落上部构造时,为避免桥孔结构倾斜,应徐徐下落,并注意千斤顶的工作状态是否均衡,调整顶升时可采用楔子,以保证上部结构能恢复原位。

(3)支座上板翘起、扭曲、断裂时,应予以更换或补充。焊缝开裂应予以维修加固。

(4)如要抬高支座时,可采用捣筑砂浆垫层、加入钢板垫层或预制钢筋混凝土凝土块的办法。

(5)橡胶支座已老化、变质而失效时,需要及时更换。

四、支座更换

当支座脱空需要矫正或是支座更换时,通常需要将梁体顶升。顶升法更换支座流程见图2-4-83。顶升法更换支座示意图见图2-4-84。

1.施工准备

(1)做好支座处治与更换施工组织

整体更换支座的施工方案,应通过计算,确定更换支座的批次、顶、落梁的位移量及工序。顶升梁体的临时支架应满足强度、刚度及稳定性要求。梁的顶升和落梁应按设计要求进行。

(2)工程量核对

根据桥梁调查报告或设计图纸,对桥梁进行全面的检查。如有工程量与调查报告或设计图纸不符的,必须请业主现场代表在现场确认,并填写现场工程量签证单,请业主代表现场签字确认。

(3)支座的检查与测量

支座更换时应依据环境温度进行支座偏移量的验算,并宜选择在有利的温度条件测量原支座和新支座的高度差,调整施工确保梁体、桥面高程符合加固设计要求。支座应逐块检查,将脱空的支座取出。画出支座的中心线,测量支座四周梁体底部到盖梁的高程。

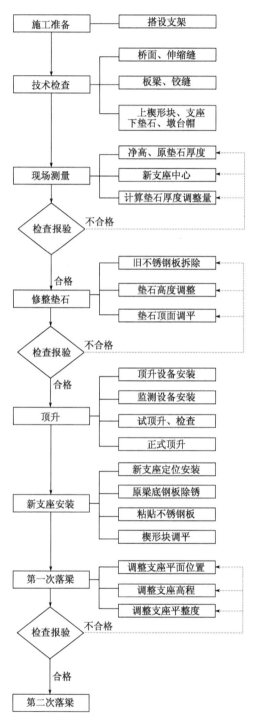

图 2-4-83 支座更换施工工艺流程图

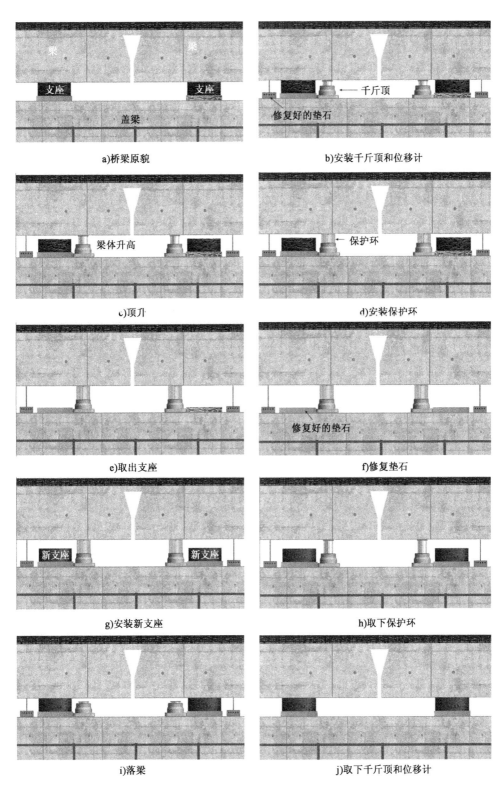

图 2-4-84 支座更换安装过程示意图

2. 梁体顶升

（1）顶升准备

顶升前应对桥梁基础、墩台、主梁、桥面系和附属工程的技术状况逐一进行检查。对基础、墩台及上部承重结构的缺陷应先行处治。按设计要求解除相关的纵向连接。按照不同支座的类型，制定不同的更换顶升方案。

（2）顶升

桥梁支座净空小造成薄型千斤顶施工不便的，应对墩、台帽上缘混凝土局部凿除，确保操作空间满足施工要求，找平后再布设千斤顶。凿除时应由人工采用电锤施工，不得使用风镐，避免因过大振动导致墩、台帽损伤。对于墩、台帽顶面局部凿除部位，在支座处理完成后，采用结构胶批嵌修复，恢复平整表面。

制定顶升方案时，顶升力计算应充分考虑恒载、活载等因素的影响，合理选择和配置顶升设备，同时要采取局部加强措施，保证板梁底板（最薄处）、墩台帽边角等薄弱部位的受力安全，避免局部开裂问题。

对于两跨或多跨板梁桥，在桥墩上进行顶升时，应考虑对同一桥墩处的两侧板梁端部进行同步顶升。如在同一墩、台处有多个脱空支座需要处理，原则上应逐梁进行顶升、逐个进行处理。当横向相邻两块板梁的同一端均存在脱空支座时，可以考虑对两块板梁的同一端进行同步顶升，要求两块板梁的竖向顶升位移严格同步，差异顶升量小于1mm。支架搭设及千斤顶安装见图2-4-85、图2-4-86。

图2-4-85 支架搭设

图2-4-86 千斤顶安装

在顶升过程中，应派专人对梁端位置处的铰缝、桥面铺装进行观测，一旦发现开裂现象应立即停止顶升。

3. 修整垫石

顶升完成后，取下支座，修整支座垫石。

修整支座垫石施工前，首先标识支座平面位置并精确测量需要处理的支座位置梁底到墩、台帽净距f，计算所需修复垫石厚度，垫石中心厚度增加量为$(f-H+\Delta)$。其中，H为支座高度；Δ为支座弹性压缩变形量，可由支座厂家提供或按支座厚度的千分之五考虑。对于脱空的球冠橡胶支座在处治中一律更换成板式橡胶支座，因此在计算修复垫石施工厚度时，还应考虑球冠高度。

根据标识的平面位置以及计算的垫石中心厚度确定垫石尺寸和高度,一般采用结构胶批嵌方法施工。结构胶批嵌前,应对垫石表面进行必要的打磨和清理,以保证结合面的黏结性能。处理完的支座垫石顶部确保水平,高度满足要求。

如因空间狭小无法进行结构胶批嵌时,可加工定型模板进行注胶以调整垫石厚度。根据所需增加垫石高度和支座尺寸,用不锈钢板加工定型模具,模具外形为柱体,长、宽或直径一般应大于支座直径5cm,但小于垫石尺寸,模内高度为垫石需增加高度。模具下端开口,上端用不锈钢板封住,仅留有一个注胶口和两个排气口。先用结构胶把模具开口端密实粘贴在原支座垫石上,确保模板上部水平。然后复核模板高度,等结构胶3h硬化后用注胶筒从注胶口开始注入环氧树脂胶,注胶应饱满。

4.支座处理及安装

(1)垫石处理完成后,开始放置支座。当涉及四氟滑板支座原不锈钢板安装错误的,需拆除原不锈钢板、粘贴新不锈钢板。

(2)对于完全脱空的圆板式支座、四氟滑板式支座,尽量予以保留利用。

(3)对于四氟滑板式支座,如检查发现四氟板及不锈钢板被错误安装在支座底部时,按如下方式处理:

①支座底部有不锈钢板时,将底部不锈钢板取出、废除,用结构胶将新不锈钢板粘贴在板梁内原预埋钢板的底面,新不锈钢板厚度一般为2~3mm,以原不锈钢板厚度为准。注意尽量减小新不锈钢板与原板梁内预埋钢板之间胶结层的厚度,保证有效黏结即可。

②支座底部无不锈钢板时,用结构胶将新不锈钢板粘贴在板梁内原预埋钢板的底面,支座四氟板面朝上安放。

(4)原球冠支座及四氟球冠支座更换成圆板式橡胶支座或四氟滑板式橡胶支座时,垫石调整方法与前述基本相同,但应注意根据两种类型支座高度的变化,对垫石高度做相应调整。

(5)在对脱空支座处治过程中,对原钢板存在锈蚀的应做除锈处理,四氟滑板支座表面与不锈钢板表面使用丙酮或酒精擦洗干净后,注满5201-2硅脂润滑油。

(6)在垫石修复材料达到设计强度后,安装支座。垫石处理、板式橡胶支座安装等其他工艺的具体要求可参照《公路桥梁板式橡胶支座》(JT/T 4—2019)。

5.落梁

(1)落梁前,检验处治支座与支承同一板梁的相邻支座的安装高度,保证两块支座的顶面处于同一水平面上。

(2)第一次落梁至预定高程,该高程(h_1)为梁底顶升前高程(h_0)加上支座压缩量(h_2),即 $h_1 = h_0 + h_2$。

(3)第二次落梁在梁底调平结构材料(结构胶)固化后进行,落梁至原有高程处。

(4)落梁后,检查支座是否水平、钢板与支座是否密贴、支座四周是否异常,板梁底面至墩、台帽顶面的净高应与处治前一致。

(5)若存在脱空、支座不水平现象或其他异常问题,则需返工重新调整,直到合格为止。

思考题

1. 桥面系由哪些部件组成?
2. 沥青混凝土桥面铺装缺损类型有哪些? 如何养护?
3. 水泥混凝土桥面铺装缺损类型有哪些? 如何养护?
4. 伸缩缝损坏的原因主要有哪些?
5. 伸缩缝更换离工艺流程及注意事项。
6. 支座的作用是? 什么是固定支座和活动支座?
7. 板式橡胶支座和盆式橡胶支座构造、应用、特点有何不同?
8. 板式橡胶支座的缺损类型主要有哪些? 是什么表现形式?
9. 盆式橡胶支座病害主要原因有哪些?
10. 支座垫石的缺损类型有哪些?
11. 支座的一般维修方法有哪些?
12. 支座的更换流程?

项目3　钢筋混凝土构件养护维修

> **学习目标**
> 1. 熟悉钢筋混凝土构件的表面缺损技术状况，能分析缺损成因和造成的危害；掌握桥梁构件一般性养护。
> 2. 熟悉钢筋混凝土构件裂缝类型、检测方法和成因分析；掌握表面裂缝和深裂缝的修补方法。

钢筋混凝土和预应力混凝土梁具有施工方便、构造简单、经济性好、易于养护的优点。中小跨径的桥梁中，大部分采用钢筋混凝土和预应力混凝土梁式桥，新建的城市桥梁中更是大量采用钢筋混凝土和预应力混凝土梁式桥。

对于服役期间地钢筋混凝土和预应力混凝土梁式桥，上部主梁结构作为其最重要的承重构件，不可避免地发生退化、产生各种病害。典型的病害特征有：混凝土缺损、开裂和钢筋锈蚀，产生的原因有人为因素和自然环境两种。

本项目深入分析了常见病害的现象和原因，提供了各种有效和有针对性的养护及维修加固方法和步骤，虽然是针对钢筋混凝土及预应力混凝土构件，但对于采用钢筋混凝土及预应力混凝土桥面板结构的其他类型桥梁同样适用，如钢—混凝土叠合梁桥或斜拉桥的混凝土桥面板结构。

任务3.1　钢筋混凝土表面缺损

混凝土构件由于施工不当，且桥梁长时间暴露于野外环境，受到日照、冻融、雨雪天气的作用，还有车船撞击、火灾、化学侵蚀等原因，表层混凝土易产生各种缺损和劣化。表层缺损主要类型有蜂窝麻面、剥落掉角、空洞孔洞、钢筋锈蚀和钢筋保护层不足、混凝土碳化等。

一、蜂窝、麻面

1. 麻面

混凝土表面局部缺浆、粗糙（图3-1-1），或有大量小凹坑的现象。一般情况下，钢筋未外露。

产生麻面的原因主要是梁体混凝土施工技术粗糙造成的，例如：混凝土配合比不合理，水灰比过大或过小；模板表面粗糙或清理不干净，拆模时混凝土表面被黏损而出现麻面；轻微漏浆；泵送混凝土气泡多停留在模板表面形成麻点等。

混凝土麻面为混凝土表面的缺陷，对结构受力影响不大，但局部混凝土内缺水泥浆，影响其耐久性和混凝土梁体外观。

2. 蜂窝

混凝土局部不密实或松散，混凝土表面多砂少浆，呈蜂窝状孔洞。在钢筋混凝土与预应力混凝土梁板体表面，形成的蜂窝往往还伴随着钢筋外露（图3-1-2）。

图3-1-1 麻面

图3-1-2 蜂窝造成露筋

梁体混凝土出现蜂窝这种表观缺陷，主要是桥梁施工中控制不严造成的，具体原因如下：

（1）浇筑梁体混凝土施工时，混凝土振捣不实或漏振。

（2）模板空隙未堵好或模板支设不牢固，振捣混凝土时模板移位，造成严重漏浆而形成蜂窝。

（3）混凝土保护层设置不足，钢筋紧贴模板，混凝土无法包裹钢筋造成蜂窝及露筋。

出现蜂窝现象表明梁体混凝土局部不密实且强度低，空气中的水汽及二氧化碳等易通过其进入混凝土内部，促使混凝土碳化及钢筋锈蚀，加速梁体混凝土劣化，影响梁体混凝土耐久性，当有露筋现象时情况更严重。

二、剥落、掉角

剥落是混凝土表层脱落，粗集料外露的现象，严重时成片状脱落，钢筋外露。掉角指构件角边处混凝土局部掉落，或出现不规整缺陷。

造成剥落和掉角的原因有：

（1）混凝土内钢筋严重锈蚀，由于钢筋锈蚀膨胀力造成混凝土裂缝、剥落、掉角（图3-1-3），边梁、栏杆、桁架杆件等截面尺寸较小或接触水的部位尤为严重。

（2）碱集料膨胀造成的裂缝，进一步造成剥落（图3-1-4）。

（3）在边角薄弱部位，混凝土劣化（或风化），强度下降，受损造成的剥落（图3-1-5）。

（4）混凝土桥梁下缘，拱顶底部的边缘部位，因船舶、汽车碰撞而产生的机械冲击力造成相应部位混凝土剥落、掉角（图3-1-6）。

（5）当钢筋混凝土受火温度大于600℃时，混凝土残余强度降低50%、弹性模量降低90%，表面混凝土起鼓、疏松、爆裂和剥落。图3-1-7为某桥预应力空心板梁遭受火灾后图片。

（6）在西部、北部寒冷地区，混凝土长期冻融，也可能造成剥落（图3-1-8）。

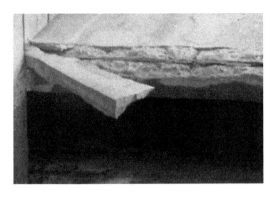

图 3-1-3　钢筋锈蚀造成的掉角

图 3-1-4　碱集料造成的剥落

图 3-1-5　混凝土劣化造成的剥落

图 3-1-6　超高车辆撞击造成的剥落

图 3-1-7　火灾造成的剥落

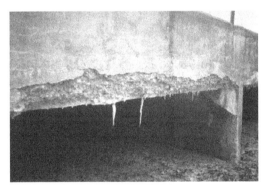

图 3-1-8　冻融造成的剥落

剥落、掉角削弱了结构的有效截面，对结构受力有影响；剥落导致钢筋保护层偏低，甚至没有保护层，钢筋失去保护，钢筋易锈蚀（或已锈蚀），对耐久性造成很大的影响。

三、空洞、孔洞

混凝土空洞是指深度超过钢筋的混凝土保护层且没有集料和水泥浆的内部空穴。从外观上看，其表面可能与其他密实混凝土无多少差异，但用小铁锤敲击时会有空洞声。深度较浅的空洞可能会出现外壳混凝土剥离，使钢筋和空洞外露，形成孔洞。习惯把看不见洞叫空洞，看得见洞叫孔洞。

(1)在梁体,特别是梁端和预应力管道底部,钢筋布置密集,钢筋间距过小,使混凝土粗集料被卡住,仅有少量拌和料(砂浆)下落,加之未能充分振捣混凝土,甚至漏振而形成空洞。钢筋与侧模板之间净距偏小,也同样会造成钢筋与侧模板之间的混凝土空洞,或少量的蜂窝。图3-1-9是在箱梁底板预应力管道处,钢筋很密,振捣不密实造成孔洞,这种情况很常见。

(2)空心板梁预制或现浇时,由于芯模移位,造成混凝土厚度不足,从而形成空洞,这种缺损在空心板梁检查中十分常见。图3-1-10是梁体内形成空洞,经小锤敲击探出,凿开后的照片。

图3-1-9 孔洞　　　　　　　图3-1-10 气囊下沉、梁底面孔洞

混凝土空洞的存在削弱了结构的有效截面,对结构受力有影响;同时钢筋易锈蚀、对耐久性造成较大的影响,发现后应进行修补填实。

四、钢筋锈蚀

钢筋混凝土结构物的耐久性问题越来越引起人们的重视,而钢筋锈蚀则是影响结构物耐久性的主要因素之一,随着工业污染及建筑结构的老化,钢筋锈蚀问题越来越突出,直接影响到结构物的安全使用。

引起钢筋锈蚀的原因有:集料中含氯化盐、外部进入氯化盐、混凝土碳化、保护层不足、过大的裂缝宽度。

混凝土中钢筋产生锈蚀后,由于锈皮会吸湿产生化学反应而膨胀,其体积将增大2～4倍,从而胀裂混凝土保护层。钢筋锈蚀引起裂缝形态一般是顺筋向的。对先锈后裂的混凝土构件,实际上在钢筋锈蚀早期,构件内部已有层离裂缝存在,但外部还尚未有裂缝(图3-1-11),此时可用小锤轻敲听声,有空壳声表示内部已有层离裂缝起壳,然后凿开检查。

在裂缝宽度较大处发生个别点的"坑蚀"(图3-1-11),继而逐渐形成"环蚀",同时向裂缝两边扩展,形成锈蚀面,使钢筋有效面积减小。严重锈蚀时,会导致沿钢筋长度出现纵向裂缝(图3-1-12)。

钢筋锈蚀进一步发展,甚至导致混凝土保护层脱落,俗称"暴筋",从而导致截面承载力下降,直至最终引起结构破坏,一般埋置较浅的(如箍筋)钢筋锈蚀剥落沿钢筋方向(图3-1-13),而主筋的锈蚀剥落则面积较大(图3-1-14)。

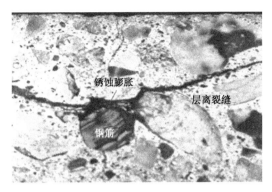
图 3-1-11　钢筋先锈后裂

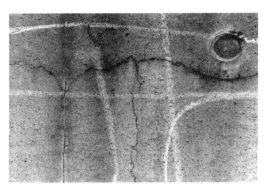
图 3-1-12　钢筋锈蚀裂缝

图 3-1-13　箍筋锈蚀剥落

图 3-1-14　主筋锈蚀剥离

五、混凝土保护层厚度

混凝土对钢筋的保护作用包括两个方面：一是混凝土的高碱性使钢筋表面形成钝化膜；二是保护层对外界腐蚀介质、氧气及水分等渗入的阻止作用。后一种作用主要取决于混凝土的密实度及保护层厚度。因此，混凝土保护层厚度及其分布均匀性是影响结构钢筋耐久性的一个重要因素。混凝土保护层厚度太小，从外观上可看到钢筋分布的痕迹，或钢筋外露（图 3-1-15、图 3-1-16）。保护层厚度太小最终导致钢筋锈蚀发生。

图 3-1-15　混凝土保护层过小

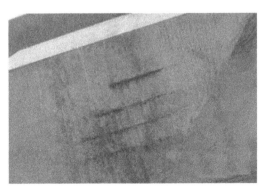
图 3-1-16　保护层过小导致钢筋锈蚀

六、混凝土碳化

混凝土的基本组成是水泥、水、砂和石子,其中的水泥与水发生水化反应,生成的水化物自身具有强度(称为水泥石),同时将散粒状的砂和石子黏结起来,成为一个坚硬的整体。在混凝土的硬化过程中,约有三分之一的水泥用量将生成氢氧化钙 $Ca(OH_2)$,此氢氧化钙在硬化水泥浆体中结晶,或者在其空隙中以饱和水溶液的形式存在。因为氢氧化钙的饱和水溶液是 pH 值为 12 左右的碱性物质,所以新鲜的混凝土呈碱性。

然而,大气中的二氧化碳通过混凝土的孔隙溶解于毛细管及孔隙中液相表面再向混凝土内部扩散,与混凝土中的氢氧化钙发生作用,生成碳酸钙或者其他物质,使水泥石原有的强碱性降低,pH 值下降到 8.5 左右,这种现象称为混凝土的碳化,它是混凝土中性化最常见的一种形式。

通常情况下,早期混凝土具有很高的碱性,在这样高碱性环境中埋置的钢筋容易发生钝化作用,使得钢筋表面产生一层钝化膜,能够阻止混凝土中钢筋的锈蚀。但当有二氧化碳和水汽从混凝土表面通过孔隙进入混凝土内部时,就发生了混凝土碳化作用。当混凝土保护层完全碳化后,在这种情况下,混凝土中埋置的钢筋表面钝化膜被逐渐破坏,在同时有潮气和氧气存在的情况下,钢筋就会发生锈蚀(图 3-1-17 ~ 图 3-1-19)。

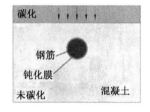 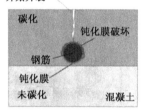 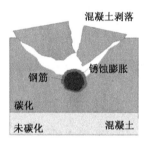

图 3-1-17　碳化锈蚀原理

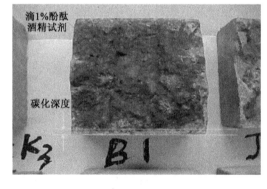 

图 3-1-18　混凝土碳化　　　　　　图 3-1-19　某桥碳化钢筋锈蚀剥落

任务 3.2　桥梁构件一般性养护

养护的目的是保证桥梁的安全,尽可能长久保持桥梁结构的耐用性与承载能力,恢复桥梁到建造后应有的运营水准。养护包括一般性养护、维修和加固。一般性养护工作有时与维修和加固工作类似或相同,但是前者在概念上更简单,范围上也小得多。

一般性养护工作有以下几个方面:清除表面污垢、修补混凝土孔洞破损、剥落、表面风化、非结构受力影响产生的裂缝、对裸露钢筋进行除锈、修复保护层、对纵横梁连接件的钢板开裂、脱焊、锈蚀进行处理等。

钢筋混凝土梁体常见病害的处理方法有:

(1)由于渗水、洪水等自然环境原因造成的梁体产生污垢时应用清水或中性洗剂刷洗,不宜用化学试剂清洗。

(2)梁体混凝土的孔洞、蜂窝、麻面、表面风化、剥落应先将松散部分清除,再根据情况用高强度等级混凝土或水泥砂浆填补。

(3)梁体若发现露筋或保护层剥落等现象,应先将松动的保护层凿去,并将钢筋锈迹清除,如损坏面积不大可用环氧砂浆修补,如损坏面积过大,可喷射高标号水泥砂浆或专用修补砂浆修补。

(4)梁(板)体的横纵向连接板件、钢板、钢筋等构件开裂、开焊、断裂、损坏等可采取更换、补焊、绑焊等措施。

(5)钢筋锈蚀是钢筋混凝土当中最常见的缺损,分析其程度和原因并进行必要的评估,以便采用合适的修补方法。

(6)裂缝也是钢筋混凝土当中最常见的缺损,分析裂缝的成因,可为裂缝的危害性评定及裂缝修复提供依据。若不经分析或忽视原因分析就进行裂缝处理,往往达不到理想的效果。

一、表面缺陷修补

1. 表层缺陷维修的前期工作

不管采用何种材料、何种方法对缺陷进行修补,都要做好前期工作。首先须除掉已损坏的混凝土,直到露出完好混凝土并扩展到钢筋除锈所需范围。清除方法包括:

(1)人工凿除法。对于浅层或小面积的损坏,可用榔头、凿子等手工工具直接凿除。

(2)气动凿除法。上述工作通过气动工具完成。

(3)高速射水法。对于浅层且大面积的缺陷,可用高速水流除去混凝土损坏部分,也可使用高压泵冲水清除混凝土破损处和钢筋上的铁锈。在经过清除的钢筋上很快会形成一层极薄的氧化铁薄膜,这有助于保护钢筋。该法几乎可以全部冲去有缺陷的混凝土与钢筋上的锈蚀及表面上微量的侵蚀性化学物。与人工凿除法、气动凿除法相比,高速射水法无振动、噪声和灰尘,清除工作完成后,混凝土表面干净湿润。故该方法能使混凝土或砂浆修补时获得良好的黏结效果。

2. 混凝土桥梁表层缺陷维修常用材料

为使混凝土桥梁结构在修补后能够坚固耐久,应该慎重选择修补材料。常用的材料有混凝土、水泥砂浆、混凝土黏结剂和环氧树脂高分子黏结材料。混凝土、水泥砂浆与原结构相同,故应用最多。混凝土黏结剂和环氧树脂高分子材料因其黏结性能良好而被广泛应用。

混凝土结构修补时,可采用与原级配相同的混凝土,也可采用比原混凝土强度高一级的细石混凝土。修补用混凝土的技术指标不得低于原混凝土,水泥强度不得低于原混凝土的水泥,水灰比应选用小值。必要时可加入适量减水剂以提高修补混凝土的和易性。

采用水泥砂浆修补时，可用与原混凝土同品种的水泥砂浆。配合比需通过试验获得。当修补部位较深时，可在其中掺入适量砾料，以增强砂浆强度，减少砂浆干缩。

当采用混凝土黏结剂修补时，可根据不同的要求拌制成净浆、砂浆及混凝土等形式，修补效果显著。采用环氧树脂材料时，可以是环氧胶液、环氧砂浆、环氧混凝土等。因其价格昂贵、施工工艺复杂（根据需要有时还需加入硬化剂、增塑剂、稀释剂等外加剂），故一般只用于修补质量要求较高或其他材料无法满足要求的部位。

3. 混凝土桥梁表层修补的常用方法

混凝土修补法主要应用于混凝土桥梁结构中出现的蜂窝、空洞及较大范围破损等缺陷，一般可采用级配良好的混凝土进行修补。修补前，应将构件中的蜂窝或空洞缺陷部分尽可能凿除，还应对混凝土修补部位进行凿毛处理，并使混凝土表面保持湿润、清洁、不沾尘土。其后最好在钢筋和其周围的混凝土上涂抹一层水泥浆液或其他胶结剂（浆液应仔细地刷进混凝土内并均匀地刷到钢筋上），这样可在钢筋周围造成强碱性环境，增强新、老混凝土间的黏结。在浆液涂抹尚未凝固时，立即浇筑上新的混凝土。

混凝土的修补法主要有直接浇筑法、喷射法和压浆法等。对于面积较大的修补工作，在浇筑混凝土前还应立上模板，以保证修补的外观质量。混凝土浇筑后应尽可能地捣实。在新、旧混凝土接缝表面各15cm宽的范围内，用钢丝刷除去所有软弱的浮浆，刷净尘土，涂抹两层封闭浆液，如环氧树脂浆液。第二层的涂抹方向应与第一层垂直。最后对修补部分进行养护，养护方法与普通混凝土养护相同。

（1）水泥砂浆修补法

①水泥砂浆人工涂抹法

主要应用于小面积的缺陷，特别是损坏深度较浅的修补。该法修补工艺简单。修补前，应将构件中的缺陷部分尽可能凿除，还应对混凝土修补部位进行凿毛处理，并使混凝土表面保持湿润、清洁。其后在钢筋和其周围的混凝土上涂抹一层水泥浆液或其他胶黏剂，浆液应仔细地刷进混凝土内并均匀地刷到钢筋上。在浆液涂抹未凝固时，将拌和好的砂浆用铁抹抹到修补部位，反复加强压实，并按普通混凝土要求进行养护。

修补工作完成后的一个月左右，常会发现在新补砂浆四周产生细丝状的收缩裂缝，需视具体情况采取封闭措施。可在新补区域周围再涂上两层如前所述的环氧树脂胶液等胶黏剂。

②挂网喷浆修补法

主要应用于混凝土表面大面积缺损的修补及重要混凝土结构物的修补。该方法将水泥、砂和水的混合料，经高压通过喷嘴喷射到修补部位。该方法的主要特点是，用较小的水灰比，较多的水泥，获得了较高的强度和密实度；喷射的砂浆层与受喷面之间，具有较高的黏结强度和耐久性；工艺简单，工效较高；材料消耗较大，当喷浆层较薄或不均匀时，干缩率大，易发生裂缝。

修补前，应将构件中的缺陷部分尽可能凿除，还应对混凝土修补部位进行凿毛处理。凿毛表面应有一定深度，但凹凸不宜过大，以免表面各处在喷浆时因受力不均匀影响到与老混凝土的黏结。修补前应使混凝土表面保持湿润、清洁。最好在钢筋和其周围的混凝土上涂抹一层水泥浆液或其他胶结剂。当修补要求挂网时，在施工前还应进行钢筋网的制作、安装、固定。

喷浆工艺一般采用干喷法，其工艺流程见图3-2-1。

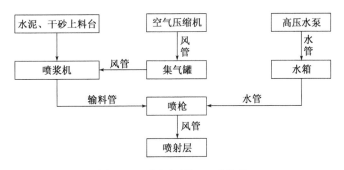

图 3-2-1　干喷法喷浆工工艺流程

喷浆前应准备好足够的砂子与水泥。将其均匀拌和后,保存在不受风吹日晒之处。为避免砂中的水分和水泥因水化作用而结成硬块,应及时使用。输料管应采用软管,管长不宜短于 15m(一般为 25~70m),升高不宜超过 10m。喷浆工作压力应在 0.25~0.40MPa 的范围内,随管长、升高调整。

喷枪头与受喷面间应保持一定距离(一般为 800~1200mm),喷射方向以垂直为宜。喷射层厚度有着严格的控制,当喷射层较厚时,需分层喷射,每层应控制厚度如下:仰喷 20~30mm,侧喷 30~40mm。

下一层的喷射混凝土应在前一层尚未凝固时开始,两层间隔时间一般为 2~3h,并应在前一层洒水润湿。当前一层已凝固时,应保证在砂浆表面不被破坏的前提下,用钢丝刷轻轻将层间松砂刷除,以使层间结合良好。

喷射后一般需养护 1~2 周。养护期中,为了避免产生收缩裂缝,一定要使砂浆喷射层处于通风干燥的条件下。养护期内注意喷射层避免阳光直射、雨打浪击、强烈振动等破坏。

(2)混凝土黏结剂修补

①人工表面封涂修补法

主要用于混凝土桥梁结构表面的风化、剥落、露筋等小面积的破损。该方法利用混凝土胶黏剂表面封涂修补。封涂时,应按由低向高、由外向内的方向进行,应使封涂缺陷的周围有 20mm 宽的锚附面。封涂层厚度应大于 25mm。人工表面封涂修补法工序见图 3-2-2。

②浇筑涂层修补法

主要用于混凝土结构较大且较深的缺损。该方法是利用混凝土胶黏剂浇筑涂层对缺损进行修补,工序见图 3-2-3。

浇筑涂层修补时,应特别注意以下几点:

(1)施工时,应避免车辆或重力振动等干扰,必要时可半开放交通。主梁等重要部位的修补,必须待修补部位混凝土强度达到原结构混凝土强度的 100% 时,方可承受荷载。

(2)在施工早期、中期都应避免高温(60℃以上),注意防火、防雨。由于环氧树脂材料具有较高强度和抗蚀、抗渗能力,可与混凝土等材料牢固地黏结,是一种较好的修补材料。但由于价格较贵且工艺复杂,故一般只在特别情况和特别部位使用。

环氧树脂材料修补时,要求混凝土表面无水湿、无油渍、无灰尘、无污物、无软弱带;要求混凝土凿毛面平整、干燥、坚固、密实。混凝土表面先人工凿毛,再用高压水或压缩空气吹净或喷砂除净。

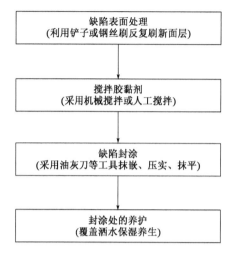

图 3-2-2　混凝土黏结剂人工表面封涂法工艺流程　　图 3-2-3　混凝土黏结剂浇筑涂层法工艺流程

在涂抹环氧砂浆或浇灌环氧混凝土时,应先在表面涂一层环氧基液,以使混凝土表面能被环氧树脂浆液充分湿润,保持良好的黏结力。涂刷时,可用人工涂刷或喷枪喷射,应力求薄且均匀,在钢筋与凹凸不平的部位,应反复多刷几次,但厚度不能超过1mm。已涂刷基液的表面,应注意保护,以防杂物、灰尘落上。涂刷基液后,须等待 30~60min,待基液中的气泡清除后,再进行下一步操作。

平面涂抹环氧砂浆时应摊铺均匀,每层厚度不宜超过 1.0~1.5mm,底层厚度应在 0.5~1.0cm。用铁抹子反复压抹,使表面翻出浆液,刺破气泡并压紧。斜面、立面涂抹时,应用铁抹子不断地压抹流淌的砂浆,并适当增加砂浆内的填料,增大其稠度。环氧砂浆厚度以 0.5~1.0cm 为宜,若过厚应分层涂抹,每层厚 0.3~0.5mm。若超过4cm 应立模浇筑。顶面涂抹时因砂浆极易脱落,故应涂刷黏度较大的底层基液,并力求均匀。

环氧树脂混凝土的浇筑与普通混凝土的浇筑基本相同。施工时应避免扰动已涂刷的环氧基液;注意充分插捣,可辅以铁抹压抹;侧面、顶面浇筑时应立模。

夏季一般需养护2d,冬季一般需养护7d以上。温度控制是养护工作的重点,养护温度以 20℃±5℃ 为宜,夏季可设凉棚避免阳光直射,冬季可加温保暖。养护期间应注意防水。

施工现场注意通风,以防技术人员呼吸中毒;施工人员应佩戴口罩、橡胶手套。身体接触到环氧树脂材料时不可用有机溶剂清洗,应用工业酒精和肥皂水清洗。施工器械可用丙酮、甲苯等溶剂或热水清洗。施工现场严禁明火;注意器械与残液的回收,以防污染环境。

二、圬工桥梁表层缺陷及维修

砖石桥梁结构表层缺陷主要有抹灰层和砌缝脱落,砌体表面麻面、起皮、起鼓、粉化、剥落等,以及材料变质、风化和裂缝等。根据适用、美观以及耐久性的要求需对圬工结构表层缺陷进行修补,修补方法很多,可根据实际需要进行选择。将已松散、破坏的砌缝用手凿或风动凿子凿去,深度 30~50mm,用压力水将其彻底冲洗干净,以 M10 水泥砂浆重新勾缝。勾缝前用抹子把砂浆填入缝内,然后再用勾缝器压紧,切去飞边使其密实。勾缝一般可做成凹形槽(耐久性好,不易风化),片石砌筑物的勾缝可做成平缝。

对于砌体表面风化、剥落、蜂窝及麻面处,可抹喷一层 M10 砂浆防护。抹喷方法同前,有手工抹浆法和压力喷浆法两种。手工抹浆时,首先应将风化、剥落表层彻底凿除,并凿毛表面,用水冲洗干净并保持湿润,然后分层抹浆。一般每层厚度 10~15mm,总厚度 20~30mm。下层砂浆应为毛面,以便连接紧密。压力喷浆一般用于面积较大的抹面工程。

当砌体表面局部损伤且脱落不很严重时,可将破损部分消除,凿毛洗净,并用 M10 水泥砂浆分层填补至需要厚度,并将表面抹平。当损坏程度较深时,可在新旧结构结合处设置牵钉,必要时可挂钢筋网并立模浇筑混凝土。

当镶面石仅松动而未破碎时,将其周围灰缝凿去,并取下镶面石,将内部失效灰浆全部铲除,用水冲洗干净,再用 M10 砂浆填实,安上镶面石,并在其周围捣垫半干硬性砂浆;当镶面石破损时,更换破损的镶面石或用预制混凝土块代替。

三、钢桥表层缺陷及维修

(1)钢桥常见缺损的类型与性状有:

①涂层变色:涂层原来的颜色变化;

②涂层褪色:有光泽色颜料变淡,失去本来颜色的状态;

③白垩化:涂层表面的黏色剂风化并失去黏力,表面出现白粉状化合物;

④膨胀:涂层中的水分膨胀,涂层黏结力和凝聚力等增大时,涂层就会鼓起来;

⑤开裂:随着涂层的脆化,应变和冲击作用产生裂缝所引起的状态;

⑥剥离:涂层的黏结性能降低,从底面或层间剥离的状态;

⑦恶化:由于桥面板混凝土裂缝漏水,附近涂层局部剥离或生锈的状态;

⑧绉缩:涂层很厚时,内部溶剂还未蒸发,表面因干燥而产生线状收缩的现象;

⑨裂缝:钢材表面因温度、荷载、变形等原因产生的开裂现象;

⑩钢材变质:钢材因物理、化学性质变化而产生质的缺陷;

⑪锈蚀:钢材表面与周围介质发生化学作用或电化学作用而遭到破坏。

(2)钢桥表层缺陷的维修。钢桥表层最普遍的病害就是钢构件与钢板的锈蚀,故应当重视钢桥的表面除锈。钢桥除锈主要有化学和物理方法。化学方法是在浓度为 10% 的无机酸中加入 0.2%~0.4% 的面粉、树胶或煤焦油等缓蚀剂,将锈蚀清洗干净。物理方法是采用喷砂除锈。钢桥钢构件除锈的质量要求见表 3-2-1。钢结构涂层常见缺陷的处理方法见表 3-2-2。

钢桥、钢构件表面除锈的质量要求　　　　　　　表 3-2-1

方法	喷射或抛射除锈			手工和动力工具除锈	
等级	Sa2	Sa2.5	Sa3	St2	St3
适用范围	除 Sa2.5、Sa3 两类条件以外的其他地区	年平均相对湿度在 50% 以上及有一般大气污染的工业地区	(1)大气含盐雾的严寒地区; (2)大气中 SO_2 含量大于 $250g/m^3$ 的地区; (3)杆件浸水部分; (4)防腐要求高的钢梁及构件	与 Sa2 条件相同	与 Sa3 件相同

续上表

方法	喷射或抛射除锈			手工和动力工具除锈	
等级	Sa2	Sa2.5	Sa3	St2	St3
质量标准	一般喷射、抛射除锈,钢材表面的油脂和污垢、氧化皮、锈和油漆涂层等附着物,任何残留的痕迹应仅是点状或条纹状的轻微色斑	较彻底的喷射、抛射除锈,钢材表面应无可见的油脂和污垢、氧化皮、锈和油漆涂层等附着物,任何残留的痕迹应仅是点状或条纹的轻微色斑	彻底的喷射、抛射除锈,钢材表面应无可见的油脂和污垢、氧化皮、锈和油漆涂层等附着物,表面应呈现均匀的金属光泽	一般的手工和动力工具除锈,钢材表面应无可见的油脂和污垢、氧化皮、锈和油漆涂层等附着物	彻底手工和动力工具除锈。钢材表面应无可见的油脂和污垢、没有附着不牢的氧化皮。锈和油漆涂层附着物,除锈彻底,底材显露部分比St2的表面具有金属光泽

钢结构涂层常见缺陷的处理　　　　　　　　表3-2-2

缺陷	现象	原因	处理与防范
流痕	垂直面的部分油漆流动,结成厚膜	(1)一次性涂刷量太多,太厚; (2)油漆黏度太低; (3)光滑平面上涂刷; (4)稀释剂挥发太慢	(1)调整涂刷量; (2)调整黏度; (3)用砂纸磨粗; (4)换挥发快的稀释剂; (5)泻流部分磨平后重新涂刷
橘子皮	产生橘皮状凹凸皱皮	(1)油漆黏度太高,稀释溶剂,解力不好,或挥发太快; (2)温度太高或暴晒; (3)刷漆太厚,油漆质量不好	(1)适当降低黏度,使用良好的稀释剂; (2)避免高温与暴晒,创造良好的施工环境; (3)调整漆厚,用优良油漆; (4)砂纸磨平后重新涂刷
刷纹	随刷漆运行方向留下凹凸刷纹	(1)使用粗短硬毛刷施工; (2)油漆本身流展性不良; (3)被刷物粗糙,吸浆性强	(1)改用优良漆刷; (2)选用流展性好的油漆; (3)用砂纸磨平重涂
气泡	涂料混入空气留在漆膜中变成小泡	(1)强劲搅拌油漆,未待空气逸出即予涂刷; (2)稀释剂挥发太快或被涂刷物温度太高; (3)油漆黏度太高	(1)避免激烈搅拌,搅拌后待气泡消除再涂刷; (2)使用挥发较慢的挥发剂,控制施工; (3)适当调稀油漆; (4)用砂纸研磨或去除漆膜重涂
针孔	涂面有针状小孔	(1)被涂面附着灰尘,水,油分; (2)油漆中有油,水分存在; (3)稀释剂挥发太快; (4)底层漆未干透	(1)处理干净表面; (2)防止油,水混入油漆中; (3)换用挥发较慢挥发剂; (4)待底层完全干透,再涂刷上层涂层; (5)用砂纸磨后重新涂刷
白化	涂层发白混浊现象	(1)空气湿度太高,空气中的水分凝结于涂面而发白混浊; (2)夜间气温下降,水分凝结,涂面发白; (3)被涂物温度低于气温	(1)避免雨天或湿度高的条件下施工,用挥发性稀释剂; (2)因油性或环氧类油漆干燥慢,应避免傍晚施工; (3)待温度升高后施工; (4)特湿度下降后,喷涂防白水即可消除
发黏	漆膜发黏现象	(1)基层面上有油,酸,碱等未清除干净; (2)第一道漆未干就刷第二道; (3)水汽凝于漆表面	(1)清除杂质,处理好基层; (2)控制操作时间,待第一道漆干后再刷第二道; (3)已刷漆面应避免水汽作用; (4)若长时间后仍然发黏,应除去漆膜重新涂刷

油漆一般分漆底、面漆各两层。对于易遭受损坏或工作条件困难的部位应多涂一层面漆。在第一层底漆干燥后,应将裂缝、不平整处和局部凹痕等部位用油性腻子腻塞,并对腻封质量进行检查,发现缺点,当场解决。

钢桥油漆工作应在天气干燥和温暖季节(不低于5℃)进行。刷油漆时的气温应与被漆钢构件表面温度相近。雾天、雨天、风沙大的天气不应进行油漆作业。

钢桥的防腐可采用金属涂层,金属涂层又可分为阳极防腐蚀涂层和阴极防腐蚀涂层两种。阳极防腐蚀涂层包括锌、铝等,防腐效果较好;阴极防腐蚀涂层包括镀锡层等,应防止因孔隙病害在涂层与钢材间形成电他作用,产生新的腐蚀。

四、钢筋锈蚀的修补

选用哪种技术修补钢筋锈蚀取决于产生锈蚀原因、锈蚀程度、所处位置和相邻范围内钢筋锈蚀的原因。首先应该对钢筋锈蚀程度和原因进行必要的评估。通过目测可做三种不同的划分:

(1)没有明显锈蚀:应至少在几个代表性区域进行混凝土取芯,以确定碳化深度或氯化物可能存在的区域,如果没有碳化或氯化物轮廓等其他明显问题,则无须采取进一步措施。

(2)完好混凝土的局部锈蚀:在完好混凝土表面有明显的瑕疵,如局部不密实、分层,特别是在缺少保护层的时候。对此应该做上面一样的详细检查以确定锈蚀的程度和原因。

(3)整体劣质混凝土中的广泛锈蚀:如果上面所述的详细检查显示钢筋锈蚀问题是广泛的,则应检查相关的环境侵蚀和结构的代表性区域。在受影响的区域可以通过电势电流测检确定阳极(锈蚀区域)的锈蚀程度。

从取芯孔取下的混凝土应该用低收缩或微膨胀水泥砂浆恢复原有状态。

对钢筋锈蚀的修补和防止潜在锈蚀的处理方法有很多,但所有修补技术应坚持三条重要原则:

(1)混凝土修复要彻底并且应该用适合的材料:锈蚀开始处的诱发条件应予以根除,否则修补就没有效果。在锈蚀面上直接用水泥浆修补一般是不会有效的。事实上,简单的水泥浆和环氧树脂修补会加剧锈蚀。即使将混凝土凿除到钢筋位置再进行环氧树脂修补,也不会有效。因为环氧树脂在机械和热性能方面与混凝土不相容,并且它不会增加pH值而有效地保护钢筋。

(2)专利产品的使用:市场上有许多专利产品,然而对它们的价值也必须有一个客观的认识,对其说明和保证要全面了解。应该从相关工程师、可信的咨询机构或者相关协会去寻找信息,选择产品时应考察以前成功使用的经验或者独立的耐久性试验。

(3)工人和承包商的素质:从事该项工作的人员应当细致、值得信赖且有能力,并需要由熟悉维修技术和材料的人员监督。在选择承包商时,信誉和技术专业化程度以及标的价格应一同考虑。

以下针对钢筋不同锈蚀情况,详细说明其相应的修补技术:

(1)有氯化物但无明显锈蚀

在有较多氯化物生成但暂无锈蚀的地方,氯化物轮廓和混凝土龄期可用来估计其钝化时间,根据这一估计,可定出一个适当的重新检测时间间隔,或者采取措施限制氯化物进一步发展,以下是4种控制氯化物发展的方式:

①硅烷涂层:在混凝土表面用硅烷涂刷,能阻止水的侵入(因而也阻止氯化物的侵入),而允许混凝土中水蒸气逸出。硅烷较便宜,但它对于直接在潮汐和波浪作用下的地方效果不大,混凝土应以适当间隔重检以确认这种处理方法是否成功。

②混凝土包装:对于有时浸润在水中的混凝土区域,需要包裹一层适用于水下的混凝土层。在发生重大锈蚀现象之前,这种处理将是比较经济的。如果氯化物正在聚集,则不可避免要进行重大修补。

③阴极保护——可以应用各种类型的外加电流系统阻止锈蚀,但需要相应的专业技术和经验来实施。

④去除氯化物——这种去除氯化物的过程是指把纸浆浸泡在电解液中,然后将它喷散在混凝土表面,在混凝土表面电解液的范围内形成一层网状加强层,这一附加层作为阳极,混凝土内的钢筋成为阴极。在两极之间加上电压把氯化铁从钢筋和混凝土表面除去。这种过程需要几个星期,不需做任何其他的工作。要使去除氯化物的系统成功,需要在混凝土表面设计统一的控制系统,以防止产生的热量损坏混凝土。这种方法同时也适用于钢筋周围 pH 值较高的地方。

(2)碳化严重但无明显锈蚀

根据混凝土龄期和由简单酚酞测试确定的碳化深度,来确定重新检测的时间,一旦碳化到达钢筋,锈蚀就是不可避免的,以下 3 种可能的方法可用于阻止锈蚀:

①粉底和涂料——现在广泛应用的是在受影响的混凝土表面涂上一层良好水泥粉底,再涂刷一层丙烯酸涂料,可以有效地阻止二氧化碳的侵入。粉底是用来阻止表面缺陷引起涂料膜产生大量气孔,从而保证其连续性。应以适当间隔重检,来检查这种方法的有效性。

②重新碱化——用一种适当的电解液,采用与上节描述的相同过程可以在钢筋区域恢复碱性水平,pH 值从 9~10 提高到 12。一旦 pH 值水平得到回升,就应考虑粉底和涂料,防止二氧化碳的再次侵入,或者以一个适当的间隔安排重新碱化的处理过程。

③阴极防护。

(3)在钢筋处锈蚀但外观无明显锈蚀

有时在混凝土表面出现问题之前,由于某种原因甚至没有探到碳化或氯化物,由于水和氧气而使钢筋发生锈蚀。这通常意味着采用了劣质混凝土而导致结构早期锈蚀,不久将在表面变得明显,这时主要监视其发展状态,并在适当时机加以修补。

应注意,不要把钢筋纹路或在浇筑时已有的锈迹,误为锈蚀问题,尤其是,当这种现象已存在至少 5 年,而且混凝土质量仍然完好。

(4)完好混凝土中的局部锈蚀

以下给出的修补技术涉及除去剥裂混凝土、维修钢筋以及在局部锈蚀区域使保护层恢复到良好状态,包括下列过程:

①结构分析——应进行结构分析,确定是否需要,采取什么方法加强以及是否需要支护。

②修补混凝土前的准备工作——应该沿钢筋敲掉混凝土保护层直到没有锈蚀的地方(包括钢筋后面至少 15mm)。若有必要,应切除部分钢筋,再全截面焊入。钢筋应吹干净,钢筋背面也应清洗干净,整个面积应用掺加防锈剂的清水清洗。

③采用富锌漆——在整体完好混凝土中由于局部缺陷而引起锈蚀的地方,采用喷砂打磨

钢筋,再采用富锌漆涂刷。

④新老混凝土之间粘贴——假如混凝土表面已经进行了适当的凿毛处理以及所有松散材料已清除,就不必要采用黏结层。一般来说,采用哪种黏结剂主要取决于实际经验。混凝土粘补时不允许有污染存在。

⑤粘贴混凝土。

(5) 整体退化混凝土中的广泛锈蚀

在混凝土退化和钢筋锈蚀广泛的地方,有很多修补方法可以采用。采用哪种修补方法应该在详细考虑检测结果之后,由整个工程和经济评价决定。另外,应采取下列合适的过程:

①采用富锌漆——当环境侵蚀致使钢筋锈蚀只是发生在局部区域的地方,可采用富锌漆。

②在整个退化混凝土和锈蚀广泛的地方,存在许多阳极以及阴极处,这时不可采用富锌漆。

③管理修补计划——在每个锈蚀变得明显的地方,应该采取第(4)点中叙述的方法实施混凝土修补。然后,在下一个最低阳极势处将会发生后续锈蚀失效,这将需要依次修补,但未来失效会变得集中,且发生频率减少,最终得到有效控制。同时还需要定期检测直到达到修补目标。

在含有氯化物的地方,可先对残留区域或相邻区域(可与氯化物除去或者阴极保护相结合)进行修补,然后可以应用硅烷涂层。这样将缩短重新处理的时间,减少失效处的数量。

在已发生碳化的混凝土,粉底和丙烯酸涂层(可与重新碱化或阴极保护相结合)可以在初始修补后用来减少重新修补地方,使重新处理间隔时间极大地加长。结构包裹和替换方案,从构件的完全替换到用钢或混凝土包裹,这些选择必须由结构工程师按逐个具体情况作出。

(6) 针对锈蚀修补的各种选择

采用高质量水泥的混凝土除了用于钢筋锈蚀修补的区域,也用作结构包裹或替换中的新混凝土。施工工艺取决于修补尺寸和粘贴方法,粘贴方法取决于具体情形,但应保证高质量混凝土非常密实地填充所有空洞。在采用浇筑或泵送混凝土的地方,可能需要外部振动,配合比设计应保证100~150mm坍落度且没有离析,以及最大水灰比0.4,各种情况下的选择如下:

①保护性的粉底——保护性粉底对较小的修补是有用的,且不需要模板。这种类型材料用特别工具拌和到一定的黏稠度,直接手工或用抹刀抹到相应地方。主要缺点是劳动强度大。

②采用无收缩水泥的灰浆——在可安装模板,且最大的修补厚度不超过70mm的地方,可以采用无收缩水泥灰浆。这个方法适合于相对较小的工作量,但预拌混凝土的成本较高。使用的砂浆都应具有低收缩、高碱性、热性能和机械性能与标准混凝土相容,具有对氧、水、氯化物、二氧化碳以及其他侵蚀物质的较低渗透性,同样应不包含某些加速剂,如氯化物、高铝。厚度限制是与砂浆产生的水化热有关,可接受的厚度可以根据经验判断对不同的产品加以调节。涂抹方法必须保证连续密实。

③小范围的现场搅拌混凝土——对于稍大一些的混凝土量,可以考虑采用小型混凝土搅拌器现场搅拌。配合比目标是达到100~150mm的坍落度,最大水灰比0.4,没有离析。最大集料尺寸应选用10mm,级配要合理。

④混凝土凝固所花的时间将取决于所采用的水泥类型和塑性剂,当结硬脱模时,刷层低黏塑性的环氧可改善长期养护工作。

⑤商品混凝土——在修补量很大的地方,可以采用商品混凝土。所采用的混凝土每立方

米应最少含有水泥410kg,最大水灰比0.4。

(7)预应力钢筋锈蚀的修补

一旦在预应力钢筋中探测到锈蚀,那么结构应该加以支护,必须进行详细的结构分析和评估。预应力管道内的水和其他污染物,如氯化物,应通过排水、管道重新压浆等加以清除。可以考虑提取氯化物、安装阴极保护、重新碱化、硅烷涂层或粉底及丙烯酸涂料涂刷。

任务3.3 桥梁构件裂缝类型与成因

裂缝指构件表面的开裂现象,通常指宽度在0.03~0.05mm以上的宏观裂缝。混凝土裂缝的出现通常是由于混凝土发生体积变化时受到约束,或者是由于荷载作用,在混凝土内引起过大的拉应力,当应变大于0.0015时,则产生裂缝。

桥梁结构在施工和使用过程中,常会出现各种不同形式的裂缝。对于砖、石、混凝土结构物来说,产生裂缝几乎是不可避免的。混凝土(或圬工结构)中裂缝的严重程度,可依据裂缝产生的原因、长度与宽度的大小及其是否随时间而增加等因素来判断。有些裂缝对结构承载力有较大影响,有些裂缝对结构的耐久性有影响,故裂缝检查与分析就显得特别重要。裂缝检查首先应判断裂缝的类型(成因),其次再判断其是否在允许范围内,是否需要维修或加固。

(1)混凝土裂缝从外观性状不同进行分类:

①构件上下表面分为:网状裂缝、纵向裂缝、横向裂缝、斜向裂缝。

②构件侧立面分为:网状裂缝、竖向裂缝、斜向裂缝、水平裂缝。

(2)混凝土裂缝从产生的原因可分为结构裂缝和非结构裂缝两大类:

结构裂缝产生的原因有设计应力超限、配筋不当、预应力锚固不当、意外事故等。这种裂缝的出现,预示结构承载力可能不足或存在其他严重问题。

非结构裂缝又分为混凝土物理裂缝、化学膨胀裂缝、温度裂缝、塑性裂缝、变形裂缝等。

对于结构裂缝,应根据桥梁混凝土构件结构类型及裂缝最大宽度来区分,例如钢筋混凝土构件在使用阶段是容许出现裂缝的,这是由桥梁结构设计采用的计算理论确定的。《公路桥梁承载能力检测评定规程》(JTG/T H21—2011)规定,桥梁结构或构件在持久状况下裂缝宽度应小于(表3-3-1)的限值。而全预应力混凝土和部分预应力混凝土梁就不能出现梁体竖向裂缝,这是设计上不允许的。因此,当桥梁混凝土构件的表面混凝土裂缝最大宽度超过表3-3-1的限值,则应属于病害。当桥梁处于潮湿地区或空气中含较多腐蚀性气体的环境时,裂缝宽度限值应更加严格。

裂缝限值表　　　　　表3-3-1

结构类别	裂缝部分	允许最大裂缝(mm)	其他要求
钢筋混凝土梁	主筋附近竖向裂缝	0.25	
	腹板斜向裂缝	0.30	
	组合梁结合面	0.50	不允许贯通接合面
	横隔板与梁体端部	0.30	
	支座垫石	0.50	

续上表

结构类别	裂缝部分		允许最大裂缝(mm)	其他要求
预应力混凝土梁（全预应力、A类）	梁体竖向裂缝		不允许	
	梁体纵向裂缝		0.20	
砖、石、混凝土拱	拱圈横向裂缝		0.30	裂缝高小于截面高的1/2
	拱圈纵向裂缝		0.50	裂缝长小于跨径的1/8
	拱波与拱肋结合处		0.20	
墩台	墩台帽		0.30	不允许贯通墩台身截面1/2
	墩身台身 经常受侵蚀性环境水影响	有筋	0.20	
		无筋	0.30	
	墩身台身 常年有水但无侵蚀	有筋	0.25	
		无筋	0.35	
	干沟或季节性有水河流		0.40	
	有冻结作用部分		0.20	

注：表中所列除特指外适用于一般条件，对于潮湿地区或空气中含较多腐蚀性气体条件下的缝宽限值应要求严格一些。

一、简支梁裂缝

（一）结构裂缝

结构裂缝是由外荷载引起的裂缝，又称受力裂缝，简支梁桥的结构裂缝主要有弯曲裂缝、腹剪裂缝、弯剪裂缝和支点压裂等（图3-3-1）。

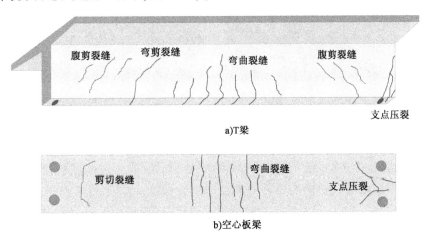

图3-3-1 简支梁结构裂缝

1. 弯曲裂缝

（1）竖向弯曲裂缝：一般在梁（板）跨中即$L/4 \sim 3L/4$附近产生。在梁（板）的侧面，这类裂缝往往从梁（板）的受拉区边缘，沿与主筋垂直的方向竖直向上延伸，通常在两条延伸较长的裂缝间有数条较短的裂缝，向下往往与底板横向裂缝相连。对于跨度小于10m的梁，裂缝少而细,多为混凝土收缩和梁受挠曲所产生的裂缝。

图 3-3-2 为 T 梁的竖向裂缝,宽度一般在 0.03~0.2mm,裂缝之间的间距一般为0.1~0.3m;图 3-3-3 为某桥空心板腹板竖向裂缝,宽度为 0.03~0.15mm,间距 0.2~0.6m。

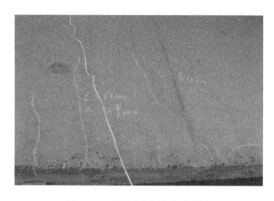
图 3-3-2　T 梁跨中竖向弯曲裂缝

图 3-3-3　空心板梁腹板竖向裂缝

(2)底板横向弯曲裂缝:图 3-3-4 为梁底横向裂缝,发生在梁(板)的底面,弯曲裂缝也会沿着与主筋垂直方向发生,特别是空心板或小箱梁,裂缝宽度一般在 0.03~0.25mm。图 3-3-5 为小箱梁底板横向裂缝,箱梁内的水渗出,产生析白。

图 3-3-4　空心板梁跨中横向弯曲裂缝

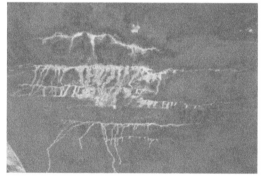
图 3-3-5　小箱梁底板横向裂缝、渗水

预应力空心板梁和小箱梁若存在横向弯曲裂缝则表明桥梁承载力不足,需要进行加固维修处理。

弯曲裂缝主要是由于梁(板)受拉区弯曲拉应力超出混凝土极限抗拉强度引起的。一般认为,只要弯曲裂缝在梁(板)侧面延伸不到截面中性轴位置,其宽度在荷载作用下的变化就不大,也就比较稳定。所以,只要最大裂缝宽度不超过限值时,即认为弯曲裂缝对结构当前的承载能力影响不大,但对结构耐久性有影响。

2. 腹剪裂缝

腹剪裂缝(图3-3-6、图3-3-7)是旧 T 形梁和小箱梁最常见的斜裂缝形态之一,空心板梁较少见。这类裂缝一般在支点附近至 1/4 跨径范围内发生。在梁的腹板侧面上,裂缝延伸方向与梁纵向成 45°~60°的夹角。斜裂缝通常有数条,裂缝间距为 0.5~1.0m,裂缝宽度一般在 0.1~0.3mm。

图 3-3-6　T 梁腹剪裂缝

图 3-3-7　小箱梁腹剪裂缝

腹剪裂缝产生的原因是在荷载作用下,在靠近支点的部位,剪力大而又有一定的弯矩存在,主拉应力超过混凝土抗拉强度,因而在梁腹板中出现腹剪裂缝。在较大的荷载作用下,腹剪裂缝的宽度会有所增大,但只要在斜裂缝的限定宽度之内,裂缝上下延伸的长度不会有较大变化。它的最终发展将会造成钢筋混凝土梁的斜压破坏。

3. 横向联结裂缝

(1)铰缝开裂:梁间铰缝设计偏弱或施工效果不良,桥面铺装及整体化层薄弱,梁间企口缝构造薄弱,在重车荷载反复作用下,铰缝破坏,裂缝反射到桥面,造成桥面纵向裂缝(图 3-3-8)。

(2)横隔梁裂缝:常见于 T 梁组合梁桥,横隔梁因施工养护不当,或车辆荷载破坏,造成横隔梁变形位移,产生裂缝、钢板脱焊等病害(图 3-3-9)。

图 3-3-8　T 梁铰缝破坏

图 3-3-9　湿接缝裂缝

(二)收缩裂缝

在混凝土凝固过程中,由于多余水分蒸发,引起的混凝土体积缩小称为干缩。同时,水泥与水起水化作用逐渐硬化而形成的水泥骨架不断紧密,引起的混凝土体积缩小称为凝缩(塑性收缩)。混凝土收缩以干缩为主。

收缩裂缝从表现形式分为网状收缩裂缝、竖向(及横向)收缩裂缝、纵向收缩裂缝、预应力管道收缩裂缝、沉落裂缝等。

1. 网状收缩裂缝

(1)网状干缩裂缝:网状干缩裂缝发生在混凝土面层,裂缝浅而细,宽度多在0.05~0.2mm,在板上一般表现为网状(图3-3-10)。

(2)塑性收缩裂缝:呈不规则多边形分布,或者大致呈互相平行状分布。裂缝之间的距离最小的有几厘米,最大的有十几厘米。这些裂缝刚开始都是很浅的,逐渐会发展成为贯穿性裂缝(图3-3-11)。

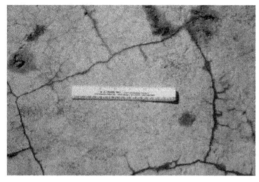

图3-3-10 网状干缩裂缝　　　　　　　图3-3-11 塑性收缩裂缝

2. 竖向收缩裂缝

当收缩受到约束而产生的拉应变大于当时混凝土的极限拉应变就会产生与拉应力方向相垂直的裂缝。

图3-3-12左侧所示的是梁腹半高处的表面裂缝。这类裂缝多见于高度较大的钢筋混凝土T形梁、I形梁和箱梁腹上。裂缝位于腹板1/2梁高处,其下端达不到梁的受拉区边缘。表面裂缝在腹板1/2梁高附近宽度较大,一般为0.2~0.5mm,严重者可达0.8mm。裂缝中间宽度大,上下端的宽度较小,裂缝的间距无一定规律。这类裂缝在梁跨间各部分都可能存在。在梁的跨中附近,这类裂缝大致与主筋垂直,而在梁的支点与1/4跨之间,裂缝大致与梁轴线成60°的角度。

图3-3-12 T梁腹板1/2梁高处的收缩裂缝

竖向收缩裂缝对构件承载力影响不大,主要影响结构外观和耐久性。

3. 纵向收缩裂缝

空心板梁底纵向裂缝一般位于孔中心底部,单孔的为1条(图3-3-13),或双孔为2条(图3-3-14)。空心板梁封头板砂浆收缩裂缝引起渗水,使空腔内聚积水,钢筋混凝土空心板梁的受荷裂缝在受荷时张开,内部水逐渐渗出,裂缝处有时伴随有渗水痕迹或析白现象,也有相应钢筋锈蚀现象出现。不影响承载能力,但影响耐久性。

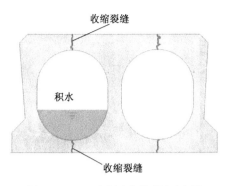
图 3-3-13　空心板梁底收缩裂缝示意图

图 3-3-14　空心板梁纵向裂缝及渗水

(三) 温度裂缝

钢筋混凝土结构随着温度变化将产生热胀冷缩变形,这种温度变形受到约束时,在混凝土内部就会产生拉应力,当此应力达到混凝土的抗拉强度极限值时,即会引起混凝土裂缝,这种裂缝称为温度裂缝。按结构的温度场不同、温度变形、温度应力不同,温度裂缝可分为4种类型:

1. 表面温度裂缝

一般发生在向阳面日照强度较大的构件表面,当构件表面温度内部温差大,则混凝土表面产生拉应力,从而产生裂缝。裂缝浅而细,宽度为 0.03~0.05mm(图 3-3-15)。

2. 截面均匀温差裂缝

一般桥梁结构为杆件体系长细结构,当温度变化时,构件截面受到均匀温差的作用,可忽略横截面两个方向的变形,只考虑沿梁长度方向的温度变形,当这种变形受到约束时,在混凝土内部就会产生拉应力,出现裂缝(图 3-3-16)。

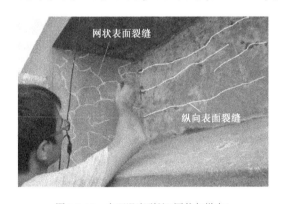
图 3-3-15　表面温度裂缝(网状与纵向)　　　图 3-3-16　T梁均匀温差裂缝

3. 截面上、下温差裂缝

以桥梁结构中大量采用的箱形梁为例,当外界温度骤然变化时,会造成箱内外的温度差,考虑到桥梁为长细结构,可以认为在沿梁长方向箱内外的温差是一致的,沿水平横向没有温差。将三维热传导问题简化为沿梁的竖向温度梯度来确定,一般假设梁的截面高度方向、温差呈线性变化。

在这种温差作用下,梁不但有轴向变形,还伴随产生弯曲变形。梁的弯曲变形在超静定结构中不但引起结构的位移,而且因多余约束存在,还要产生结构内部温度应力。当上、下温差变形产生的应力达到混凝土抗拉强度极限值时,混凝土就要出现裂缝,这种裂缝称为截面上、下温差裂缝(图3-3-17)。

4. 截面内外温差裂缝(大体积混凝土)

水泥在水化过程产生一定的水化热,其大部分热量是在混凝土浇筑后3d以内放出的。大体积混凝土产生的大量水化热不容易散发,内部温度不断上升,而混凝土表层散热较快,使截面内部产生非线性温度差。另外,预制构件采用蒸气养护时,由于混凝土升温或降温过快,致使混凝土表面剧烈升温或降温,也会使截面内部产生非线性温度差(图3-3-18)。

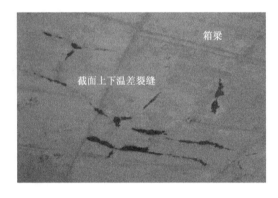

图 3-3-17　截面上、下温差裂缝　　　　图 3-3-18　截面内外温差裂缝

在这种截面内外温差作用下,结构将产生弯曲变形,截面纵向纤维因温差的伸长将受到约束,产生温度自应力。对超静定结构还会产生阻止挠曲变形的约束应力。有时此温度应力是相当大的,尤其是混凝土早期强度比较低,很容易造成混凝土裂缝。

(四)化学裂缝

化学裂缝主要有钢筋锈蚀裂缝和骨膨料裂缝。

1. 钢筋锈蚀引起的裂缝与混凝土剥落

钢筋锈蚀引起裂缝形态一般是顺筋向的,缝两侧往往有高差(图3-3-19),钢筋锈蚀进一步发展,裂缝变宽(图3-3-20),甚至导致混凝土保护层脱落,俗称"暴筋",从而导致截面承载力下降,直至最终引起结构破坏。

当构件表面出现顺筋向裂缝,并确定是由于内部钢筋锈蚀所引起,即使表面顺筋向裂缝宽度小于受力裂缝宽度限制0.2mm,甚至在0.1mm以下时,也应及时予以维修。

2. 骨料膨胀引起的裂缝

当在一处首先发现这类病害时,应把它当作一个信号,很可能在其他部位也会相继出现。这类材料自损现象危害很大,目前尚无防治措施,因而被称为混凝土的"癌症"。

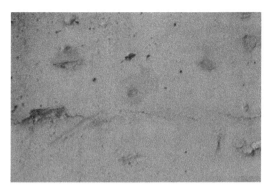
图 3-3-19　腹板锈蚀裂缝(有高差)

图 3-3-20　梁底主筋纵向锈蚀裂缝

碱—集料反应破坏最重要的现场特征之一是混凝土开裂。浅层膨胀源裂纹从网节点呈多条放射状裂纹(图 3-3-21),起因于混凝土表面下的反应集料颗粒周围的凝胶或集料内部产物的吸水膨胀。深层的膨胀源,裂缝呈不规则状,有的是线状(图 3-3-22),有的是不规则网状。

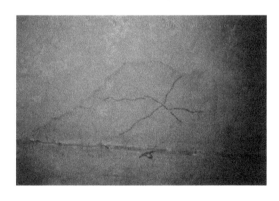
图 3-3-21　碱—集料裂缝形状

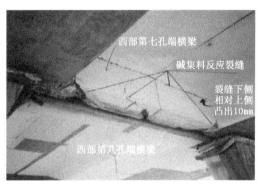
图 3-3-22　碱集料剥落

二、连续体系梁桥裂缝

预应力混凝土变截面连续梁及连续刚构(箱形截面)桥梁近年来发现的病害较多,预应力混凝土连续刚构桥箱梁裂缝的成因,涉及设计计算、施工工艺、养护管理、材料性质、气候环境等各方面。因此要细致全面地分析每一因素对箱梁桥结构裂缝的影响程度是极其困难的,多数情况下也是不必要的。

通过对结构裂缝形式和状态的调查可以发现,目前预应力混凝土连续箱梁桥结构裂缝的产生位置和形式具有一定的规律性,可以推断导致该类结构裂缝产生的影响因素也具有一定的稳定性。因此从裂缝产生的部位对裂缝进行划分,是一种比较直接也是比较有效的方法之一。本书按裂缝发生部位,将连续体系箱梁裂缝分为顶板裂缝、腹板裂缝、底板裂缝、横隔梁裂缝、齿板裂缝等,如图 3-3-23 所示。

(一)顶板裂缝

顶板裂缝可分为顶板横向裂缝和顶板纵向裂缝两种。

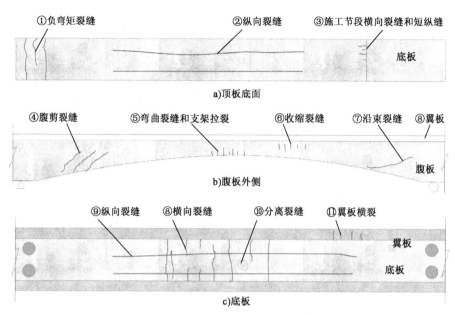

图 3-3-23 连续箱梁裂缝分布示意图

1. 顶板横向裂缝

顶板横向裂缝是比较少见的,造成顶板横向裂缝的原因可能有以下几个原因:

(1) 支点顶部横向弯曲裂缝

钢筋混凝土连续梁、悬臂梁桥,除跨中正弯矩区域的横向裂缝外,在支点负弯矩区也发生弯曲裂缝。这类裂缝一般比较集中,只有少数几道,梁底裂缝宽度可达 0.1~0.2mm,而且分布范围较小,箱梁负弯矩区的顶板裂缝开裂后,由于内力重分布,应有减少的趋势(图 3-3-24)。

(2) 顶板翼缘横向裂缝

悬臂施工阶段,靠悬臂端附近截面箱梁翼板端部沿横桥向有时会出现裂缝。悬臂施工阶段,需经过一、二节段,纵向预加力锚固集中力才能均匀分布到全截面上。悬臂端附近截面翼板通常存在预应力盲区,若此时张拉横向预应力束,则翼板纵桥向受拉,沿横桥向产生裂缝。(图 3-3-25)。

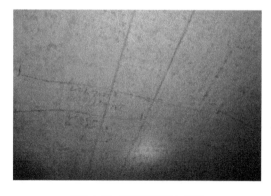

图 3-3-24 顶板底面横向裂缝

图 3-3-25 翼板横向裂缝、渗水析白

(3)明槽混凝土横向裂缝

由于明槽混凝土是普通钢筋混凝土,在预应力钢筋张拉完成后浇筑的,因此不存在预压应力,后期恒载及混凝土收缩徐变的作用产生负弯矩,加上明槽混凝土自身收缩受到约束,导致明槽混凝土产生拉应变,当其拉应变超过其自身极限拉应变,即产生横桥向裂缝(图3-3-26、图3-3-27)。

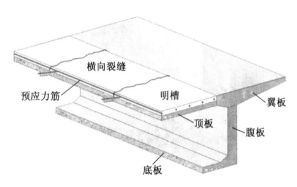

图3-3-26 明槽混凝土横向裂缝示意图

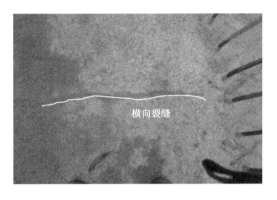

图3-3-27 横向裂缝

2.顶板纵向裂缝

顶板纵向裂缝一般出现在跨中合龙段,接近支点的区域及顶齿板内侧顶板区域,也有全跨均出现纵向裂缝的情况。图3-3-28、图3-3-29为某箱梁顶面底板纵向裂缝。一些常见的致裂原因有:合龙段温度裂缝、内外温差裂缝、活载裂缝、约束裂缝、预应力钢束不直裂缝等。

图3-3-28 顶板底面多条纵向裂缝

图3-3-29 顶板通长纵向裂缝

顶板裂缝的危害性比其他部位的裂缝危害要大得多,这是由于桥面雨水容易通过裂缝进入梁体,加剧主筋锈蚀。当顶板裂缝宽度达到0.05mm,就有可能渗水,因此对于顶裂缝宽度不能用设计规范规定的0.2mm,或养护规范规定的0.25mm来判断,而应更严格。

对北方地区,桥面经常撒"除冰盐",此时桥面有水或含氯离子的水,就极易渗入裂缝到达预应力钢筋而锈蚀钢筋。而预应力钢筋比普通钢筋更易锈蚀,即所谓的"应力腐蚀"现象,有很大可能发生突然断裂的现象。因此对于产生负弯矩的桥面系,防水和封闭裂缝的措施非常重要。

(二)腹板裂缝

腹板裂缝根据其产生形态可分为斜向裂缝、竖向裂缝、水平裂缝、斜向水平组合裂缝四种。

1. 腹板斜向裂缝

(1)腹剪斜裂缝的主要开裂原因多认为支座附近剪力过大,腹板厚度偏薄抗剪能力不足,以及主拉应力方向抗裂安全度不够或计算方法有缺陷。斜裂缝往往出现在边跨梁端附近区段、中跨梁在墩支座中心线与反弯点之间的区域,斜裂缝往往由箱梁下边缘向上斜向延伸,倾角为15°~45°(图3-3-30)。

(2)反弯点上有1~2条裂缝先是竖向弯曲裂缝,然后斜向剪切裂缝,为弯剪裂缝(图3-3-31),弯剪裂缝往往延伸到底板的横向裂缝。

图3-3-30 箱梁内腹板斜裂缝

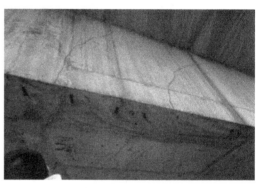
图3-3-31 箱梁外腹板弯剪裂缝

2. 腹板竖向裂缝

腹板的竖向裂缝有多种形式,如图3-3-32所示,结构性的和非结构性的都有。其产生机理主要有竖向弯曲裂缝(图3-3-33)、支架沉降裂缝、支架约束裂缝(图3-3-34)、约束干缩裂缝、竖向拼接裂缝、竖向拉裂裂缝等。

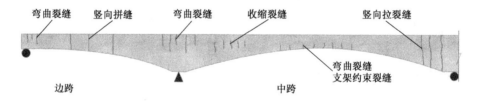
图3-3-32 箱梁腹板竖向裂缝

3. 腹板水平裂缝

腹板水平裂缝一般发生在1号、2号块(图3-3-35),出现的原因主要是:混凝土收缩、箱梁内外温度差未能有效考虑,并未采取结构上有效的预防措施。

4. 竖向正应力和主拉应力作用下的腹板水平、斜向组合裂缝

该类裂缝主要发生在边跨支座附近和中跨$L/4~3L/4$,水平裂缝位于腹板上缘,斜裂缝约

呈45°分布。究其原因,这类裂缝应为竖向正应力和主拉应力共同作用的结果,如图3-3-36所示。

图3-3-33　竖向弯曲裂缝

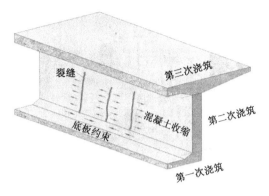

图3-3-34　腹板收缩裂缝

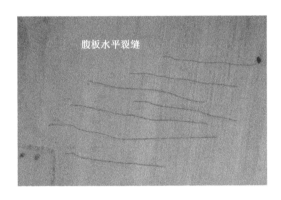

图3-3-35　箱梁腹板水平裂缝

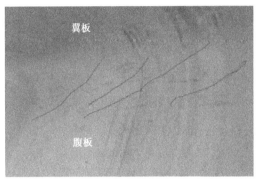

图3-3-36　翼腹板倒角斜向裂缝

5. 腹板沿束裂缝

指沿腹板中布置的纵向预应力钢束开裂的裂缝,目前较常见。大部分是因为施工时预应力筋位置移动,管道不顺(直),产生径向力导致开裂;或保护层厚度达不到设计要求而产生的(图3-3-37)。在比较大的预应力束锚头处,混凝土的收缩也可导致这类裂缝(图3-3-38)。

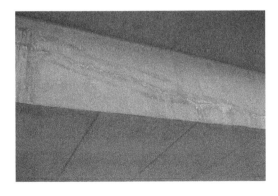

图3-3-37　管道不直产生纵向裂缝

图3-3-38　管道沿束收缩裂缝

(三)底板裂缝

底板裂缝可分为网状裂缝、横向裂缝、纵向裂缝和分离裂缝四种。

1.底板网状裂缝

底板网状裂缝一般由混凝土收缩引起(图3-3-39),可参考P107"一、简支梁裂缝"。

2.底板横向裂缝

底板横向裂缝一般发生在箱梁正弯矩峰值附近,节段施工的梁桥沿接缝或在其附近(图3-3-40)。由于弯曲正应力引起的底板弯曲裂缝,一般会贯穿底板全宽,严重时底板裂缝扩展延伸到腹板,形成U形裂缝。

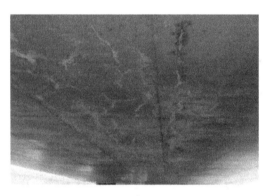

图3-3-39 底板网状收缩裂缝

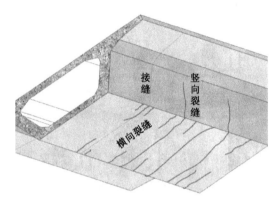

图3-3-40 底板横向裂缝示意图

3.底板纵向裂缝

底板纵向裂缝在工程上常见于主跨中部,近墩处底板中部和两侧(图3-3-41、图3-3-42)。其产生的原因主要有:收缩裂缝、挠度裂缝、曲索转向受力裂缝和径向力变形裂缝等。

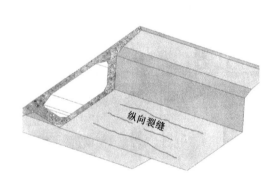

图3-3-41 箱梁底板纵向裂缝示意图

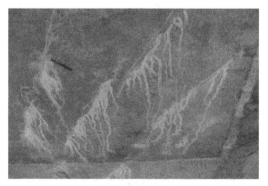

图3-3-42 箱梁底板纵向裂缝、渗水

4.底板分离裂缝

产生的原因为底板曲面在纵向预应力束作用下会产生径向分布力。如果曲面为抛物线,那么径向分布力为径向均布力。如果钢束弯曲半径很小,则径向力分布力集度会增大(图3-3-43),

齿板钢束反向弯曲部位径向力很大。如果施工不当,局部波纹管上浮,使弯曲半径减小,也会增大径向力。

底板分离裂缝主要分布在纵向预应力索范围内,底板底面产生这类纵向裂缝后,可能会伴随着底板厚度方向层离,有的引起局部起壳(图3-3-44),严重者底板下半层混凝土脱落。

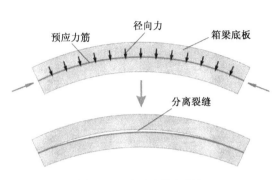

图3-3-43 径向力分离裂缝

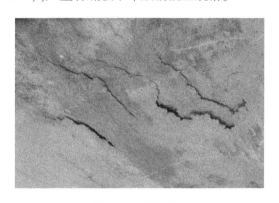

图3-3-44 梁底起壳

例:某桥为预应力混凝土变截面连续箱梁,在施工阶段张拉预应力筋时,底板下崩,如图3-3-45~图3-3-48所示。

图3-3-45 变截面连续箱梁施工

图3-3-46 底板开裂

图3-3-47 底板局部剥落

图3-3-48 底板分离

(四)齿板裂缝

箱梁底板顶面齿板前部产生纵向裂缝,齿板前部由于钢束反向弯曲而产生径向力所致(图 3-3-49)。

底板锚块开裂的事例屡见不鲜,特别是锚固在梁跨受拉区的底板束,设计施工稍有不当就会引起底板锚块处混凝土开裂,底板齿板裂缝一般始内底板锚块后面,并与箱梁桥纵轴成 30°~45°角斜向两侧腹板扩展,如图 3-3-50 所示。

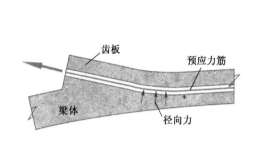

图 3-3-49 齿板受力图

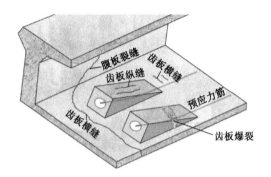

图 3-3-50 齿板裂缝分布示意图

三、下部结构裂缝

下部结构由桥墩、桥台、基础和附属设施组成。本书以桩柱式桥墩为例分析裂缝的类型和成因。如图 3-3-51 所示为桩柱式桥墩常见裂缝。

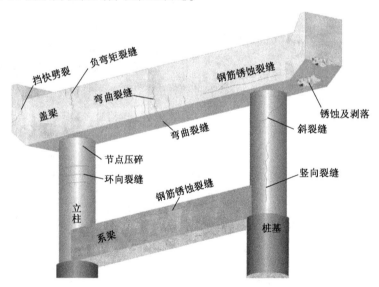

图 3-3-51 桩柱式桥墩常见裂缝

1.盖梁裂缝

(1)收缩裂缝

竖向收缩裂缝一般等间距分布,不分盖梁的正负弯矩区(图 3-3-52),此类裂缝一般由盖梁混凝土收缩造成。纵向收缩裂缝(图 3-3-53)一般分布在盖梁顶部下缘,开裂与施工工艺、掺合剂、养生、收缩等有关。

图 3-3-52　竖向收缩裂缝

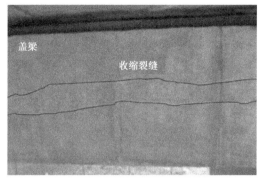

图 3-3-53　纵向收缩裂缝

(2)盖梁弯曲裂缝

盖梁在墩顶为负弯矩,跨中为正弯矩,当上部承重构件荷载较大时,产生相应的弯曲裂缝。或施工期架梁顺序不均,墩顶负弯矩区应力集中,受拉开裂。

①图 3-3-54 为墩顶处负弯矩裂缝,一般有数条,长度一般不超过中和轴;图 3-3-55 为某桥盖梁跨中 U 形裂缝,缝长 65cm + 150cm + 50cm,贯穿盖梁下部。

图 3-3-54　盖梁负弯矩裂缝

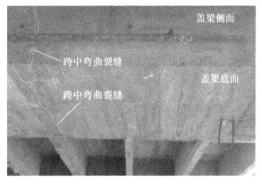

图 3-3-55　盖梁正弯矩裂缝

②斜板式或杯形钢筋混凝土实体桥墩,发生的墩身竖向裂缝是由墩顶向下发展,在墩顶上裂缝位于两支座之间,数量不多,但裂缝宽度较大。如图 3-3-56 所示,竖向裂缝往往是钢筋混凝土桥墩墩顶区段受拉钢筋布置不足和不合理引起的。

(3)盖梁剪切裂缝

盖梁的剪切裂缝一般是由于盖梁配筋不足造成的,分布在墩顶附近腹板,呈 45°角方向,向上延伸到盖梁顶面(图 3-3-57)。

(4)防震挡块挤裂

盖梁或台帽上的防震挡块是为了防止梁横向位移造成落梁而设计的。当上部结构发生过大的横向位移过大(图 3-3-58),将防震挡块挤裂,裂缝一般呈 45°角向下劈裂(图 3-3-59)。防震挡块劈裂在公路桥梁中十分常见,一旦发现,应检查梁的横向位移量、评估发展趋势,以防发生落梁事故。

图 3-3-56　杯形墩竖向裂缝

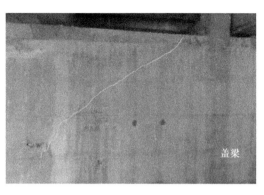

图 3-3-57　盖梁斜向裂缝

图 3-3-58　梁横向位移

图 3-3-59　防震挡块挤裂

2．柱墩裂缝

（1）收缩裂缝

立柱出现表面收缩裂缝,其产生原因是施工养护不当,混凝土收缩所致,大多数发生在柱的中部向阳面。表面形式有网状、不规则放射状、横向、竖向等,如图 3-3-60、图 3-3-61 所示。表面裂缝对桥梁质量影响不大,但影响外观。

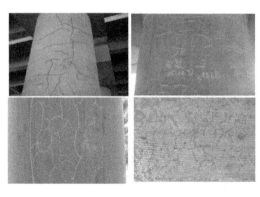

图 3-3-60　表面收缩裂缝

图 3-3-61　柱中部竖向收缩裂缝

(2)竖向裂缝

立柱竖向裂缝,其产生原因有钢筋锈蚀;或混凝土收缩过大,或钢筋箍筋配箍率不足,也可能是荷载过大压裂(图3-3-62)。

(3)横向(或环向)裂缝

在活载作用下墩柱边缘产生拉应力所造成立柱受到上部结构或基础的水平推力,往往产生水平(环向)裂缝,这种裂缝一般在受力侧产生。图3-3-63为桥梁改建时,右侧堆载,导致老桥墩横向(左前方)位移,墩柱全部环向开裂。

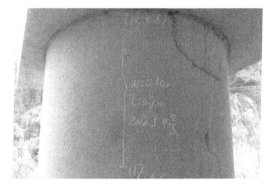

图3-3-62 柱端部纵向裂缝

图3-3-63 横向(环向)裂缝

3.薄壁式、重力式墩台裂缝

(1)沉降裂缝

薄壁式、重力式墩台,墩台基础横向出现了较大的地基不均匀沉降差,则墩台身上出现开裂现象,例如在墩台身上出现由下至上的差动裂缝(图3-3-64),或者靠近墩台(横向)端部的斜向裂缝。

(2)桥台水平推力裂缝

台背填土不密实,前墙受力不均匀,台背渗水作用加大土压力,而桥台强度不足,则可能产生横向水平裂缝(图3-3-65)。

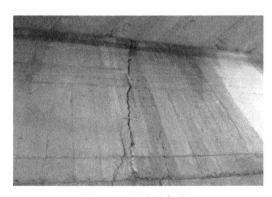

图3-3-64 墩台垂直裂缝

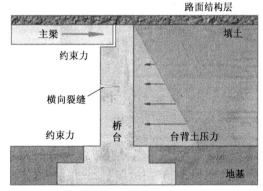

图3-3-65 桥台水平裂缝示意图

(3)温度裂缝

①表面温度收缩裂缝:多发生在常水位以上墩身的向阳部分,裂缝宽为0.1~1mm,裂缝

深 10~15mm,长度不等。

②温差裂缝:混凝土内外温差过大,从而产生裂缝,即大体积混凝土裂缝(图 3-3-66)。

(4)收缩裂缝

①混凝土收缩裂缝:往往发生在面积较大的桥墩桥台,混凝土表面出现纵向、横向、斜向的混凝土收缩裂缝,裂缝细而长,往往超过 1/2 桥墩宽(长)。

②底部约束裂缝:较宽的墩台,混凝土收缩时,受到地基的约束,产生竖向收缩裂缝,或桥台分层浇筑,受到先浇筑的混凝土约束,也会产生竖向裂缝(图 3-3-67)。

图 3-3-66　桥台内外温差裂缝

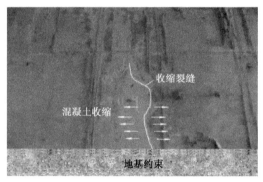

图 3-3-67　网状收缩裂缝

任务 3.4　裂缝检查与分析

一、裂缝检查方法

1. 裂缝宽度检查

在桥梁现场外观检查中,混凝土裂缝宽度一般采用裂缝观测仪来读出宽度值,这是比较准确的直读值,但是工作效率并不高,同时客观上并不是所有的混凝土裂缝宽度都必须获得。因此,现场检查中可以先肉眼来观察裂缝形态和估计裂缝宽度,对关注的裂缝宽度再用裂缝观测仪测定裂缝宽度。

(1)目测

用随身可携带的压力喷水壶,用水将构件混凝土表面喷湿,待表面干燥后,就可以清晰看到裂缝,即使是宽度小于 0.05mm 的裂缝也容易识别,也可用放大镜辅助观察。

肉眼估计裂缝宽度参照表 3-4-1。

目估混凝土裂缝宽度参考值　　　　表 3-4-1

裂 缝 宽 度	可 见 性
小于 0.1mm	仅在喷湿吹干后才可看见或在强光下可观测到
0.1~0.5mm	混凝土裂缝边缘刚刚可见
大于 0.5mm	混凝土裂缝两边可以看见,混凝土表面明显断裂

(2)裂缝宽度比对卡(菲林尺)

可采用一种透明(或不透明)的裂缝宽度比对卡,贴在裂缝上(或附近),可以直接估测裂缝宽度,十分方便(图3-4-1)。

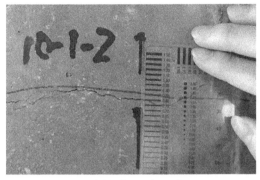

a)裂缝宽度比对卡(透明)　　　　　b)裂缝宽度比对卡(不透明)

图3-4-1　裂缝比对卡(菲林尺)测量裂缝宽度

(3)裂缝显微镜

用具有一定放大倍数的显微镜直接观测裂缝宽度,读数精度一般为0.01mm,需要人工近距离调节焦距并读数和记录。图3-4-2为WYSK-40型刻度显微镜。

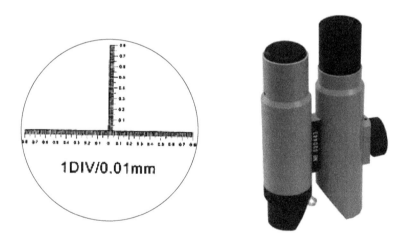

图3-4-2　裂缝宽度测试仪

(4)裂缝观测仪

裂缝观测仪分光学裂缝观测仪和数字裂缝观测仪两种。

①光学裂缝观测仪是采用摄像头拍摄裂缝图像并放大显示在显示屏上,然后依据屏幕上的刻度尺,人工读取裂缝宽度的裂缝测试仪器,如图3-4-3、图3-4-4所示。缺点是不能自动分析和存贮数据,现已被数字仪器代替。

②数字裂缝观测仪是通过摄像头拍摄裂缝图像并放大显示在显示屏上,然后对裂缝图像进行图像处理和识别,执行特定的算法程序自动判读出裂缝宽度,这类测量仪器具备了摄取裂缝图像并自动判读以及显示、记录和存储功能,测试实时快速准确。如图3-4-5所示。

图 3-4-3　光学裂缝观测仪　　　　　　　　　图 3-4-4　裂缝显示

较复杂的裂缝,有时需人工判读,即用触摸笔点中并拖动裂缝标记箭头或修改缝宽标记位置,使之更接近真实宽度。如图 3-4-6 所示。

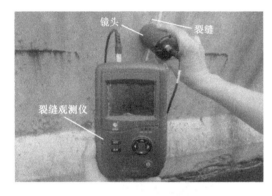
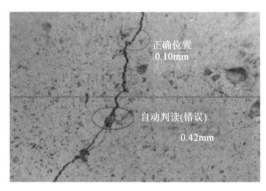

图 3-4-5　数字裂缝观测仪　　　　　　　　　图 3-4-6　人工修正自动判读

（5）非接触式桥梁裂缝观测仪

非接触式桥梁裂缝观测系统采用激光测距技术、远距光学测量原理及 CCD 图像处理技术进行窄长裂缝的量化测量。结合可视化处理软件快速实现对裂纹宽度和长度定量测量自动化,裂纹图像可实时采集、分析和处理。如图 3-4-7、图 3-4-8 所示。

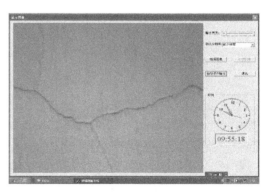

图 3-4-7　非接触式裂缝观测仪　　　　　　　　图 3-4-8　处理界面

(6) 裂缝扩展观测

①长期监测

对裂缝宽度进行长期监测,可采用裂缝监测仪进行监测(图 3-4-9),精度 0.01mm,可记录半年裂缝宽度曲线,但费用较高。

采用埋置卡尺方式进行监测,在规定的时间内读取裂缝宽度,受现场条件的影响,精度较低;也可在裂缝两侧安装观测标记,采用游标卡尺或千分尺在规定时间测量标记位置的变化。

②短期监测

荷载试验时检测裂缝宽度变化,可采用电子位移计或应变计跨缝安装(图 3-4-10),直接读取裂缝宽度变化,可自动记录和储存,较方便。

图 3-4-9　裂缝监测仪监测裂缝宽度

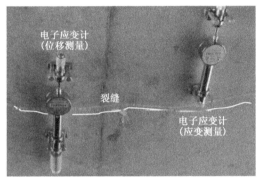

图 3-4-10　电子应变计跨缝监测裂缝宽度

在观测裂缝时,要记录气温的情况,因为气温降低时,结构的外层比内层冷却得更快,因而表面收缩较快,这时裂缝显得的较大,当气温增高时则恰好相反。

2. 裂缝宽度确定

裂缝宽度是指受拉钢筋重心水平处构件侧表面上的混凝土的裂缝宽度。试验量测表明,沿裂缝深度,裂缝宽度是不相等的,由于受到钢筋的约束,近钢筋处回缩变形小,构件表面处回缩大(图 3-4-11),钢筋处裂缝宽度为表面宽度的 1/5~1/3。但由于钢筋重心处的裂缝难以测量,桥梁检测的裂缝宽度以构件表面裂缝宽度为准。

裂缝经风化后,裂缝将变宽,所看到的宽度是虚宽度。而真裂缝的边界十分明显,裂缝测量时,应测真裂缝的宽度(图 3-4-12)。

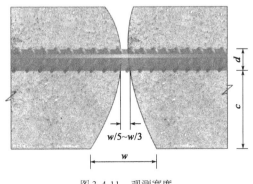

图 3-4-11　观测宽度

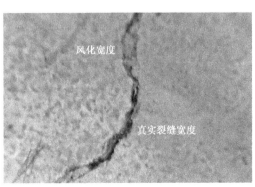

图 3-4-12　风化裂缝宽度

3. 裂缝深度检测

(1) 钻芯法

钻芯法不但能精确测出裂缝的深度、宽度、分布状况,还能检测混凝土强度、集料状况、气泡空洞等。图 3-4-13 为某箱梁桥的芯样。图 3-4-14 为某承台裂缝修补后的芯样。

图 3-4-13　某箱梁裂缝芯样

图 3-4-14　某承台裂缝修补后芯样

钻芯法对结构的一定的损坏,事后要进行修补。且对于深度大的裂缝,钻芯不一定能对准裂缝走向,可能取不到裂缝位置。

(2) 超声法裂缝深度仪

裂缝深度可采用超声法进行检测,分为浅裂缝和深裂缝(大于 500mm)两类。浅裂缝采用平面换能器进行检测(图 3-4-15);深裂缝先钻孔,然后采用径向换能器进行检测(图 3-4-16)。

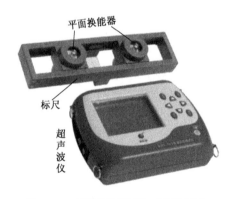

图 3-4-15　裂缝深度测试仪(浅裂缝测试)

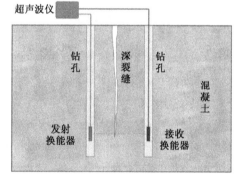

图 3-4-16　深裂缝检测原理

(3) 弹性波相位反转法检测裂缝深度

当激发的弹性波(包括声波、超声波)信号在混凝土内传播,穿过裂缝时,在裂缝端点处产生衍射,其衍射角与裂缝深度具有一定的几何关系。相位反转法正是基于该原理将激振点与接收点沿裂缝对称配置,从近到远逐步移动。当激振点与裂缝的距离与裂缝深度相近时,接收信号的初始相位会发生反转(图 3-4-17)。

二、裂缝分析

实践表明,混凝土结构的任何损伤与破坏,一般都是首先在混凝土中出现裂缝,裂缝是反映混凝土结构病害的晴雨表。所以,对混凝土结构的损伤检测,首先应从对结构的裂缝调查、检测与分析入手。

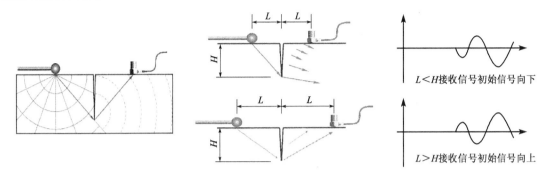

图 3-4-17　相位反转法检测混凝土裂缝深度原理

混凝土结构的裂缝是由材料内部的初始缺陷、微裂缝的扩展而引起的。引起裂缝的原因很多,但可归纳为两大类:结构性裂缝与非结构性裂缝。

两类裂缝有明显的区别,危害效果也不相同,有时两类裂缝融在一起。调查资料表明,在两类裂缝中以变形引起的裂缝约占主导的80%;以荷载引起的裂缝约占主导的20%。对裂缝原因的分析是裂缝危害性评定,裂缝修补和加固的依据,若对裂缝不经分析研究就盲目进行处理,不仅达不到预期的效果,还可能潜藏着突发性事故的危险。

检查分析要点是绘制裂缝形态图,即裂缝延伸的走向,裂缝宽度和裂缝位置,结构裂缝一定发生在受力部位,且满足相应的走向;受力部位的裂缝不一定是结构裂缝,还应对裂缝的外观形态进行分析,以判断是否是受力裂缝。

1. 伪裂缝分辨

观察裂缝时,远望是不够的,只有靠近观察才能确定裂缝的真伪,关键在于界面分析和部位分析。真裂缝边界分明(图 3-4-18)。

(1)模板接缝:模板接缝处不平整,有高差,从而造成假缝,这种类型的缝较直,有高差或凸起(图 3-4-19)。

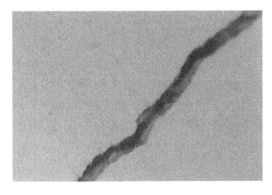

图 3-4-18　真裂缝边界分明

图 3-4-19　模板缝高差

(2)泌水通道。

预制梁时,有时梁底产生横向泌水通道[图 3-4-20a)],底模有横向裂缝时泌水通道更加明显,泌水通道目测时近似横向裂缝,难以区分。采用裂缝观测仪可辨别其真伪[图3-4-20b)、图3-4-20c)]。

 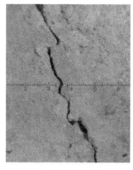 

a)真裂缝与泌水缝照片　　　　b)真裂缝观测图　　　　b)泌水缝观测图

图3-4-20　真裂缝与泌水缝分辨

2. 表面温度收缩裂缝与钢筋锈蚀裂缝分辨

细长构件的顶面和侧面,日照形成的表面温度收缩裂缝,往往是呈纵向的,如果位于主筋位置(图3-4-21),目测更难以区分是表面裂缝还是钢筋锈蚀裂缝。凿开,喷水湿润后观察裂缝深度,深度浅的是表面温度收缩裂缝(图3-4-22)。

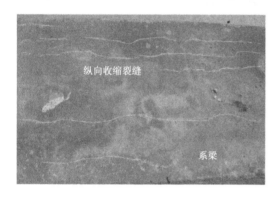 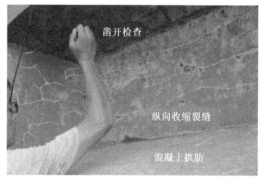

图3-4-21　某系梁疑似主筋锈蚀裂缝　　　　图3-4-22　凿开表面检查

钢筋锈蚀裂缝分布在钢筋位置及附近,边角处一般是开裂,裂缝有高差(图3-4-23),腹板处一般是起壳剥落。钢筋锈蚀裂缝的确认,在裂缝部位用小锤敲击,若声响清脆,则内部未起壳,估计内部没有胀裂现象产生。若声响沉闷和有明显起壳声,则内部有胀裂现象产生。

如图3-4-24所示为某T梁跨中,裂缝从腹板贯穿到底板,分辨其为弯曲裂缝还是钢筋锈蚀裂缝较为困难。如根据裂缝发生部位,分布情况、相邻梁的外观仍难以判断时,只能凿开裂缝判断。该梁底横向裂缝间距约20cm,分布较有规律,裂缝处有析白,故判定为锈蚀裂缝。

3. 碱—集料网状裂缝与收缩裂缝分辨

在工程现场检查时,应注意区别碱—集料反应裂缝与混凝土收缩裂缝。混凝土结构的收缩裂缝也会出现网状裂缝,但出现时间较早,多在混凝土施工期内,而碱—集料反应裂缝出现较晚,多在施工后数年甚至十几年以后;所处大气环境越干燥,混凝土收缩裂缝就越大,而碱—集料反应裂缝则是随着大气环境湿度增大而发展;在受约束的条件下,碱—集料反应膨胀裂缝平行于约束的方向,而混凝土收缩裂缝则垂直于约束方向。

图 3-4-23　主筋裂缝,有高差

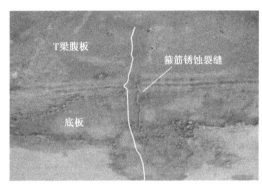

图 3-4-24　T 梁跨中箍筋锈蚀裂缝

混凝土碱—集料反应引起混凝土开裂的同时有时引起混凝土局部膨胀,以致混凝土表面一条裂缝的两个边缘不在一个平面(混凝土表面)上,这是混凝土碱—集料反应裂缝所特有的现象(图 3-4-25)。而收缩裂缝缝两侧混凝土表面平整(图 3-4-26)。

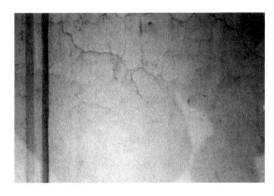

图 3-4-25　碱—集料裂缝表面不平

图 3-4-26　收缩网裂表面平整

4. 碱—集料线状裂缝与锈蚀裂缝分辨

碱—集料裂缝和锈蚀裂缝都是膨胀裂缝,裂缝大多有高差,主要从裂缝分布状况进行区分。骨膨料(碱—集料)产生的裂缝,膨胀源浅的,一般呈放射性,小锤敲击可能会脱落,可根据小锤敲击和裂缝形状判断;膨胀源深的,裂缝不规则,可能呈如线状。大多数线状的骨膨料裂缝都垂直或斜交于钢筋方向(图 3-4-27、图 3-4-28)。而锈蚀裂缝走向平行于主筋方向,在主筋附近。

5. 观察裂缝处颜色

裂缝还应观察渗出物的颜色,用手触摸裂缝,感觉是否有高差,指感粘感或不粘感,用手指或布容易擦掉,并予以记录。

(1)碱—集料反应生成的碱—硅酸凝胶有时候会由裂缝流到混凝土表面,产生乳白色、黄褐色、咖啡色,甚至黑色的碱硅凝胶,用湿布不易擦掉(图 3-4-29)。

图3-4-27 空心板梁碱—集料裂缝

图3-4-28 T梁端横梁碱—集料裂缝

(2)混凝土结构在受雨水冲刷后,构件内混凝土中的氢氧化钙也会溶解流出,在空气中碳化后成为白色,有时形成钟乳,水擦不掉,可用稀盐酸加以区别(图3-4-30)。

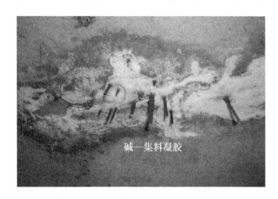
图3-4-29 碱集料呈白色或浅黄色

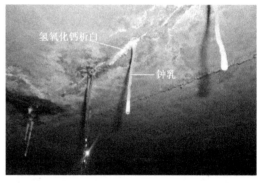
图3-4-30 氢氧化钙析白、钟乳

(3)混凝土结构中的氯盐、硫酸盐和硝酸盐等溶出时也会出现白色渗流物(图3-4-31),这可以用水擦洗去掉,而混凝土中渗出的凝胶或析白则不容易擦掉。

(4)梁底裂缝渗水,腐蚀钢筋,在混凝土表面会产生黄色或深褐色锈迹(图3-4-32)。

图3-4-31 硫酸盐白色析晶

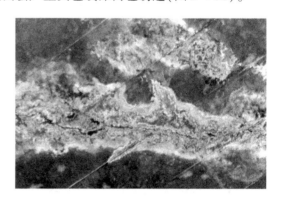
图3-4-32 锈蚀铁锈色析出

裂缝调查口诀:

一看:看裂缝走向、部位、测量裂缝宽。

二摸:摸裂缝两侧高差。
三敲:敲裂缝两侧混凝土,听声响。
四分析:分析裂缝性质和产生原因。

三、裂缝现场标注

1. 目测

裂缝界面、走向、部位、裂缝宽度。为了清楚判断裂缝形态,一般要求眼睛到裂缝的最佳距离为30cm左右。

2. 用笔勾画

在裂缝边3~5mm处用粉笔或记号笔或毛笔勾画线条,以示醒目和照相记录。

3. 一般标注

对裂缝进行编号,然后测量裂缝宽度、长度,标注在分子位置,日期写在分母位置。如图3-4-33所示。

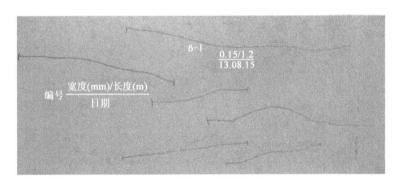

图3-4-33 裂缝一般标注

4. 详细标注

先注出位置坐标。腹板:a为支点到裂缝端点距离,h为底板到裂缝端点距离;底板、顶板:a为支点到裂缝端点距离,b为中心线到裂缝端点距离。标注裂缝编号,"左腹1-1"为连续梁1号梁左腹板,第1条裂缝。

然后沿裂缝划三个小圈,第一个圈是裂缝宽度最宽处(如①);第二个圈是下端末端处裂缝宽度(如②);第三个圈是裂缝上端末端处裂缝宽度(如③)。注明分子——裂缝宽度,以mm计,裂缝长度,以m计;分母——时间(年、月、日)。如图3-4-34所示。

四、裂缝检查记录

除在桥梁构件表面标识出裂缝外,还要在桥梁检查书中相应表格内记录混凝土裂缝,包括记录裂缝位置、走向、长度以及测量的最大裂缝宽度,并且尽可能绘制出裂缝展示图,这些都要成为桥梁检查技术档案资料。

以某高速公路跨线桥为例(图3-4-35),该桥单向双车道,该桥桥长587.4m。管理部门在该桥定期检查中发现箱梁腹板和底板外表面有较多斜裂缝和纵向裂缝,于是对该桥箱梁进行特殊检查并且对箱内裂缝情况也进行检查。裂缝观测与记录过程如下：

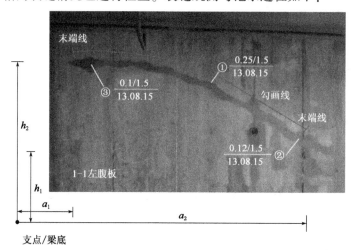

图 3-4-34　裂缝详细标注

图 3-4-35　桥梁立面图

1. 工程概况

上部结构为等截面预应力混凝土连续箱梁和变截面预应力混凝土连续箱梁，跨径组合为：$3\times25m+(35+3\times45+35)m+6\times25m+6\times25m$。下部结构采用肋板式桥台，双柱式和板式桥墩，桩基础。支座采用盆式橡胶支座。桥梁概况见图 3-4-36。

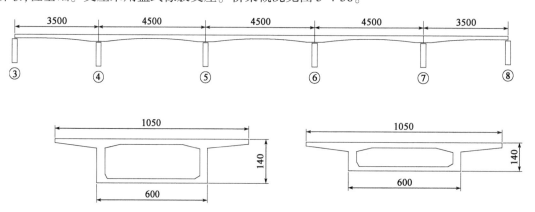

图 3-4-36　连续箱梁示意图（尺寸单位：mm）

该桥 4 号跨(第二联第一孔)、7 号跨(第二联第四孔)和 8 号跨(第二联第五孔)变截面预应力混凝土连续箱梁梁体开裂严重,因此对该桥进行检查。

2. 裂缝调查及结果

检查人员按照要求对该桥每孔箱梁进行病害与表观缺陷检查,详细检查箱梁内外的混凝土表面裂缝。图 3-4-36 为该桥 7 号跨的表面裂缝分布图,共检出 47 条裂缝,最大裂缝宽度为 0.06~0.24mm,最长裂缝为 75cm + 600cm + 95cm = 770cm,为"U"形裂缝,见表 3-4-2。

7 号跨的裂缝主要集中在 15~30m(1/4~3/4)处,主要是梁底横向裂缝。有 15 条"L"形裂缝(从梁底裂到腹板),如 22 号缝,缝宽 0.12mm,缝长 600cm + 95cm(从左到右,底 + 腹);23 号缝,缝宽 0.14mm,缝长 95cm + 225cm(从左到右,腹 + 底)。有 4 条 U 形裂缝,如 26 号缝,缝宽 0.14mm 缝长 75cm + 600cm + 95cm,从腹板裂到底板再裂到腹板。

4 号跨有 68 条裂缝,缝宽 0.1~0.35mm,有 29 条"L"形裂缝,有 3 条"U"形裂缝;8 号跨有 15 条裂缝,缝宽 0.08~0.14mm,最长裂缝 525cm + 70cm,有 8 条"L"形裂缝。

3. 裂缝记录

裂缝调查完毕后,应绘制裂缝分布图,图中应有纵坐标与横坐标,将裂缝相应的长度和平面位置标注在图上,并进行编号。7 号跨的裂缝分布图见图 3-4-37,并列表记录裂缝的长度与宽度,有必要时,还应注明裂缝的走向和发展趋势。7 号跨的裂缝记录见表 3-4-2。

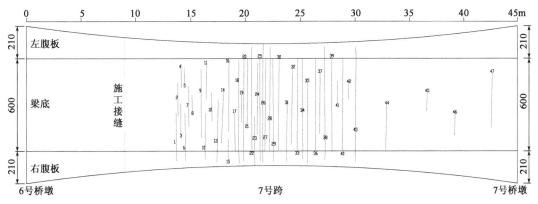

图 3-4-37 裂缝分布图(尺寸单位:mm)

裂缝记录表(第 7 跨) 表 3-4-2

裂缝编号	1	2	3	4	5	6	7	8	9	10
裂缝宽度(mm)	0.12	0.08	0.1	0.08	0.08	0.08	0.12	0.08	0.14	0.14
裂缝长度(cm)	65 + 245	210	195	152	100	65 + 245	270	102	440	55 + 240
裂缝编号	11	12	13	14	15	16	17	18	19	20
裂缝宽度(mm)	0.1	0.08	0.24	0.12	0.1	0.12	0.12	0.12	0.08	0.14
裂缝长度(cm)	230	182	70 + 330	340	55 + 75	450	145	590 + 80	178	65 + 600
裂缝编号	21	22	23	24	25	26	27	28	29	30
裂缝宽度(mm)	0.14	0.12	0.14	0.12	0.14	0.14	0.12	0.14	0.12	0.12
裂缝长度(cm)	435	600 + 95	95 + 225	450	70 + 600	75 + 600 + 95	600	600 + 75	70 + 600	600

续上表

裂缝编号	31	32	33	34	35	36	37	38	39	40
裂缝宽度(mm)	0.12	0.12	0.14	0.12	0.12	0.14	0.12	0.14	0.14	0.14
裂缝长度(cm)	70+315	495	600	50+600	80+450	600	400	60+600+75	600	60+600+60
裂缝编号	41	42	43	44	45	46	47			
裂缝宽度(mm)	0.08	0.06	0.14	0.1	0.08	0.08	0.08			
裂缝长度(cm)	140	100	70+600+70	300	120	140	360			

4. 裂缝成因分析

最后还应对裂缝形成的原因进行初步分析。如该桥底板横向裂缝产生的原因可能有施工张拉未进行有效控制(未进行有效预应力的抽检、孔道摩阻检测);腹板竖向裂缝产生的原因有满堂支架预压控制不良,现浇梁体在某一施工阶段存在瞬间下挠而形成;翼板横向裂缝产生的原因可能是一方面现浇梁体腹板与翼板分开浇筑,导致翼板混凝土在干缩过程中受到先浇腹板混凝土的约束,形成的一种干缩裂缝。后期发展情况:支架预压不足—梁体开裂—应力重分布—加剧裂缝发展—应力损失。

5. 附照片或其他

调查报告中应附部分裂缝照片,见图3-4-38~图3-4-41。

图3-4-38 U形裂缝

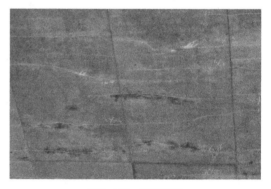

图3-4-39 底板裂缝

图3-4-40 腹板裂缝

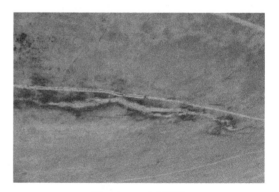

图3-4-41 底板裂缝

任务 3.5 裂 缝 修 补

裂缝为混凝土桥最常见的退化现象,是导致内部钢筋腐蚀的主要原因。裂缝一般多伴随有钢筋生锈及混凝土白化等退化现象。裂缝宽度无论大小,均对桥梁的耐久性产生影响;尤其是结构裂缝影响桥梁使用年限。裂缝也将造成预应力筋的锈蚀,尤其影响预应力混凝土构件,因为预应力筋的锈蚀将造成预应力构件的破坏。

修补裂缝的目的在于使结构恢复因开裂而降低的功能,保证结构的耐久性。对于一般较浅较短的裂缝,对梁的强度影响不大。当裂缝较多且宽度较大时,梁的刚度相应降低,同时钢筋受有害介质的侵蚀,结构物的寿命也要缩短。常见的裂缝处理方法如下:

(1)裂缝宽值 0.15mm 以下,应进行封闭处理,一般涂抹水玻璃或环氧树脂。
(2)当裂缝宽大于 0.15mm 时,应采取压力灌浆法灌注环氧树脂胶。
(3)如裂缝发展严重时,应查明原因,采取合理的加固措施。

一、表面封闭法修补裂缝

宽度较小的裂缝(一般是 0.15~0.25mm 以内),常采用封闭处理的方法。现以环氧胶泥封闭为例,介绍封闭处理裂缝的施工工艺。

①扩缝:为了得到较好的封闭效果,先将细小的裂缝凿成"V"形槽,"V"形槽顶宽 20~25mm,槽深 15~20mm。槽面应尽量平整。

②清渣、吹风:用钢丝刷清除槽内及其周边的松脱物,凿去浮渣,再用大功率鼓风机(或吸尘器)将"V"形槽吹干净,使槽内混凝土面无灰尘、油污。

③涂刷清胶(环氧胶液):为了提高环氧胶泥与混凝土之间的黏结力,在封闭裂缝之前,用毛刷蘸上配制好的补缝清胶。沿"V"形槽口内均匀涂刷一层清胶,在垂直方向可静力灌注,使部分清胶灌入裂缝中。

④环氧胶泥封闭:等清胶半干时,用配制好的环氧胶泥封缝并压实抹干。

二、压力灌浆法修补裂缝

压力灌浆是以一定的压力对混凝土结构物上产生的裂缝处用灌注泵注入液状的环氧树脂系列黏结剂(或水泥砂浆),如图 3-5-1 所示。黏结剂使断裂的原结构恢复为整体,阻止空气中水汽和空中介质腐蚀钢筋及钢绞线。

灌浆前将裂缝表面封闭,形成一密闭腔体。适用于裂缝宽度较大(大于 0.15mm)、深度也较大的裂缝修补。所以空心板底面裂缝,小箱梁底板、腹板裂缝不能灌胶。灌浆效果如图 3-5-2 所示。

化学压力灌浆法工艺流程见图 3-5-3。

1. 准备工作

裂缝调查及标注。对裂缝进行全面的调查,现场核实裂缝数量、长度、宽度等,并对裂缝编号,做好记录,绘制裂缝分布图。工程量与检查报告或设计图纸不符的,必须请业主现场代表在现场确认,并填写现场工程量签证单。

图 3-5-1 压力灌浆法原理

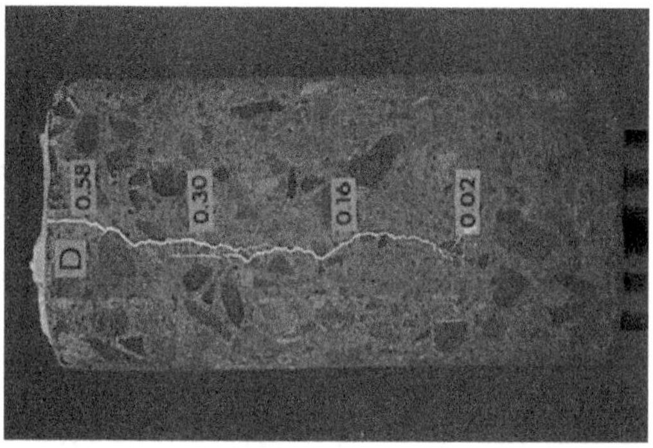

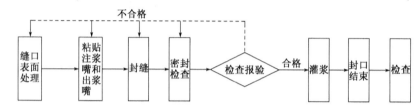

图 3-5-2 灌浆效果

图 3-5-3 化学压力灌浆法工艺流程图

桥梁混凝土构件裂缝处理应根据不同构件、不同部位、不同的裂缝形态选择适当的修补方法、修补材料和修补顺序。

裂缝的检查及清理修补前,对修补部位的裂缝进行详细的检查、清理记录,以便对裂缝做出定量和定性分析。据此,进行有关化学灌浆材料配量、埋嘴、灌浆注射等方面的具体计划和安排。

2. 裂缝缝口表面处理

在裂缝两侧画线,处理范围一般沿裂缝走向宽 30~50mm。先用小锤、小铲、钢丝刷清除裂缝表面的灰尘、浮浆、松散层等污物,应使工作面平顺、干燥、无油污。可采用丙酮擦洗,清除时应注意不要将裂缝堵塞(图 3-5-4、图 3-5-5)。

图 3-5-4 凿除表面

图 3-5-5 清洗后的裂缝

3. 钻眼埋注浆嘴

注浆嘴的注入孔应正对裂缝。注浆嘴布置的原则是:宽缝稀,窄缝密。注浆嘴间距一般为

200~400mm。断缝交接处单独设嘴,裂缝分岔处应设置注浆嘴。贯通缝的注浆嘴宜在构件的两面交接处布置(图3-5-6)。

注浆嘴是化学灌浆材料的喷入口,也是裂缝的排气口。注浆嘴大小要适当,施工时要尽可能小心,防止因不易粘牢而坠落。埋嘴前,先把嘴自底盘用丙酮擦洗干净,然后用灰刀将环氧浆液抹在底盘周围,骑缝埋贴到构件裂缝处。操作中切勿堵死注浆嘴和裂缝灌浆的通道。

4. 封口止浆

当注浆嘴埋贴后,必须把其余裂缝全部封闭,进行嵌缝或堵漏处理。一般采用封口胶沿裂缝每侧密封宽25mm,厚度应不小于3mm,宜一次完成,尽量避免反复涂抹(图3-5-7)。

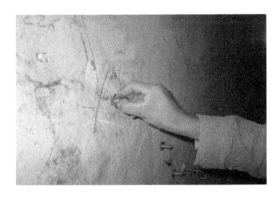
图3-5-6　安装灌浆嘴(铜嘴高压)

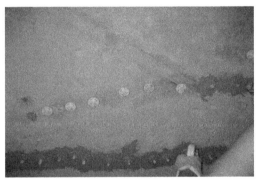
图3-5-7　封口止浆(胶嘴低压)

封闭工作完成后相隔一天,即可进行密封检查,检查封闭及注浆嘴的通畅情况。

5. 注浆

灌浆经密封检查,认为嵌缝质量良好,无渗漏现象后,即可配制浆液、准备灌浆。灌缝胶内不得混入水、灰尘或其他杂质。除非采用可在水下使用的灌缝胶,否则,灌缝前裂缝内不得有水。

往裂缝里灌注浆液,根据裂缝状况及施工条件的不同,可分别采用手压泵灌注或灌浆注射器灌注两种方法。当裂缝较大时可用手压泵,当裂缝细微、灌浆量不大时,多采用灌浆注射器的方法。

注入器的连接端应牢固安装在注浆嘴上,应根据浆液的流动性选择注浆压力,一般为0.1~0.4MPa。施工过程中应保证注入器始终处于压力状态。若注入器内的灌缝胶全部注入裂缝内,说明该处裂缝尚未注满,应进行补灌,直至注满为止。如用灌浆注射器注射时,主要靠手的推力,以能将浆体压入为度,如图3-5-8所示。

灌注次序应先行标定,其原则是:竖向裂缝先下后上;水平裂缝由低端逐渐灌向高端;贯通裂缝宜在两面一先一后交错进行。在整个灌注过程中应随时注意排气。当灌好一个注浆嘴往下一个注浆嘴之前,必须在灌好下一个注浆嘴之前,先在已灌好的注浆嘴上绑扎一段透明塑料软管,以备注浆嘴溢浆时弯绑扎死。灌浆结束后最好稳压几分钟,不要急于转移,以使被处理的裂缝尽量吃浆饱满。

6. 收尾处理

灌浆完毕待浆液聚合固化后,即可将灌浆嘴一一拆除(图3-5-9),并用环氧浆液抹平。最后对每一道裂缝表面再刷一层环氧树脂水泥浆,确保封闭严实,并使其颜色与混凝土结构尽量保持一致。固化后的浆液混合物很难清除,因此施工结束后,须用丙酮或甲苯清洗工具。无论采用哪一种方法,首先应保证泵或注射器针头与灌浆注浆嘴连接严密,不能漏气。

图 3-5-8　压浆

图 3-5-9　拆除底座

1. 钢筋混凝土表面缺损(技术状况)有哪些类型?
2. 钢筋保护层厚度的作用是什么?偏小对钢筋有何影响?
3. 碳化是如何形成的?对钢筋有何影响?
4. 钢筋混凝土缺损修补常用方法有哪些?
5. 简述挂网喷浆修补法特点和施工工艺流程。
6. 混凝土中的钢筋局部锈蚀如何维修?混凝土中钢筋严重锈蚀如何维修?
7. 简支梁桥裂缝类型有哪些?
8. 预应力连续箱梁裂缝类型有哪些?
9. 墩柱、盖梁裂缝有哪些形式?
10. 裂缝长度、宽度、深度如何检测?
11. 描述表面封闭法修补裂缝施工工艺流程。
12. 描述压力灌浆法布设注浆嘴的原则、方法和注意事项。

项目4 梁桥上部结构加固

> **学习目标**
> 1. 熟悉梁桥上部结构的跨中下挠、结构变位、承重构件损伤、预应力损伤等病害及成因。
> 2. 熟悉粘贴钢筋加固法、体外预应力加固法施工工艺;掌握增大截面加固法、粘贴钢板加固法、粘贴碳纤维加固法的构造要点、施工工艺流程。

公路桥梁加固是对发生重大病害和不能满足运输要求的桥梁进行彻底的维修和改善,以恢复其原有的承载能力、延长其使用年限、改善或提高其荷载等级与通行能力。加固的内容及范围,应根据桥梁评估结论的要求确定,可以包括整座桥梁,亦可以是指定的区段或特定的构件。梁式桥上部结构的加固方法主要有增大截面加固法、粘贴钢筋加固法、粘贴钢板加固法、粘贴碳纤维加固法、体外预应力加固法、改变结构体系加固法和增设承重构件加固法等。

任务4.1 梁桥上部结构病害

桥梁上部结构在荷载的作用下,可能产生结构裂缝超限,跨中下挠、结构变位、承重构件破损等病害,影响桥梁承载力,需进行加固。

一、跨中挠度

跨中挠度指桥梁结构或构件在荷载作用下跨中截面产生的竖向位移。

跨中挠度主因是由混凝土徐变引起,尤其是大跨径梁式桥。跨中下挠往往与梁体跨中段横向裂缝或大量斜裂缝伴随出现,其下挠可达到相当大的数值,造成严重病害。当然同时出现大量的主拉应力斜裂缝与跨中区段横向裂缝。从桥面和栏杆正面观察,可能出现桥面变形、栏杆不平顺。

跨中显著下挠表明桥梁承载能力不足,应立即进行承载能力检测和评定,采取相应的加固措施。若外观检查梁体完好或无明显变形、下挠时,并不强制要求对该指标进行试验测量;若外观检查时发现梁体出现明显或者显著下挠时,应测量跨中最大挠度或者悬臂端最大挠度。

图4-1-1为某桥空心板梁显著下挠,图4-1-2为某连续刚构桥跨中下挠。

二、结构变位

结构变位是指由于基础移动、超载、碰撞、火灾、冲刷等原因引起的结构或构件位置的移动或截面的转动(发生纵向、横向、竖向位移或转角位移)。上部承重构件结构变位产生的类型和原因有:

图 4-1-1　空心板梁跨中下挠

图 4-1-2　连续刚构桥跨中下挠

(1) 横向联结松动、梁体变位

空心板梁铰缝破坏开裂，T 梁或箱梁的横隔梁联结件松动，造成纵向接缝开裂，导致梁横移或有失稳的可能。

图 4-1-3 为 T 梁的横隔梁搭接钢板锈蚀、开裂、松动；图 4-1-4 为空心板梁边梁铰缝松动开裂，边梁横移，可能发展为单板受力，甚至造成落梁。

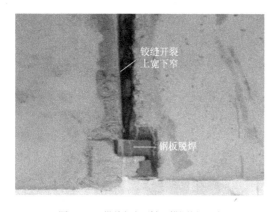
图 4-1-3　搭接钢板脱焊、横隔梁开裂

图 4-1-4　铰缝破坏空心板梁横移

(2) 基础沉降与位移

因地震、洪水、碰撞桥墩、地基附近堆载、地基承载力不足等因素，使墩台基础发生位移，从而造成上部结构变位(详见项目6)。主要表面特征如下：

墩台横向变位，造成上部结构横向错位，表现为防震挡块开裂、护栏错位，伸缩缝破坏(图 4-1-5)；墩台纵向变位，从桥墩中心线可观察梁体是否发生位移(图 4-1-6)；桥墩如果发生差异沉降，桥墩上梁端(或护栏)接缝上下宽度不一。

(3) 现浇曲线桥外移

立交桥、匝道等现浇曲线桥，弯桥沿径向向外滑移，沿切线向下坡方向滑移的主要原因为汽车荷载的离心力和温度作用。当梁体移动到偏心一定量后，会突然整体下滑。另外，弯梁发生爬移后，支座反力作用位置发生变化，从而导致下部结构受力发生改变，并产生异常变形。曲线桥外移桥面无明显变化，应重点检查梁体和支座位移，检查桥墩是否横裂。

图 4-1-5　护栏错位（桥墩横移）

图 4-1-6　梁体纵移

例：某跨线桥为现浇箱梁曲线桥，左幅向外位移90mm，单向盆式橡胶支座偏位，支座限位断裂（图 4-1-7），从独柱单支座来看，发现独柱的环向裂缝逐年增加、偏移（图 4-1-8）。

图 4-1-7　弯桥向外滑移

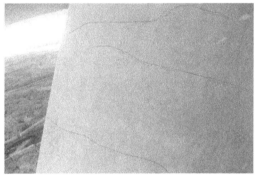
图 4-1-8　独柱环向裂缝

三、上部承重构件损伤

1. 上部承重构件损伤

外部荷载的作用（如撞击等），造成上部承重构件受损，承载力不足，对桥梁安全造成影响。图 4-1-9 为运输车辆钢卷掉落，砸裂 T 梁，图 4-1-10 为山体落石侧向砸碎 T 梁。

图 4-1-9　车辆重物下落砸裂 T 梁

图 4-1-10　落石侧向砸碎 T 梁

2. 梁端破损

主要表现为梁端混凝土压碎,产生的原因有:

(1)基础不均匀沉降:基础不均匀沉降,或未安装支座、造成梁端局部支承压力增大。

(2)梁端强度不足、混凝土劣化:伸缩缝破坏,排水不良,梁端由于长时间渗水,造成混凝土劣化,强度降低,也会造成梁端压碎(图4-1-11)。

(3)梁端顶死:梁端伸缩缝被建筑垃圾顶死,端横梁或梁端破坏(图4-1-12)。

图4-1-11 T梁渗水,混凝土劣化压碎

图4-1-12 梁端顶死,端横梁破坏

3. 单板受力

所谓"单板受力"就是桥面板铰缝混凝土脱落,梁板之间的横向联系破坏,只有承受轮压荷载的板单独受力,其他梁板并不参与受力,使桥涵上部主要承重结构处于十分不利的受力状态,加速了桥涵上部结构病害发展,同时给行车安全造成严重隐患。单板受力一般发生在板梁,T梁和小箱梁也时有发生。

单板受力发生的原因主要是铰缝破坏。铰缝黏结力不足,而运营中超载车辆过多、吨位过大,致使空心板间铰缝受力过大产生破损。反射到桥面形成纵向裂缝,桥面裂缝未及时处理,使雨水等侵蚀物进入破损的桥面板,进而进入铰缝,加速铰缝混凝土受水侵蚀破坏。桥面横向联结作用减弱,进一步发展成单板受力,承载能力大大降低。

单板受力梁底面表现为铰缝破坏、渗水、下挠(图4-1-13);桥面的表现有纵向裂缝,或纵向坑槽铰缝破坏严重(图4-1-14),或形成网状裂缝,梁体开始变形下挠(图4-1-15),进一步梁体断裂(图4-1-16)等。

单板受力后果十分严重,检查时不能按桥面纵向裂缝处理,而是根据破坏情况,可直接判为4~5类桥。

4. 行车道板破损

翼板、微弯板、行车道板等行车道板,因自身材料强度不足破坏,或碱—集料反应,或受到撞击、重压时发生破坏,造成桥面塌陷、坑洞(图4-1-17、图4-1-18),对车辆、行人安全造成较大影响,应立即处理。

上部承重构件损伤,对桥梁安全造成很大的影响,一旦发生承重构件损伤,应立即进行应急检查,决定是否封闭交通,然后再进行承载能力评估。

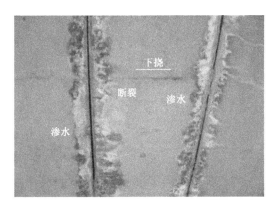

图 4-1-13　渗水、板梁变形断裂

图 4-1-14　纵裂、坑槽

图 4-1-15　网状裂缝（梁下挠）

图 4-1-16　梁下挠断裂

图 4-1-17　桥面塌陷

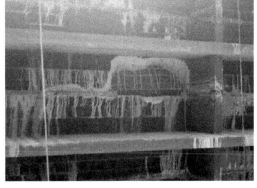

图 4-1-18　翼板破损

四、预应力构件损伤

预应力是在荷载作用下的受拉区混凝土预先施加一定的压应力，使其能够部分或者全部抵消由荷载产生的拉应力。预应力构件组成一般包括预应力钢筋、预应力孔道、混凝土锚固端、锚具。预应力的缺损主要有预应力材料损伤、预应力管道压浆不足及有效预应力损失。

1. 预应力材料损伤

预应力材料损伤有钢绞线断裂、断丝和滑丝、锚具开裂、夹具开裂损坏、锚垫板损坏、锚后（齿板）混凝土压碎或开裂等，可直观判断缺损状况。

（1）钢绞线锈蚀、断裂：钢绞线严重锈蚀导致有效截面减小（图4-1-19），钢绞线张拉力过大，可能导致钢绞线断丝或断裂。荷载过大或梁体受到撞击等原因也可能导致钢绞线断裂，如图4-1-20所示为船只撞击导致钢绞线断裂。

图4-1-19 钢绞线锈蚀

图4-1-20 钢绞线断裂

钢绞线断裂将导致预应力不足，承载力下降，梁体出现下挠、裂缝等严重后果。

（2）锚后混凝土压碎、压裂或起壳：锚后混凝土受力复杂，有较大的压应力和径向力。施工时混凝土振捣不足，混凝土不密实，可能导致锚后混凝土强度不足，张拉力控制不当（张拉力过大）等原因，将造成压应力过大，锚后混凝土压碎；螺旋筋未按要求施工，混凝土强度不足，径向力过大，导致锚后混凝土开裂（图4-1-21）。混凝土变形也可能导致锚固区"起壳"（图4-1-22）。

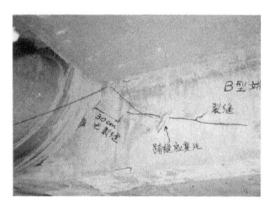

图4-1-21 锚后混凝土开裂

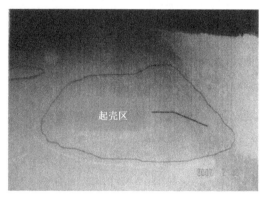

图4-1-22 锚固区起壳

（3）锚头外露、锈蚀。

采用三向预应力，一般腹板竖向预应力钢绞线锚固在底板，顶板横向预应力钢绞线锚固在翼缘板端部。锚固位置的混凝土剥落、锚头外露锈蚀、钢绞线锈蚀（图4-1-23），仅从桥梁检测结果难以判断预应力是否已有所损失。

2. 孔道压浆不饱满

孔道过长、孔道堵塞、浆体稠度过大、压浆压力不足、压浆时间偏短等原因,将导致孔道压浆不饱满(图4-1-24)。

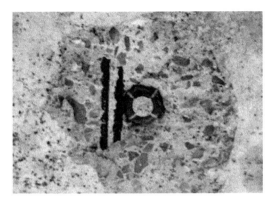

图4-1-23　精轧螺纹钢锚头外露

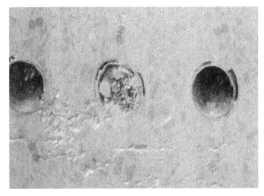

图4-1-24　孔道压浆不饱满

孔道压浆不饱满,使有黏结钢绞线变成无黏结钢绞线,造成应力分布与计算图式不符;孔道不饱满,水将沿孔道进入,钢绞线失去水泥浆保护,容易产生锈蚀(图4-1-19),对桥梁耐久性造成影响。

3. 有效预应力不足

造成有效预应力不足的因素有很多,如锚夹具、钢绞线、锚下混凝土等预应力材料的损伤将导致有效预应力不足或失效;精轧螺纹钢等短束的锚具回缩;张拉力控制不当,张拉力不足;桥梁变形,应力重新分配;钢绞线松弛等都可能造成有效预应力损失。

大多数预应力构件的检测都是局部破坏的检测,难度很大,对检测工程师的经验要求较高。

任务4.2　桥面补强加固

桥梁长期经受风吹日晒雨淋和与汽车直接接触的桥面板常常会出现磨损、开裂、剥离、开裂等问题;当主梁或桥面板承载力不足,刚度不够,或铰接梁、板的铰缝不能有效传力时,可采用桥面补强加固法进行加固。

桥面补强加固法是通过在桥面板(主梁顶面)加铺一层钢筋混凝土层,使其与原有结构形成整体,从而达到增大桥面板或主梁有效高度和受压截面,增加桥面整体刚度,提高桥梁承载能力的一种常用且有效的加固方法。

桥面补强层加固法适用于桥面板承载力不能满足需求,桥面刚度低、铰接梁和铰接板传力失效时。通过在旧桥面板上加铺钢筋混凝土层的方法,增加桥体的整体刚度和承载力。但同时,由于补强层的厚度较薄,所以桥面补强层加固法只适用于中小跨径的梁式桥或者拱式桥,而不适用于跨径比较大的桥。

一、构造要点

桥面补强层加固施工在设计时,首先要让补强层和桥梁原有的主梁间形成系统有效的、可以整体受力的共同体。因此为保证新旧混凝土的结合,必须在铺设加强层前在原来的桥梁上埋锚栓,并铺设钢筋网(图4-2-1)。另外,桥面补强层在进行加固设计时,还有对新增的荷载和新旧混凝土之间的收缩差问题给予足够的重视。

桥面补强层加固法成功与否的关键在于,补强层新混凝土能否和原有的梁体混凝土充分结合,形成可以整体受力的集合体。其关键还在于施工过程中的各种施工措施。

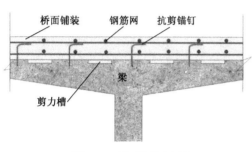

图4-2-1　桥面补强示意图

二、施工要点

1. 对旧桥结合面进行处理

先凿去桥面的旧铺装层,将表面浮浆层清理干净后,为了保证新旧混凝土的结合,需将结合面进行凿毛处理,使结合面构成6mm~2cm的锯齿状剪力槽(也只设抗剪栓钉),使集料外露。

凿除梁顶面混凝土破损部分,被凿除部分可先行修补或与桥面混凝土补强层同时浇筑,修补完成后应恢复桥面防水层。

2. 预埋锚固筋

为避免在钻孔时对梁的主筋造成破坏,可以预先使用钢筋探测器探测出主筋位置并做好标记,钻孔时一般纵横间距为50cm交叉布置,根据钢筋的直径和埋设深度钻孔,然后清孔并注入植筋胶或化学锚固胶,再埋入膨胀螺栓作为抗剪栓钉(图4-2-2)。

3. 铺设钢筋网

为了能够更为有效地降低补强层混凝土的裂缝出现率,有效提升其和主梁的结合度发,需要根据设计的要求铺设有效的钢筋网。钢筋网的钢筋直径可适当加大,如采用$\phi 8 \sim \phi 10$钢筋,并可与埋设抗剪栓钉焊接在一起(图4-2-3)。

图4-2-2　抗剪栓钉

图4-2-3　钢筋绑扎

4.混凝土浇筑

在浇筑前应该对结合面进行彻底清理,并对锚固筋的排列位置和数量进行最后检查。为了加强新旧混凝土之间的黏合性,可以在结合面上涂环氧胶液胶剂等黏结剂。浇筑混凝土前应清洁表面并保持湿润。

采用C40干硬性混凝土或C35钢纤维混凝土浇筑补强层,以减小新浇混凝土的收缩,从而减小新旧混凝土之间产生的差动收缩力,以提高补强效果(图4-2-4)。新浇混凝土应振捣密实并及时养生。

运营中桥梁的加固,宜配制早强混凝土,并通过加强现场养生等有效措施来保证混凝土早期强度的增长。

空心板顶板厚度不足引起的桥面板破损和开裂,应凿除顶板厚度不足部分,在箱内立模,按设计厚度重新浇筑顶板混凝土,新浇筑顶板混凝土的强度等级不应低于原空心板混凝土强度等级。

空心板间铰缝或箱梁湿接缝混凝土破损时,应凿除破损处混凝土;使表面整洁粗糙,按设计要求进行植筋和布置钢筋,并浇筑混凝土。

图4-2-4 混凝土浇筑

任务4.3 增大截面加固法

增大截面加固法又称为"外包混凝土"加固法,即通过增大混凝土构件的截面和增加配筋,提高构件的强度、刚度、稳定性和抗裂性。该法属被动加固法,可分为构件截面的单侧、双侧、三侧或四周外包加固。根据加固目的和要求的不同,可以是以增大断面为主的加固,也可以是增配钢筋为主的加固。增大截面法常与桥面补强配合使用,可加固梁桥、肋拱桥,也用于基础与墩台的加固。

以增大断面为主时,为了保证补加混凝土正常工作,亦需适当配置构造钢筋。以增配钢筋为主时,为了保证配筋的正常工作,亦需按钢筋的间距和保护层等构造要求决定适当增大截面尺寸。加固中应将新旧钢筋焊接,或用锚杆连接补强钢筋和原构件,同时将旧混凝土表面凿毛清洗干净,确保新旧混凝土结合良好。

该法可使用普通混凝土,强度等级建议不低于C30。当加固层较薄,钢筋较密时,可用小石子混凝土,在条件许可时可采用钢纤维混凝土加固。

一、构造要点

外包混凝土加固桥梁时,由于受到原构件应力应变的影响,加固计算不能简单地应用整体截面的有关公式。首先应确定加固前构件的实际应力、应变水平,并考虑新混凝土与旧结构协同工作的程度,然后进行合理的计算。

受弯构件的外包混凝土加固设计,应根据现场结构的实际情况,对受压区和受拉区采取不同的加固形式。受压区外包混凝土加固一般用于刚架拱、桁架拱等拱桥的斜腿、斜撑或弦杆的加固。对受压区进行加固的受弯构件,其承载力、抗裂度、钢筋应力、裂缝宽度及变形计算和验算可参照现行国家标准《公路钢筋混凝土及预应力混凝土桥涵设计规范》(JTG 3362—2018)(以下简称《公预规》)中的方法进行。

(1) 采用外包混凝土加固时,新浇混凝土的最小厚度不应小于40mm,用喷射混凝土施工时不应小于50mm。混凝土强度宜比原构件混凝土强度提高一级且不低于C25。

(2) 配制混凝土用的石子宜用坚硬耐久的卵石或碎石,最大粒径不宜大于20mm。当新浇混凝土层厚度小于100mm时,可采用小石子混凝土或喷射高性能抗拉复合砂浆。在结构尺寸复杂和新浇混凝土施工条件差的情况下,可采用微膨胀或自密实混凝土。

(3) 加固用受力钢筋直径不小于12mm,不宜大于25mm;构造钢筋直径不小于10mm;箍筋直径不宜小于8mm。新增钢筋应按现行《公预规》要求进行设置,并应符合下列规定:

① 加固的受力钢筋与构件的受力钢筋采用短筋焊接时,短筋的直径不应小于20mm,长度不小于5d(d为新增纵筋和原有纵筋直径的最小值),各短筋的中距不大于500mm。

② 当用混凝土围套进行加固时,应设置封闭箍筋。

③ 当用单侧或双侧加固时,应设置U形箍筋。U形箍筋应焊在原有箍筋上,单面焊缝长度为10d,双面焊缝为5d(d为U形箍筋直径)。U形箍筋还可焊在增设的锚筋上,或直接伸入锚孔内锚固,锚筋直径d不应小于10mm,锚筋距构件边沿不小于3d且不小于40mm,锚筋锚固深度不小于10d,并采用环氧砂浆将锚筋锚于原构件内,钻孔直径应大于锚钉直径4mm。几种梁的增大截面示意图如图4-3-1所示。

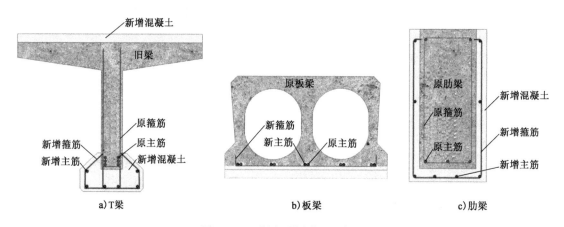

图 4-3-1 几种梁的增大截面示意图

二、施工要点

外包混凝土加固的施工过程,应遵循下列工序和原则。为了加强新、旧混凝土的结合,应对原构件混凝土存在的缺陷清理至密实部位,并将构件表面凿毛,要求打成麻坑或沟槽,沟槽深度不宜小于6mm,间距不宜大于箍筋的间距或200mm。当采用三面或四面外包方法加固桥梁构件时,应将构件的棱角敲掉,同时应除去浮渣、尘土(图4-3-2、图4-3-3)。

对于板梁,主要考虑增设板梁底面的加强主筋和截面;对于T形梁除考虑增设梁底主筋和截面外,还须考虑设置套箍,二者施工步骤有一定区别。

图 4-3-2　拱肋底部钢筋布置　　　　　图 4-3-3　梁侧箍筋布置

采用板梁增大截面和配筋加固法时,主要应考虑梁的抗弯截面强度不足,需在其受拉区增设补强主筋,并使之与原主筋能够连接牢固,共同工作。施工步骤如下:

(1)凿槽、配设补强钢筋。先沿着原构件底部主筋部位下面凿槽,槽不宜过宽过深,以不影响补强钢筋的放置及焊接为度,并尽量减少原主筋周围混凝土的握裹力损失。凿好槽后,剪断原有钢筋后设置补强钢筋。

(2)将补强钢筋与原主筋焊接。焊接时一般可采用焊一段空一段的间断焊接方式(焊缝长 60~80mm),以免温度过高影响混凝土质量。剪断的箍筋可焊在补强钢筋上,使其形成较为牢固的钢筋骨架。

(3)将板梁底部混凝土表面凿毛、洗净。为保证新旧混凝土的结合,减少因变形而产生的结合裂缝,在喷涂砂浆或浇筑混凝土前,应用高压水冲除结合部位的余灰,并使其湿润。

(4)喷涂或浇筑砂浆或混凝土覆盖层,以形成新旧钢筋混凝土结合良好的断面。混凝土或砂浆覆盖层不宜太薄,厚度应符合钢筋混凝土截面保护层的要求。

(5)加强新浇水泥砂浆层或混凝土层的养生工作,避免因过早行车而影响工程质量。

(6)为避免影响桥下通航通车,可采用悬挂式脚手架的形式进行施工。

T 形梁增大截面和配筋加固一般是在梁底及腹板加设钢筋(梁的竖向设钢筋箍以加强抗剪能力),然后喷涂或浇筑一层砂浆或混凝土以增大梁截面,施工步骤如下:

(1)将梁底面的混凝土保护层凿除,将两侧腹板表面凿毛,要求将表面砂浆凿出粗纹,露出石子颗粒。凿毛后随即进行焊接钢筋及浇筑混凝土的工作,以免凿毛部位污染,影响新旧混凝土的结合。

(2)在暴露的原有主钢筋上焊接需要的补强钢筋,通过计算确定补强筋的尺寸与数量。

(3)在侧面腹板上设置需要补强的钢筋箍,通过计算确定钢筋箍的距离。

(4)用埋入梁中的销钉将钢筋箍固定,并用铁丝与纵向加固钢筋扎接起来(或焊接)。钢筋箍的上端应埋入主梁中。

(5)立模浇筑小石子混凝土,并恢复保护层。

这一加固方法不仅适用于梁桥,对有些拱桥也是适用的,如双曲拱桥在拱肋刚度不足或拱肋严重破损的情况下,对拱肋采用增大截面和配筋加固的方法。

任务4.4 粘贴钢板加固法

粘贴钢板法是用环氧树脂系列黏结剂将钢板(或钢筋)粘贴在钢筋混凝土结构物的受拉缘或薄弱部位,使之与原结构物形成整体共同受力,以提高其抗弯、抗剪能力及刚度,改善原结构的钢筋及混凝土的应力状态,限制裂缝的进一步发展,从而提高桥梁的承载能力与耐久性的加固方法。

粘贴钢板加固法施工简便、周期短。粘贴所占空间小,不减小桥梁净空。粘贴加固部位、范围与强度可视需要灵活设置,可在不影响或少影响交通的情况下施工。钢板起到了补强钢筋的作用,提高了桥梁的承载能力与耐久性。但是黏结剂的质量及耐久性是影响加固效果的关键因素,应充分重视。另外,加固钢板容易锈蚀,必须进行严格的防锈处理。

设计时,根据构件需要,在不同部位粘贴钢板,可提高构件的抗弯、抗剪和抗压性能。

(1)为了提高桥梁结构的抗弯能力,在构件受拉边缘表面粘贴钢板,使其与结构形成整体受力。设计钢板长度时,应将钢板的梁端延伸到低应力区,以减少钢板锚固端的黏结集中应力,防止黏结部位出现裂缝或粘贴钢板拉脱现象(图4-4-1)。

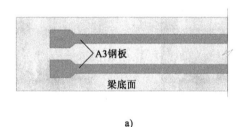 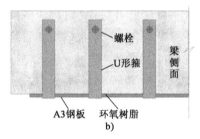

图4-4-1 在梁底粘贴纵向钢板加固

(2)在箱梁、T梁(或工字梁)梁腹粘贴斜向钢板可使钢板与混凝土整体受力,提高主梁的整体刚度与抗剪强度。为防止梁体内原有钢筋或预应力钢索的锈蚀,粘贴钢板前应先在裂缝处灌入环氧树脂浆液,先封闭裂缝后再贴钢板,加固示例见图4-4-2。

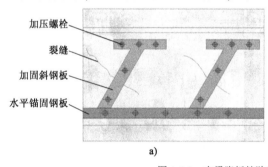 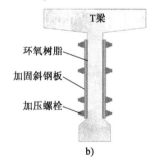

图4-4-2 在梁腹板粘贴斜向钢板

(3)在悬臂梁牛腿处或挂梁端部粘贴钢板可增强构件的抗剪强度(支座、牛腿处出现裂缝时),钢板通常为块状[图4-4-3a)]或带状[图4-4-3b)]。带状钢板设置方向一般与主拉应力方向平行(即与剪切裂缝方向垂直),跨缝布置上下端设水平锚固板,以提高端部的锚固强度,钢板厚度一般为10~15mm。

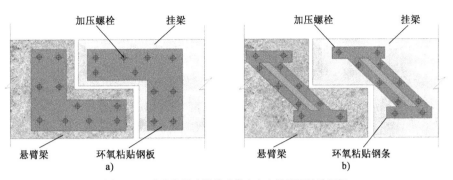

图 4-4-3 在悬臂梁牛腿处或靠支座主梁腹板粘贴钢板

一、构造要点

采用直接涂胶粘贴的钢板厚度不应大于5mm;钢板厚度大于5mm时,应采用压力注胶黏结。对钢筋混凝土受弯构件进行正截面加固时,钢板宜采用条带粘贴,钢板的宽厚比不应大于50。

(1)在受拉区当粘贴的钢板,延伸至支座边缘仍不满足最小延伸长度的要求时,应采取下列锚固措施:

①对梁,应在延伸长度范围内均匀设置U形箍(图4-4-4),且应在延伸长度的端部设置一道加强箍。U形箍应伸至梁翼缘板底面。U形箍的宽度,对端箍不应小于200mm;对中间箍不应小于受弯加固钢板宽度的1/2且不应小于100mm。U形箍的厚度不应小于受弯加固钢板厚度的1/2。U形箍的上端应设置纵向钢压条;压条下面的空隙应加胶粘钢垫块填平。

②对板,应在延伸长度范围内通长设置垂直于受力钢板方向的压条。压条应在延伸长度范围内均匀布置,且应在延伸长度的端部设置一道。钢压条的宽度不应小于受弯加固钢板宽度的3/5,钢压条的厚度不应小于受弯加固钢板厚度的1/2。

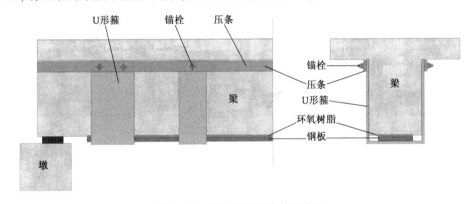

图 4-4-4 梁粘贴钢板端部锚固措施

(2)当采用钢板对受弯构件负弯矩区进行正截面承载力加固时,应采取下列构造措施(图4-4-5):

①对负弯矩区进行加固时,钢板应在负弯矩包络图范围内连续粘贴;其延伸长度的截断点应按规范确定。

②对无法延伸的一侧,应粘贴钢板压条进行锚固。钢压条下面的空隙应加胶粘钢垫块填平。

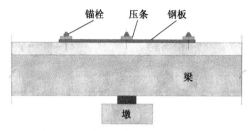

图 4-4-5 负弯矩区粘贴钢板端部锚固措施

(3)当加固的受弯构件需粘贴一层以上钢板时,相邻两层的截断位置应错开一定距离,错开的距离不应小于300mm,并应在截断处加设U形箍(对梁)或横向压条(对板)进行锚固。

(4)当采用钢板进行斜截面承载力加固时,应粘贴成斜向钢板、U形箍或L形箍(图4-4-6)。斜向钢板和U形箍、L形箍的上端应粘贴纵向钢压条予以锚固。

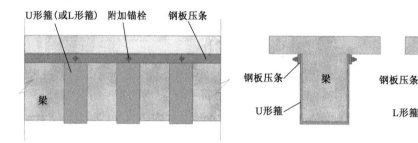

图 4-4-6 钢板抗剪箍及其粘贴方式示意图

(5)直接涂胶粘贴钢板宜使用锚固螺栓,锚固深度不应小于6.5倍螺栓直径。螺栓布置的间距应满足下列要求:

①螺栓中心最大间距为24倍钢板厚度;最小间距为3倍螺栓孔径。

②螺栓中心距钢板边缘最大距离为8倍钢板厚度或120mm中的较小者。最小距离为2倍螺栓孔径。

如果螺栓只用于钢板定位或粘贴加压时,不受上述限制。

二、材料要求

粘贴钢板加固法对材料要求较高。加固所用的黏结剂,必须黏结强度高、耐久性好、具有一定弹性。胶黏剂的质量对强度影响极大,应认真选择,由于原材料质量、工艺操作变化,不同厂家管理不同,可能生产出来的结构胶质量有较大波动,若质量不佳,粘贴钢板加固梁受力时,容易出现钢板撕脱而破坏。故现场使用的结构胶应经常检验,其强度指标应不低于混凝土强度,但检验结构胶的方法尚无统一标准,只能参照已有经验进行。

(1)被加固混凝土构件的混凝土强度要求等级不应低于C20。

(2)加固所用钢板,一般以Q235钢或Q345钢为宜,粘贴钢板外表面应进行防护处理,表面防护材料对钢板及胶黏剂应无害。

(3)钢板、连接螺栓及焊缝的强度设计值,应按国家标准《钢结构设计规范》(GB 50017—2017)规定采用。

(4)被加固构件处于特殊环境(如高温、高湿、介质侵蚀等)时,应采用耐环境因素作用的胶黏剂,并按专门的工艺要求施工。

三、施工要点

粘贴钢板厚度主要根据结合面混凝土强度、锚固区长度及施工操作要求而定。钢板越厚,所需锚固长度就越长;反之,钢板越薄,相对用胶量就越大,不经济。根据经验,粘贴钢钢板厚度以2~6mm为宜,一般取4mm或6mm。4mm钢板一般采用干粘法(直接涂胶),6mm钢板一般采用湿粘法(压力注胶)。

为了延缓胶层老化,防止钢板锈蚀,钢板及其邻接的混凝土表面应进行密封防水、防腐处理。粘贴钢板加固法施工要点具体要求如下,施工流程见图4-4-7。

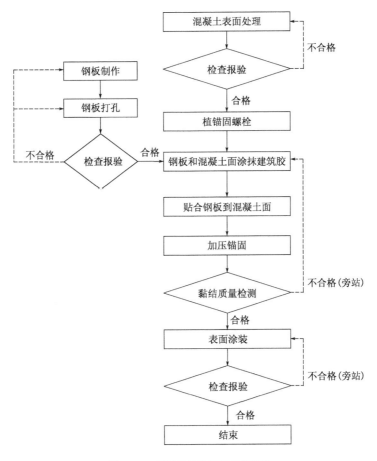

图4-4-7 干粘法粘贴钢板工艺流程

1. 结构表面处理

(1)混凝土表面裂缝处理。

在进行粘贴钢板前,先期进行裂缝封闭或灌封工作,处理完成且达到养护时间后,再清理粘贴钢板的混凝土区域(裂缝处理见项目5)。

(2)混凝土表面清理。

钢筋外露锈蚀的,应进行除锈处理,并刷涂锈漆。

混凝土表面有破损、剥落,凹凸不平的,应将破损混凝土凿除、磨平,然后结构胶修补。

粘贴钢板的混凝土区域,应去除油污等异物,打磨凸角。如图4-4-8所示。

设计要求钢板与混凝土表面平齐的,凿除需粘钢区混凝土表面6~8mm厚的表层砂浆,使坚实的混凝土石外露,并形成平整的粗糙面,用钢丝轮清除表面浮浆,剔除表层疏松物。

根据设计图纸的要求,直接粘贴钢板的,则结合现场测量定位,在需粘钢加固的混凝土表面放出钢板位置大样,然后进行黏合面的处理。

(3)混凝土黏合面表面处理。

用斩斧在粘合面上依次轻斩混凝土表面,斩斧纹路应与受力方向垂直,除去表层 2~3mm 以露出砂石新面,并除去粉粒(用无油压缩空气吹除或用毛刷扫除表面粉粒);用无油棉丝蘸丙酮擦拭混凝土黏合面,除去油污;保持混凝土黏合面干燥清洁状态。如图 4-4-9 所示。

图 4-4-8　打磨

图 4-4-9　凿毛

(4)结构表面处理结束后,应填写工序质量验收表,经业主现场代表批准后方可进行下一步工序的施工。

2. 钢板制作

(1)钢板下料宜采用工厂自动、半自动切割方法,切割边缘表面光滑,无毛刺、咬口及翘曲等缺陷。

(2)钢板黏合面可用喷砂或平砂轮打磨直至露出金属光泽,打磨纹路应与钢板受力方向垂直或呈菱形,钢板黏结面应有一定的粗糙度;钢板外露面必须除锈至呈现金属光泽并保持干燥(图 4-4-10、图 4-4-11)。

图 4-4-10　钢板打磨

图 4-4-11　打磨效果(菱形)

(3)按锚栓设计位置对钢板进行钻孔。孔的边缘应清除毛刺。

(4)钢板表面处理结束后,应填写工序质量验收表,经业主代表批准后方可进行下一步工序的施工。

3.植锚固螺栓

植锚固螺栓质量应符合附录 A.4 的要求。其施工工艺见图 4-4-12。

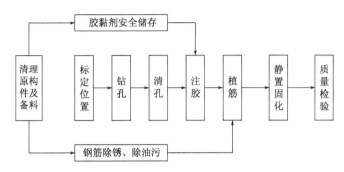

图 4-4-12　植锚固螺栓施工工艺流程图

(1)植螺栓定位、钻孔(图 4-4-13)

①在需安装锚固螺栓的位置用记号笔标做出记号;钻孔前可用钢筋探测仪探测桥梁构件植筋部位钢筋位置,或凿去保护层暴露钢筋,若植筋孔位处存在钢筋,则应适当调整钻孔位置。

②用冲击钻钻孔,钻头的直径应与螺栓直径配套,标尺设定为成孔深度。

③初钻时要慢,待钻头定位稳定后,再全速钻进;钻孔时应尽量减少钻孔时的振动,防止造成蹦边破坏,但必须用凿毛器将孔壁凿毛。

④成孔尽量垂直于植螺栓结构平面,钻孔施工遇到钢筋或预埋件时应立即停钻,并适当移动钻孔孔位;若移动值太大,应及时通知设计单位予以处理。

(2)清洁孔壁(图 4-4-14)

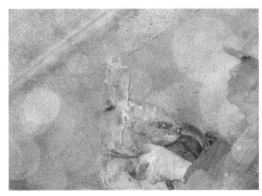

图 4-4-13　钻孔

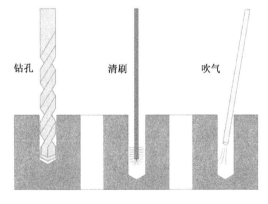

图 4-4-14　钻孔清孔示意图

①植筋孔钻到设计深度后,先将喷嘴伸入成孔底部并吹入洁净无油的压缩空气,向外拉出喷嘴,反复 3 次。

②将硬毛刷插入孔中,往返旋转清刷 3 次。

③再将喷嘴伸入钻孔底部吹气,向外拉出喷嘴,反复 3 次。

④对要植入螺栓上的锈迹、油污进行除锈与清理,植螺栓前用丙酮或工业用酒精擦拭孔壁、孔底和植入螺栓。

(3)注胶

注胶前,须详细阅读植筋(螺栓)胶使用说明书,掌握其正确的使用方法,查看胶的有效期,过期不能使用;当环境条件(温度、湿度)不满足时,应停止施工;检查植筋(螺栓)孔是否干净、干燥。

植筋用胶黏剂应采用专用灌注器或注射器进行灌注,灌注量一般为孔深的2/3,并应保证在植入钢筋后有少许胶黏剂溢出。

(4)植入锚固螺栓

①将加工好并除锈后的锚固螺栓轻旋入至孔底,锚固螺栓插入要缓慢,防止黏结剂在锚固螺栓的快速挤压下喷出,造成锚固螺栓与胶体之间不能完全紧密结合。

②锚固螺栓插到孔底后,调整好外露部分位置,用绑丝或其他方法固定好锚固螺栓,应用钢板条模板定位钢筋。

③注入胶黏剂后应立即单向旋转插入螺栓,直至达到设计的深度,并保证植入螺栓与孔壁间的间隙基本均匀,校正螺栓的位置和垂直度。

(5)养护

在不低于5℃的环境温度下养护30min,静置固化胶黏剂完全固化前,不得触动或振动已植螺栓,以免影响其黏结性能。

(6)其他

植筋结束后,应填写工序质量验收表,经业主代表批准后方可进行下一步工序的施工。

4. 安装钢板

(1)钢板上配套打孔。

根据设计图纸进行钢板下料,并根据混凝土上实际的钻孔位置对所要粘贴的钢板进行配套打孔。打孔完成后,焊接钢板接缝实现钢板的接长(应在钢板安装前完成,严禁钢板安装后再进行钢板焊接)。打孔完成后宜进行试贴(图4-4-15)。

(2)配置胶黏剂。

选择满足规范要求的胶黏剂,按照其配比说明配置胶黏剂,使用易散热的宽浅软塑料(聚乙烯)盆或筒作为盛器,容器内不得有水和油污,保持清洁。先放入称好需要量的甲组料,然后放入与甲组料相对应的、事先称好的一定量的乙组料;必须充分拌和,拌和可用人工,也可用电动搅拌器拌和,一般以后者为好,省力,易拌均匀。搅拌应按同一方向进行,避免产生气泡,搅拌时,应避免水分进入容器(图4-4-16)。

(3)涂胶安装钢板。

钢板的粘贴应选择在干燥的环境下进行。

将新鲜配好拌和均匀的胶黏剂用刮刀(铲刀)紧密、均匀地分别涂抹在处理过的混凝土黏合面上,使之充分浸润。

将配好的胶黏剂均匀地涂抹在清洁的混凝土和钢板条黏结面上。立面涂胶应自上而下地进行(图4-4-17)。

钢板条黏结面上的抹胶可中间厚两边薄,板的中央涂抹胶的厚度为3~5mm。将钢板平稳对准螺栓孔并迅速拧紧螺帽,使钢板与混凝土紧密黏合,清除挤出的多余胶黏剂。钢板加压的顺序应由中间向两边对称进行。

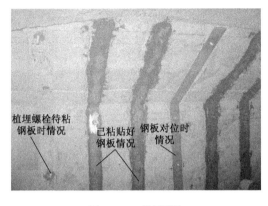

图4-4-15　钢板试贴

图4-4-16　配胶

涂胶饱满程度检查。用铁锤沿粘贴面轻轻敲击钢板,如无空洞声表示已粘贴密实,否则应剥下钢板,返工。

(4)安装锚固螺栓并加压。

钢板粘贴好后立即用特制U形夹具夹紧或反力架撑紧,压力保持为0.05~0.1MPa,以使胶液刚从钢板边缝挤出为度(图4-4-18)。

图4-4-17　涂胶

图4-4-18　安装锚固螺栓并加压

(5)固化时间及粘贴质量检查。

拌和的胶黏剂基本固化时间约24h,此后方可受力。

固化后,应用小锤轻轻敲击钢板,从音响判断黏结效果,黏结面积应为100%,否则此黏结件不合格,应剥下重新粘贴或采取有效措施补粘或补强。

(6)钢板厚度大于5mm时,采用压力注胶黏结,先用封边胶将钢板周围封闭,留出排气孔,在钢板低端粘贴注浆嘴并通气试漏后,以不小于0.1MPa的压力压入胶黏剂,当排气孔出现浆液后停止加压,并用封边胶封堵,再以较低压力维持10min以上。

(7)切除锚固螺栓头。

螺栓头的切除必须采用冷切工艺,不得采用氧割或气割,不得敲击螺栓头,以保证钢板粘贴质量不受影响。

螺栓头的切除必须在钢板粘贴检查合格后进行。

(8)植筋结束后,应填写工序质量验收表,经业主代表批准后方可进行下一步工序的施工。

5. 钢板防腐处理

粘贴加固的钢板应按照设计的要求进行防腐处理,对于常规的情况可在钢板表面粉刷水泥砂浆保护,如钢板面积较大,为了有利于砂浆黏结,可粘一层钢丝网或点粘一层豆石,并在抹灰时粉刷一道混凝土界面剂。水泥砂浆的厚度:对于梁不应小于20mm,对于板不应小于15mm。

6. 施工要求

粘贴钢板加固法的施工要求比较严格。严格控制施工温度,以15~28℃为宜,温度偏低时,应采用一定加温措施。严格控制胶结材料的配合比,必要时辅以稀释剂、增塑剂、固化剂等外加剂。需粘贴钢板处的混凝土表面应清凿平顺(使混凝土粗集料出露为宜)。

用于粘贴的钢板可用钢丝刷或喷砂彻底除锈,并使表面有一定粗糙度。粘贴时应保证环氧砂浆饱满。一般在混凝土表面及钢板表面分别涂刷一层均匀的环氧砂浆薄层,合计层厚约2mm,然后加压使之密贴并使之固定(黏结剂固化前应有措施使钢板固定并夹紧)。

粘贴钢板前应在混凝土上钻孔并安装锚固螺栓(兼作固定件和压紧件),要求埋设牢固,具有可靠的抗拔力,以保持粘贴钢板时有效地加压,同时还可帮助钢板克服剪切变形,有利于粘贴钢板的耐久性,此外还应对钢板外表面进行防锈处理和被加固部位构件的外观处理。

黏结剂应密封保存、远离火源并避免阳光直接照射。施工人员应穿工作服,戴防护口罩和手套,施工现场应保护良好的通风。

任务4.5 粘贴碳纤维加固法

粘贴碳纤维加固法是利用黏结剂将碳纤维增强复合材料(CFRP)粘贴在混凝土构件表面,如图4-5-1所示。当结构荷载增加时,碳纤维布因与混凝土协调变形而共同受力,从而提高了混凝土构件的承载能力与刚度,对构件起到了加固作用。

图4-5-1 碳纤维加固法示意图

粘贴碳纤维加固法可用来加固主梁、墩台等承重构件,也可用来加固非承重构件。碳纤维片材主要用于混凝土桥梁的基本构件和节点的加固补强中,以提高构件的抗弯承载力、抗剪承载力以及受压构件的轴向抗压承载力,提高构件的刚度以及延性等。此外可用于控制混凝土构件裂缝宽度的发展。

碳纤维片材(特别是碳纤维布)质量轻且厚度薄,具有一定柔度,可在混凝土桥的某些部位灵活粘贴加固。碳纤维布粘贴与加固的常见形式见表4-5-1。

碳纤维布粘贴与加固的常见形式　　　　　表 4-5-1

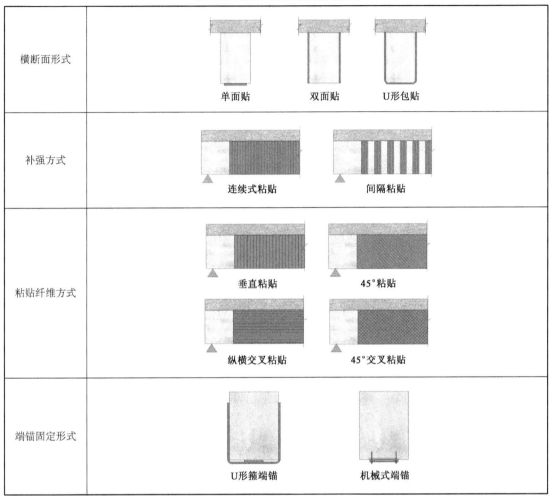

一、构造要求

1. 加固设计要求

(1) 碳纤维加固法适用于钢筋混凝土受压柱,以提高延性、耐久性的加固;亦可用于梁、板的加固。

(2) 采用碳纤维加固受压柱时,原构件混凝土强度等级不宜低于 C15。采用碳纤维复合材料加固梁、板时,混凝土强度等级不宜低于 C25;混凝土表面的黏结强度应满足拉拔试验要求。

(3) 采用碳纤维加固时,必须将碳纤维与构件牢固地粘贴在一起,变形协调共同受力。

(4) 加固时宜卸除作用在结构上的部分荷载。

(5) 结构设计计算,必须进行分阶段受力和整桥结构验算。

(6) 加固后构件的承载能力由原构件中受拉钢筋(预应力钢束)或受压混凝土达到其强度设计值控制。

(7) 采用碳纤维加固受弯构件时,其破坏形式应为正截面破坏先于斜截面破坏。

(8)墩柱延性不足时,应采用全长无间隔环向连续粘贴碳纤维加固,即环向围束法加固。

(9)必要时应采取可靠的锚固措施。

2. 构造要求

(1)碳纤维宜粘贴成条带状,非围束时板材不宜超过2层,布材不宜超过3层。

(2)对钢筋混凝土柱进行粘贴碳纤维加固时,条带应粘贴成环形箍,且纤维方向应与柱的纵轴线垂直。

加固大偏心受压构件,可将碳纤维粘贴于构件受拉区边缘混凝土表面,纤维方向应与柱的纵轴线方向一致。

加固受拉构件,纤维方向应与构件受拉方向一致。

梁的受拉区两侧粘贴碳纤维进行抗弯加固时,粘贴高度不宜高于1/4梁高。

采用封闭式粘贴或U形粘贴对梁、柱构件进行斜截面加固,纤维方向宜与构件轴线垂直或与其主拉应力方向平行。

(3)碳纤维沿纤维受力方向的搭接长度不应小于100mm;当采用多条或多层纤维复合材加固时,其搭接位置应相互错开。

(4)当碳纤维绕过构件(截面)的外倒角时,构件的截面棱角应在粘贴前打磨成圆弧面(图4-5-2)。圆弧半径,梁不应小于20mm;柱不应小于25mm。对于主要受力碳纤维不宜绕过内倒角。

(5)粘贴多层碳纤维加固时,宜将碳纤维逐层截断,并在每层截断处最外侧加压条,其粘贴形式采用内短外长式,见图4-5-3。

图4-5-2 外倒角粘贴

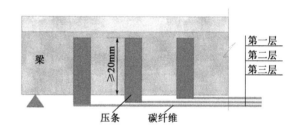
图4-5-3 多层碳纤维粘贴构造

(6)采用碳纤维对钢筋混凝土梁或柱的斜截面承载力进行加固时,其构造应符合下列规定:

①宜选用环形箍或加锚固的U形箍;仅按构造需要设箍时,也可采用一般U形箍。

②U形箍的纤维受力方向应与构件轴向垂直。

③一般情况下,在梁的中部应增设一道纵向中压带。

3. 柱的加固

(1)沿柱轴向粘贴碳纤维加固时,应有足够的锚固长度。必要时可在碳纤维两端增设锚固措施。

(2)采用碳纤维的环向围束对钢筋混凝土柱进行延性加固时,其构造应符合下列规定:

①环向围束的碳纤维层数,对圆形截面不应少于2层,对矩形截面不应少于3层。

②环向围束上下层之间的搭接宽度不应小于50mm,纤维织物环向截断点的延伸长度不

应小于200mm,且各条带搭接位置应相互错开。

4. 梁和板加固

对梁、板进行抗弯加固时,可在碳纤维两端设置U形箍或横向压条。其切断位置距其充分利用截面的距离不应小于按式(4-5-1)计算得出的黏结长度 l_d(图4-5-4)。

$$l_d = \frac{E_f \varepsilon_f A_f}{\tau_f b_f} + 200 \qquad (4\text{-}5\text{-}1)$$

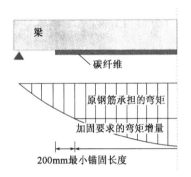

图4-5-4 碳纤维的粘贴延伸长度

式中:l_d——碳纤维从强度充分利用截面向外延伸所需的黏结长度(mm);

ε_f——充分利用截面处碳纤维的拉应变;

τ_f——碳纤维与混凝土间的黏结强度设计值,一般取0.5MPa;

b_f——受拉面上粘贴的碳纤维的宽度(mm)。

当碳纤维延伸至支座边缘仍不满足黏结长度 l_d 的规定时,应采取以下锚固措施:

(1)对于梁,在碳纤维延伸长度范围内至少应设置两道碳纤维U形箍锚固(图4-5-5)。U形箍宜在延伸长度范围内均匀布置,且在延伸长度端部必须设置一道。U形箍的粘贴高度宜伸至顶板底面。每道U形箍的宽度不宜小于受弯加固碳纤维宽度的1/2,U形箍的厚度不宜小于受弯加固碳纤维厚度的1/2。

(2)对于板,在碳纤维延伸长度范围内至少设置两道垂直于受力纤维方向的压条(图4-5-5)。压条宜在延伸锚固长度范围内均匀布置,且在延伸长度端部必须设置一道。每道压条的宽度不宜小于受弯加固碳纤维条带宽度的1/2,压条的厚度不宜小于受弯加固碳纤维厚度的1/2。

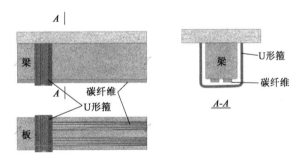

图4-5-5 抗弯加固时碳纤维端部附加锚固措施

(3)当碳纤维的黏结长度小于按公式(4-5-1)计算所得长度的1/2时,应采取可靠的附加机械锚固措施。

二、材料要求

粘贴碳纤维加固的施工材料主要有碳纤维片材或碳纤维板材、底涂胶、找平胶和粘贴胶等。

1. 碳纤维材料

加固混凝土构件所用的碳纤维布,是由碳纤维长丝经编织而制成的柔软片材。碳纤维布在编织时,将大量的碳纤维长丝沿一个主方向均匀平铺,用极少的非主方向碳纤维丝将主方向碳纤维丝编织连接在一起,形成很薄的以主纤维方向受力的碳纤维布。碳纤维布的抗拉强度一般可达到 3550MPa,弹性模量为 2.35×10^5 MPa。根据碳纤维布的品质不同,其厚度为 $0.11 \sim 0.43$ mm,幅宽为 $20 \sim 100$ cm,卷材长度为 $50 \sim 100$ m。除此之外,还有一种叫碳板的材料,较布材厚,厚度在 1.2mm 以上,性能与布材相似。

2. 黏结材料

黏结材料的性能是保证碳纤维布与混凝土共同工作的关键,也是两者之间传力途径中的薄弱环节。黏结材料应有足够的刚度与强度,以保证碳纤维与混凝土间剪力的传递,同时应有足够的韧性,以避免因混凝土开裂导致脆性黏结破坏。黏结材料还应能在一般气候条件下固化,且固化时间合适(一般保证有 3h 左右),对组分含量不敏感,具有适宜的流动性和黏度,固化收缩率小。黏结材料主要包括底涂胶、找平胶、浸渍树脂和罩面胶四种,详见图 4-5-6。

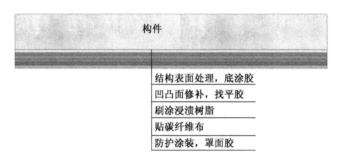

图 4-5-6 粘贴碳纤维布各层材料示意图

(1)底涂胶:在处理好的混凝土表面,涂一层很薄的底涂胶,既可以浸入混凝土表面,强化混凝土表面强度,又可以改进胶结性能,使混凝土与碳纤维布能够更好地黏结。底涂胶必须具有很低的黏度,以及与混凝土良好的黏结性能,以便涂刷后,胶黏剂能渗入混凝土结构中。为保证性能,应尽量避免使用溶剂型胶。

(2)找平胶:加固补强处的混凝土表面有锐利突起物、错位和转角部位等都可能降低碳纤维布补强效果。若经过基底处理仍未彻底清除,应在涂敷底层涂胶指触干燥后,用找平胶进行找平。找平胶应具有优良的力学性能以及良好的施工性能与触变性能。找平胶应易于施工操作,且不随时间的延长出现明显的变形。

(3)浸渍树脂(粘贴主胶):是连接底胶与碳纤维布,在黏结材料中起着至关重要作用的关键材料。浸渍树脂应具有一定的黏度,防止粘贴的碳纤维布塌落而形成空洞或空隙。浸渍树脂应具有良好的触变性,易于施工且不会发生明显的滴淌现象。浸渍树脂应具有良好的渗透性与相容性,以利于浸透碳纤维布,形成复合性整体,共同抵抗外力作用。

(4)防护涂装(罩面胶),保证施工表面的美观和碳纤维布的完好。所选材料应能涂敷在碳纤维布表面,不脱层、不掉落,能长期在冷热干湿的空气中稳定,能防止复合材料被紫外线直接照射。罩面材料的选择范围较大,丙烯酸体系、聚氨酯体系、不饱和聚酯体系、有机硅、有机氟体系等都适合。

三、施工要点

粘贴碳纤维片材的施工工艺主要是混凝土进行粘贴面处理并修补找平、涂胶、粘贴碳纤维片材,粘贴碳纤维加固法的施工流程见图4-5-7。

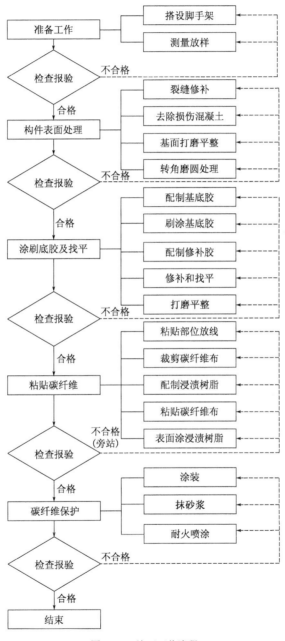

图 4-5-7 施工工艺流程

1. 构件表面处理

(1)应按设计要求对裂缝进行灌注或封闭处理,其施工工艺应符合《公路桥梁加固施工技术规范》(JTG/T J23—2008)的相关规定。裂缝或打除部分若有漏水情形时,应先做好止水、导水处理,待完全干透后方可施工。

(2)若有钢筋外露情形,必须先做好防锈蚀处理,再以强度相等或大于混凝土的环氧树脂砂浆材料修补。

(3)将混凝土表面剥落、疏松、蜂窝、腐蚀等劣化部分清除,如有破损、残缺的,应凿除到结构密实部位,并使其表面平整。对清除面进行打磨、清洗,待表面完全干燥后,用修补材料将混凝土表面凹凸部位修复平整(图4-5-8)。

(4)一般混凝土表面用混凝土角磨机、砂轮(砂纸)等工具,去除混凝土表面的浮浆、油污等杂质,直至完全露出新鲜面。如果有毛刺,应用砂纸打磨。找平面用手触摸感觉干燥后,才能进行下一工序的施工(图4-5-9)。

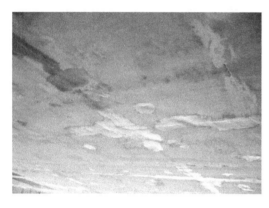

图4-5-8 缺陷处环氧树脂砂浆找平　　　　图4-5-9 混凝土表面打磨

(5)结构或构件表面打磨后,用吹风机将表面灰尘和杂物清理掉,或用有机溶剂清洗,并使表面充分干燥。

(6)结构表面处理结束后,应填写工序质量验收表,经业主现场代表批准后方可进行下一步工序的施工。

2. 涂刷底胶

(1)按产品供应商提供的工艺要求配制底层树脂。调制好的底胶应及时使用。用一次性软毛刷或特制滚筒将底胶均匀涂抹于混凝土表面,不得漏刷、流淌或有气泡。待底胶固化后检查涂胶面,如涂胶面上有毛刺,应用砂纸打磨平顺,如胶层被磨损,应重新涂刷(图4-5-10)。

(2)用滚桶刷或毛刷将胶均匀涂抹于混凝土构件表面,厚度不超过0.4mm,并不得漏刷或有流淌、气泡。等胶固化后(固化时间视现场气温定,以手指触感干燥为宜,一般不小于2h),再进行下一道工序。

(3)底胶固化后应尽快进行下一道工序,若涂刷时间超过7d,应清除原底胶,用砂轮机磨除,重新涂抹。

(4)涂底胶结束后应填写工序质量验收表,经业主现场代表批准后方可进行下一步工序的施工。

3. 找平处理

(1)应按产品生产厂家提供的工艺条件配制修补胶。

(2)混凝土表面凹陷部位应用刮刀嵌刮修补胶修补填平,模板接头等出现高度差的部位应用找平材料填补或打磨平整,尽量减少高差,不应有棱角(图4-5-11)。

图4-5-10 涂刷底胶

图4-5-11 刮平找平

(3)粘贴处阳角应打磨成圆弧状,阴角以找平材料填补成圆弧倒角,圆弧半径梁不应小于20mm,柱不应小于25mm。

(4)括抹找平胶,找平胶须固化后(固化时间视现场气温而定,以手指触感干燥为宜,一般不小于2h),方可再进行下一道工序(图4-5-12)。

4. 粘贴碳纤维片材

(1)在待加固的混凝土表面按照设计图纸放样,确定碳纤维各层的位置。

(2)按设计尺寸裁剪碳纤维布。下料时宜一次性下足尺寸,如有搭接,搭接长度不小于100mm。搭接位置宜避开主要受力区。如采用碳纤维板材,按设计要求的尺寸裁剪碳纤维板,下料一次性下足尺寸,不宜搭接。

(3)碳纤维材料表面严禁污染。裁剪操作台必须干净整洁,碳纤维片材表面的粉尘、油污、水渍等必须擦拭干净。如需粘贴两面时,对底层的碳纤维布两面均应擦拭干净。裁剪的纤维布材必须呈卷状妥善摆放并编号,已裁剪的碳纤维应尽快使用。

(4)按产品供应商提供的工艺要求配制浸渍树脂。粘贴碳纤维前,应对混凝土表面再次擦拭,确保粘贴面无粉尘。混凝土表面涂刷胶黏剂时,应做到胶体不流淌;胶体涂刷不出控制线;涂刷均匀。在搭接、拐角部位适当多涂抹一些(图4-5-13)。

图4-5-12 括抹找平胶

图4-5-13 涂刷浸渍胶

(5)擦拭干净碳纤维布后,立即涂刷黏结树脂,树脂应呈起伏状,平均厚度应不小于2mm。粘贴两层以上碳纤维布时,应连续粘贴。如不能立即粘贴,在开始粘贴前,应对碳纤维布重新擦拭干净。

(6)将碳纤维布贴到涂抹有浸渍树脂的构件表面上,然后用专用滚筒在碳纤维布表面沿同一方向,不能回滚。如有回滚,必须撕下来重新粘贴。反复滚压至树脂渗出碳纤维布外表面,挤除气泡,使浸渍树脂充分浸透碳纤维布,确保黏结密实无空洞。当平行粘贴多条碳纤维布时,两相邻板条间隙应不小于5mm(图4-5-14)。

(7)粘贴立面碳纤维片材时,应按照由上到下的顺序进行。用滚筒将碳纤维从一端向另一端滚压,除去胶体与碳纤维之间的气泡,使胶体渗入碳纤维,浸润饱满。选用的滚筒应在滚压过程中不产生静电作用(图4-5-15)。

图4-5-14 展布　　　　　　　　图4-5-15 刷涂面胶

(8)多层粘贴应重复以上步骤,且应在前一层纤维布表面用手指触摸感到干燥后,立即涂胶黏剂粘贴后一层碳纤维。当采用多条或多层碳纤维布加固时,各条或各层碳纤维布的搭接位置应相互错开。

(9)最后一层碳纤维施工结束后,在其表面均匀涂抹一层浸渍树脂(面层防护),自然风干。

(10)对于受弯构件宜在受拉区沿轴向平直粘贴碳纤维进行加固补强,并在主纤维方向的断面端部进行锚固处理。

(11)粘贴碳纤维结束后应填写工序质量验收表,经业主现场代表批准后方可进行下一步工序的施工。

5.碳纤维片材的保护

当碳纤维片材粘贴结束后,应在碳纤维表面防护涂刷表面防护涂料或在碳纤维布涂面胶未干时撒上黄砂,以增加水泥砂浆粉面时的黏结强度(即增加粗度),之后用2cm厚的水泥砂浆将碳纤维布进行保护等防护措施,防止紫外线造成碳纤维老化。

粘贴碳纤维施工的具体要求有:

(1)被加固构件的基面应平整且具有一定强度(一般基面混凝土强度不低于C15)。

(2)加固用的碳纤维布一般不宜采取沿主纤维方向的搭接(特别是对受拉构件和受弯构件受拉区的加固)。搭接部位应避开构件应力最大区段,搭接长度不应小于100mm,且搭接端部应平整无翘曲。多层搭接的各层接口位置不应在同一截面,每层接口位置的净距宜大于200mm。

(3)应注意底涂胶、找平胶、粘贴主胶、罩面胶等胶黏剂间的相容性,施工前应进行相容性试验。

(4)粘贴施工应在气温高于5℃且为晴天时进行。

(5)施工过程应避免在振动过大的构件上进行,如行车引起的振动。

(6)施工人员应穿工作服,戴防护口罩和手套。施工现场应保护良好的通风。

任务4.6 体外预应力加固法

钢筋混凝土梁式桥通常包括简支梁(T形梁、少筋微弯板Ⅰ形组合梁、Ⅱ形梁及板梁等)、悬臂梁和连续梁等。当其存在结构缺陷,尤其是承载力不足或需要提高荷载等级,需要对桥梁主要受力构件进行加固时,可考虑采用体外预应力加固法。

体外预应力(简称体外索)加固是通过增设体外预应力索(包括钢绞线、高强钢丝束和精轧螺纹钢筋)对既有混凝土梁体主动施加外力,以改善原结构受力状况的加固方法。

一、构造要点

体外预应力体系一般由锚具、体外索、锚固块和转向块、减振装置组成(图4-6-1)。

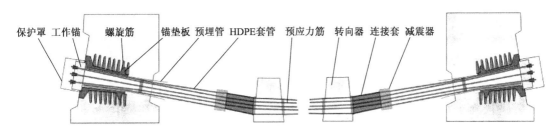

图4-6-1 体外预应力构造

1.一般规定

(1)预应力钢筋(束)可由水平筋(束)和斜筋(束)组成,亦可由通长布置的钢丝束或钢绞线组成。加固中采用的体外索应具有防腐能力,且宜具有可更换性。

(2)转向装置可采用钢部件、现浇混凝土块体或附加钢锚箱结构。转向装置必须与梁体连接可靠,其连接强度必须进行验算。

(3)体外索的自由长度超过10m时应设置定位装置。

(4)当被加固构件的混凝土强度等级低于C25时,不宜采用预应力加固方法。

(5)转向装置的尺寸设计应综合考虑体外预应力产生的径向力大小、体外预应力束的根数及其曲线形状、孔道直径、普通钢筋间距及混凝土保护层等因素。

2.加固计算

(1)体外索加固整体计算应包括:持久状况承载能力极限状态计算、持久状况正常使用极限状态计算、持久状况和短暂状况的应力计算。

(2)体外索加固局部计算内容:转向构造的承载力和抗裂性计算、锚固区的承载力和抗裂性计算、持久状况下的其他局部构件的承载力计算。

(3)具体计算方法可参见《公路桥梁加固设计规范》(JTG/T J22—2008)。

3. 体外预应力筋(束)的布置

体外预应力筋(束)布置方式必须考虑桥梁结构的内力分布状况。体外预应力筋(束)可根据原结构的构造及断面形式布置在梁体的外侧或内侧。

(1)简支梁桥常用的体外预应力布索形式主要有四种,参见图4-6-2。

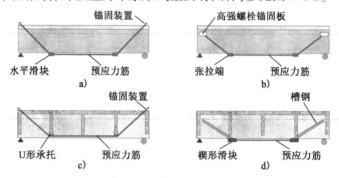

图4-6-2 常用的简支体系的体外预应力布置形式

(2)体外预应力筋(束)由水平和倾斜布置的钢筋、钢绞线或钢丝束组成,两者以滑块相连接[图4-6-2a)、图4-6-2b)];其中的斜向部分可由带楔形滑块的槽钢组成[图4-6-2d)]。当体外索采用图4-6-2c)布置时,在其转折点应设置转向滑块,滑块应固定在主梁的横隔板或横隔梁底面。

(3)体外索的张拉端或锚固端可设在梁底、梁顶或端横隔板根部,亦可将体外索的上锚固端布置在主梁端部腹板两侧。

(4)对箱梁宜将体外预应力筋(束)布置在箱(室)的内侧(图4-6-3)。体外预应力筋(束)沿桥梁纵向长线布置,横桥向应对称(图4-6-4)。

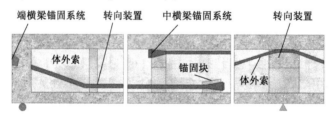

图4-6-3 体外预应力加固束在箱梁内的纵向布束形式

4. T形梁及I形梁加固体系构造

(1)水平滑块:水平滑块由连接斜筋和水平筋(束)的活动滑块、支撑座或固定在梁底的支撑钢板组成。水平滑块通常用钢板制作,其构造形式见图4-6-5。

(2)楔形滑块:楔形滑块一般用钢件焊接,亦可用混凝土结构。可在滑块的斜面(滑动面)上加一层四氟乙烯板或不锈钢板。楔形滑块的构造形式见图4-6-6。

(3)U形承托:U形承托可用钢板弯制而成,套在横隔梁(板)的底部,并用环氧砂浆和锚固螺栓固定在横隔板上,其构造形式见图4-6-7。

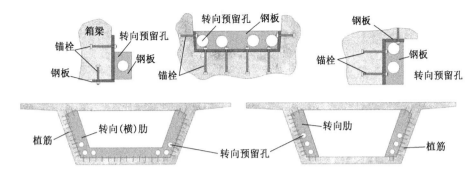

图 4-6-4　体外预应力加固束在箱梁内的横向布束形式

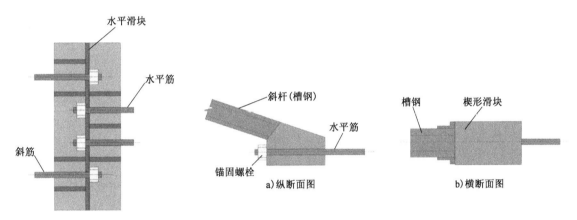

图 4-6-5　水平滑块构造平面　　　　图 4-6-6　楔形滑块的构造

（4）定位器：当体外索自由长度超过 10m 时，应设置定位器（或减振器），其构造见图 4-6-8。

图 4-6-7　U 形承托构造形式　　　　图 4-6-8　水平筋（束）的定位器示意图

5. 箱形梁加固体系的转向构造

（1）箱形梁加固体系的转向、定位及锚固装置设置在箱梁内部时，转向装置应设置符合预应力束弯转角度的弧形转向钢管，其管口应适当扩大。

（2）转向装置可以是整束式，也可以是分束式。整束式转向为预应力束整束在转向钢管中转向，参见图 4-6-9a）。分束式转向为钢绞线按一定次序、间距分散在转向器的截面上，参见图 4-6-9b）。

（3）体外索转向装置包括转向块或转向肋，参见图 4-6-10。转向装置的平面尺寸与体外索的断面尺寸、束数、间距及转向力大小等因素有关。新浇筑混凝土转向装置的厚度不宜小于 800mm。

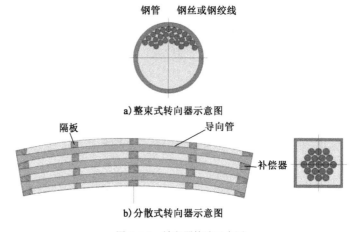

图 4-6-9 转向器构造示意图

（4）混凝土转向块中应设置封闭箍筋，参见图 4-6-10。箍筋宜采用植筋技术与混凝土箱体锚固。箍筋距离转向器上缘的最小距离为 25mm，直径不宜大于 20mm；设置多层封闭箍筋时，层间距不宜小于 50mm；箍筋的纵向间距不小于 150mm。混凝土集料粒径不宜超过 15mm。

（5）设置在箱内的转向块受力较小时，亦可采用钢结构。钢制转向块可通过植筋、锚栓及胶黏剂将其可靠锚固。钢制转向块可参见图 4-6-11。

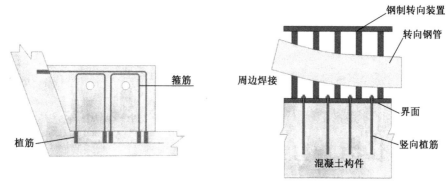

图 4-6-10 混凝土转向块的配筋　　图 4-6-11 钢制转向块

（6）在定位装置中，钢束与护套之间应用隔振材料填实。体外预应力筋（束）的定位及减振装置的构造参见图 4-6-12。后浇筑的混凝土定位（或减振）装置的厚度不宜小于 400mm。

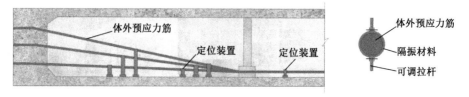

图 4-6-12 体外预应力的定位及减振装置构造示意图

（7）锚固块的平面尺寸按锚具布置要求确定。锚固块内钢束不转向时，锚块长度可按锚固力传递至箱梁腹板和顶底板所需长度取值。

二、施工要点

1. 预应力钢筋加工与运输

(1) 预应力所用的粗钢筋、钢绞线等预应力材料在下料安装之前要密封包裹,防止锈蚀。

(2) 运输过程中要防止钢材之间相互碰撞而变形损坏。预应力材料必须保持清洁,在存放和搬运过程中应避免机械损伤和锈蚀。如材料进场后需长时间存放,必须安排人员定期进行外观检查。仓储保管时,仓库应干燥、防潮、通风良好、无腐蚀性气体和介质;室外保管时,时间不宜超过 6 个月,不得直接堆放在地面上,必须采取下面垫以枕木并在其上用防雨布覆盖等有效措施,避免受雨水、露水和各种腐蚀性气体、介质的影响。

(3) 钢绞线、精轧螺纹钢筋应采用切断机或砂轮锯切断,不得采用电弧切割。预应力筋的下料长度应通过计算确定,计算时应考虑张拉设备所需的工作长度、冷拉伸长值、弹性回缩值、张拉伸长值和外露长度等因素。

2. 安装及张拉

(1) 按设计要求增设转向装置或齿板,并安装锚具(图 4-6-13、图 4-6-14)。

图 4-6-13 转向块安装　　　　　　图 4-6-14 锚具安装

(2) 对称、均衡张拉至设计吨位,施加张拉力次序可为:0→15%→0→50%→80%→100%。张拉方法按《公路桥涵施工技术规范》(JTG/T 3650—2020)的相关规定执行(图 4-6-15)。

3. 施工监控

在控制张拉力和伸长量的同时,应对旧桥控制截面和关键位置的应变及主梁挠度进行监控。

4. 齿板、转向块(板)及滑块

(1) 齿板

① 按照设计图纸进行齿板放样,若原结构预应力筋与新增齿板位置冲突时,应经设计方同意后方可调整齿板位置。

② 凿除底板混凝土保护层,露出新鲜混凝土面,将混凝土碎渣清理干净,使底板纵向和横向钢

图 4-6-15 张拉

筋外露,并对钢筋除锈。

③按照设计要求植筋。待固化后绑扎齿板钢筋骨架,调准锚具位置及角度。

④立模浇筑齿板混凝土,待混凝土强度达到设计值后方可张拉预应力束。

(2)转向块

新浇混凝土转向块与梁体间连接处须凿毛处理,需植筋时可参照《公路桥梁加固施工技术规范》(JTG/T J23—2008)附录 A 的相关要求执行。

(3)滑块

①当滑块为混凝土构件时,应预留预应力钢筋孔道。

②水平滑块的钢垫板应粘贴在梁的底面。当在水平滑块上设置聚四氟乙烯滑板时,可将其预先粘贴在钢垫板上或滑块的顶面上。水平预应力钢筋的定位座可粘贴在跨中梁底位置。

5.防腐与防护

体外预应力筋张拉结束后应按设计要求进行防腐处理,当体外预应力筋采用成品索,可不采取防腐措施。安装体外索防振装置等。见图 4-6-16、图 4-6-17。

图 4-6-16 体外索密封罩

图 4-6-17 体外索防振装置

思考题

1. 梁桥跨中下挠主要由什么原因造成的?
2. 桥梁上部结构变位表现形式有哪些?如何形成的?
3. 什么是增大截面加固法?加固原理是什么?
4. 何种情况下采用粘贴钢板加固?
5. 描述粘贴钢板施工工艺流程。
6. 粘贴钢板前,混凝土表面如何处理?
7. 何种情况下采用粘贴碳纤维加固?
8. 如何粘贴碳纤维?
9. 描述粘贴碳纤维加固工艺流程。
10. 粘贴碳纤维前,混凝土表面如何处理?
11. 什么是体外预应力加固法?

项目 5　拱桥维护与加固

> **知识目标**
> 1. 熟悉砖、石拱桥常见病害和维修方法、加固方法。
> 2. 熟悉双曲拱桥常见病害、维修、加固方法。
> 3. 熟悉桁架拱桥与刚架拱常见病害、维修、加固方法。
> 4. 了解喷射混凝土加固施工方法和注意事项。

根据主拱圈材料,将拱式桥分为圬工拱桥,钢筋混凝土拱桥(板拱桥、肋拱桥、箱形拱桥),双曲拱桥,刚架拱桥,桁架拱桥,钢 混凝土组合拱桥 6 种类型。本书主要介绍我国使用年限较长、病害较多的圬工拱桥、双曲拱桥、桁架拱桥和刚架拱桥的维修加固方法。

任务 5.1　圬工拱桥加固方法

圬工拱桥是使用圬工材料修建的拱桥,如:石拱桥、砖拱桥、素混凝土拱桥及达不到配筋要求的混凝土拱桥等。

拱桥的承重构件是主拱圈,主要传力构件是拱上建筑和桥面系。圬工拱桥构造见图 5-1-1。

图 5-1-1　圬工拱桥构造(山西丹河大桥)

由于圬工拱桥大多具有就地取材、施工技术简单、成本低的优点,因此在早期缺乏钢筋和施工设备的年代得以大量兴建。近几年,随着交通流量的不断加大,同时这些圬工拱桥又年久失修长期处于自然作用下,大部分圬工拱桥都存在不同程度的病害,需要采取适当的措施进行加固,恢复其承载能力。

一、常见病害

1. 主拱圈裂缝

圬工拱桥裂缝主要有主拱圈的纵向、横向、斜向裂缝，立柱（或立墙）裂缝，腹拱纵向、横向裂缝，侧墙脱裂等，如图 5-1-2 所示。

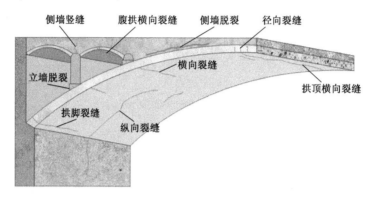

图 5-1-2　圬工拱桥常见裂缝形式

（1）主拱圈横向裂缝

①拱顶横向裂缝：多出现在主拱的拱顶到 $L/4$ 区段，主拱圈下表面出现沿横桥向延伸的较长裂缝，一般有一条或数条，相互大致平行，长短不一（图 5-1-3）。

②拱脚横向裂缝

主拱圈横向裂缝也会发生在拱脚区段，往往是在主拱圈上表面，也会伴随发生该区段主拱圈外侧面上的径向裂缝（图 5-1-4）。

图 5-1-3　1/4 拱横向通长裂缝

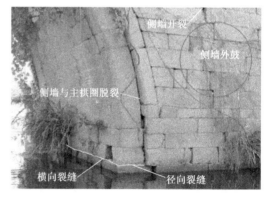

图 5-1-4　拱脚横向裂缝及侧墙外鼓

（2）纵向裂缝

主拱圈（板拱）下表面出现沿桥轴线方向的裂缝。

拱顶的纵向裂缝可能是拱桥整体强度不足、基础不均匀沉降（图 5-1-5）、材料强度差异、荷载引起的侧向力等原因造成。

(3) 斜向裂缝

当主拱圈整体强度不足,或不均匀沉降差,可能向上发展为斜向裂缝(图5-1-6)。

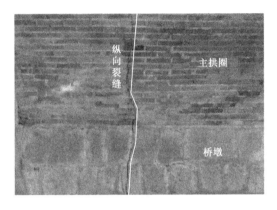

图 5-1-5　主拱圈中下部纵向裂缝

图 5-1-6　主拱圈斜裂缝

2. 主拱圈变形

主拱圈变形一般表现为拱顶下挠或墩顶下沉,在桥面上观察,可见桥面下陷,下雨时跨中桥面可能积水(图5-1-7)。从侧面看,主拱圈不再是一条圆滑的曲线(图5-1-8)。

图 5-1-7　桥面下陷

图 5-1-8　主拱圈变形

桥墩桥台发生水平位移,或发生垂直位移,主拱圈强度偏低,施工时支架刚度不足,或未进行预压等原因,都可能导致主拱圈变形。

3. 拱脚位移

(1) 当拱脚水平推力较大,地基强度不足,发生向外的水平位移(图5-1-9),拱脚位移检查时难以发现,可从主拱圈变形、开裂、桥面变形等缺损现象进行推测。

(2) 地基承载能力不足,或洪水冲刷,桥墩下沉,产生差异沉降,桥台(墩)下沉拱脚下沉,导致主拱圈变形(图5-1-10)。

拱脚大多数在水中或河道边,不便近距离观察和测量,也很少有参照物,一般难以发现,往往是从主拱圈变形和拱顶裂缝来推测是否位移。一旦发生位移,很难进行维修,后果十分严重。

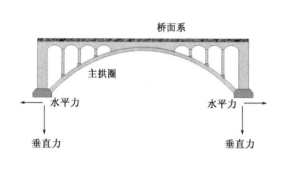

图 5-1-9　拱脚外移示意图　　　　　　　图 5-1-10　拱脚下沉

4. 砌体病害

（1）灰缝松散脱落

主拱圈较大范围内砌体或灰缝断裂、脱落，致使主拱圈表面凹凸不平，部分地方截面面积产生急剧变化，在这些面积急剧变化的地方很可能引起应力集中（图 5-1-11）。

（2）渗水

拱圈渗水的主要病害特征表现为：主拱圈上有多处渗水的现象，并且渗水处伴随着有结晶体的析出，水流从砂浆或圬工石材的缝隙之间流出（图 5-1-12）。

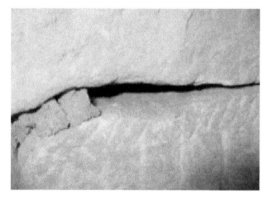

图 5-1-11　灰浆松散脱落　　　　　　　图 5-1-12　灰缝脱落、渗水

（3）砌块断裂

主拱圈强度不足，或荷载过大，或砌块强度不足，造成砌块断裂，砌块断裂一般沿灰缝方向多块断裂（图 5-1-13），形成裂缝。

（4）砌块脱落

拱石脱落的主要病害特征表现为：拱腹局部区段（特别是拱顶段）拱石被压裂后脱落（图 5-1-14）。

图 5-1-13　砌块断裂与竖向裂缝

图 5-1-14　拱顶砌块断裂脱落

二、维修措施

圬工拱桥的修复宜采用与原桥相同的建桥材料,青砖、料石、素混凝土、混凝土预制块等,且不宜掺杂使用。修复拱圈的合龙温度以 10～20℃ 为宜。

车辆通行时若桥梁出现较大振动而其他情况较好时,可考虑增大桥梁刚度。当采用加载、减载加固措施时,必须考虑对邻孔的影响及墩、台的偏心作用,圬工拱桥因拱圈变形、受力不均、基础不均匀沉陷、墩台变位致使跨径变化,或施工不当使拱圈产生裂缝、变位、碎裂等病害时,可采用以下维修加固措施:

(1)若拱圈内腹及两侧出现大面积的严重风化剥落、灰缝脱落时,可先清除剥蚀面,在灰缝内嵌入水泥砂浆或环氧砂浆,再喷涂 1～3cm 厚的 M10 以上水泥砂浆。喷浆可分 2～3 次进行,每隔 1～2 日喷一层,并可加布一层钢丝网,以增强喷涂层强度。

(2)若拱顶附近出现一道贯穿拱宽的裂缝,且裂缝两侧有明显的高差,则应处理墩台中的下沉问题。同时可在缝内先压注水泥砂浆或其他化学浆液,再用水泥砂浆勾缝作为临时处理措施。对于裂缝继续发展的情况,可暂在拱腹内浇筑一层较厚的锚杆钢丝网水泥混凝土内衬。同时应查明裂缝产生的原因,采取相应的加固措施。

(3)若拱顶区段出现 1～2 道贯穿拱宽的裂缝,缝的两侧无明显的高差,但拱顶有较小的下沉,则可视为墩台滑移或转动问题进行处理。可用环氧树脂处理裂缝,在拱脚处加设顺桥向预应力拉杆,减轻桥孔上的静载,或对应地加重邻孔的静载。

(4)若拱顶上凸且拱腹出现贯穿全拱宽的较细小裂纹和压碎裂纹,可认为是墩台滑移和台后土压力过大,此时需减轻台后土压力,增加桥孔上的净重及用钢筋混凝土加厚拱顶和拱脚断面,使拱圈基本归位后再用环氧树脂处理裂纹,并加以勾缝。

(5)若墩台及基础情况基本正常,仅拱圈出现不同程度的碎裂、边角断裂、脱落等现象,可认为是施工质量欠佳或超载所致,宜更换填料为轻质材料,增强桥面铺装的纵横向刚度以减轻或分摊负荷,并及时修复破损的拱圈。

(6)若拱圈出现顺桥方向的裂缝,墩、台帽或帽梁亦断裂,可认为是因墩台基础上下游沉降不均所致,应以处理基础为主。先将裂缝处理并配合在帽梁、墩台两侧加设横桥向的体外预应力钢筋,张拉后用砂浆加以覆盖。也可在拱圈的跨中及 $L/4$ 处加设三道(或多道,视具体情况而定)钢板箍或钢拉杆。因施工质量不良造成的顺桥方向裂缝,可采用环氧树脂等化学浆液进行修补,或对施工不良的部位进行可能的改造。顺桥方向拱圈的各环之间开裂时,可在拱腹内钻孔压入环氧树脂等化学黏结剂或裂缝灌浆剂。

(7)若砌拱圈的个别拱圈石压碎或小区段外凸,可将变异部分挖出,清除修补面上的附着杂屑并冲洗干净后压入不低于C30的混凝土。四分点区段有轻微外凸拉直时,可在该区段内钻出几个梅花形孔洞,压入1∶2的水泥砂浆充填拱背,拱腹进行局部勾缝。当拱顶段出现下沉时,除钻孔压浆充填拱背外,在拱腹一定长度内还可铺挂一层钢丝网并喷涂2～5cm厚的水泥砂浆。

(8)若侧墙产生水平方向的分离,则应开挖拱腔,将填料改为轻质填料或半刚性材料以及加厚侧墙断面。如在垂直方向产生位移,则可能是拱圈发生了较大变形,或跨径增大,在做好相应处理措施后对侧墙裂缝进行灌浆勾缝。

(9)若圬工肋拱因横向刚度不足,肋间结构产生断裂或两肋分离,除对裂缝给予粘贴钢板、勾缝补强维修外,还可在肋的四分点至拱顶区段增设预应力钢筋或钢筋混凝土横系梁,以加强两肋间的横向刚度。肋脚与墩台帽接触的顶面、两侧产生轻微裂缝时,可用环氧砂浆灌浆勾缝;严重的或有继续发展趋势的,可用粗钢筋、型钢锚入墩台帽内,将钢筋或型钢以环氧黏结剂黏附于拱肋脚顶面、侧面,外用环氧混凝土覆盖,并在拱脚段加强横向联结。

(10)若墩、台帽面层出现被肋脚压碎现象,可将肋脚两侧横向锚入粗钢筋,并浇筑梯形混凝土扩大肋脚断面。若肋间的墩台出现竖直裂缝,可在裂缝处粘贴钢筋,其长度应为肋间距加3倍肋宽,外用环氧混凝土覆盖,并加强肋脚处横系梁刚度。若肋间的横向承重结构如拱波、微弯板等跨中出现断裂,可在用环氧砂浆嵌缝后,在拱波(板)的顶面加铺钢筋混凝土板,同时减轻回填料的重度以符合原设计的要求。若腹拱的拱圈石、灰缝出现间断裂缝,或个别拱圈石有下坠趋势时,可用水泥砂浆嵌入裂缝并勾缝,在将坠落的拱圈石两侧以环氧砂浆嵌入勾缝。若已设有伸缩缝,则可通过切锯排除其中阻塞物体。若因墩台下沉变位而引发拱圈破坏,则应重点考虑加固墩台。

(11)干砌或砌体结合差、裂缝较大的拱圈,可采用水泥砂浆填补缝隙来提高砌体强度,对于砌体损坏严重、拱轴严重变形的拱圈必须通过一定的加固措施来提高承载力。

三、加固方法

除前述的维修加固措施外,砖、石拱桥还有一些以下常用的加固方法:

(1)原拱圈下衬拱圈加固法

当拱桥跨径不大且在桥下净空容许,或根据水文资料,桥下泄水面积容许缩小时,可在原有拱圈下类似隧道衬砌的方式增设拱圈,即紧贴原拱圈下侧,植入锚筋,悬挂钢筋网,喷射混凝土或模筑混凝土,形成新拱圈,见图5-1-15。对于石拱桥可局部取石成槽,以提高新老拱圈的共同工作性能。

(2)原拱圈上增设钢筋混凝土拱圈加固

挖开原拱顶填土层直到拱背,洗净修补完善,凿毛,加筑新拱圈。加厚拱圈时,应考虑墩台受力是否安全。多孔石拱桥全部加设新拱圈时,拆除拱上填料必须对称同时进行。

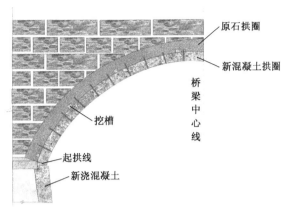

图 5-1-15 下衬拱圈加固示意图

（3）双银锭腰铁加固

用双银锭腰铁钳入、卡牢相邻拱石的加强拉结法在我国古代桥梁建造中最早使用。该方法是利用对石砌拱桥采用锁牢整体拱圈的办法,使相邻拱石得到加强。

（4）钢板箍或钢拉杆加固

石拱桥亦可在拱圈的跨中和 $L/4$ 处加设三道（或多道,视具体情况而定）钢板箍（钢板厚可取用 6～8mm）或钢拉杆,用螺栓在拱底及拱侧钻孔锚固,并注意将锚固点设在拱圈厚度的 1/3 处。锚固孔用膨胀水泥砂浆填塞密实。

任务 5.2　双曲拱桥加固方法

双曲拱是我国特有的一种桥型,施工方便,不需要大型设备,但早期桥梁设计荷载标准较低,不能承受目前较多的大吨位车辆通行。由拱肋、拱波、拱板、横隔梁（横系梁）先后组合成的主拱圈整体性差,刚度较弱。双曲拱桥构造见图 5-2-1。

图 5-2-1　双曲拱桥构造示意图

一、常见病害

1. 主拱圈裂缝

双曲拱主拱圈由拱波拱肋和横系梁组成,裂缝一般产生于拱波顶部、拱肋与拱波结合部、拱肋的拱顶和拱脚等部位。

(1)波顶纵缝

对于波顶纵缝而言,它是出现在拱波顶部沿拱轴线方向的裂缝(图5-2-2),其往往产生于拱波顶部,有时也在拱脚附近出现。对于填平式拱板来讲,其波顶往往是一个最为薄弱的截面,波脚拱板现浇混凝土厚度大、收缩多,容易因收缩而在波顶拉裂。如果选取折线或者波形拱板的时候,那么该裂缝的出现情况就相对较少。

波顶纵向裂缝的出现与桥梁的宽度、横向联系、拱波的矢跨比等具有密切的关系,桥梁的宽度越宽、横向联系越薄弱、拱波的矢跨比越小,就会使得波顶出现纵向裂缝的可能性就会越大。若横系梁或者横隔板数量足够多,那么主拱圈就具有较大的横向刚度,也就能够有效防止该裂缝的产生(图5-2-3)。

图5-2-2　波顶纵向裂缝

图5-2-3　波腹和波脚纵向裂缝

如果双曲拱采用的拱轴系数过大,那么就会使得拱顶区比较平坦,也就极易产生不同程度的波顶纵缝。

(2)拱顶裂缝

径向裂缝是一种与拱轴线方向垂直的裂缝,一般可分拱背径向裂缝和拱肋径向裂缝。

拱肋径向裂缝一般出现在拱顶附近正弯矩较大的区段。究其原因是因为桥台承受了过大的荷载作用或出现过大的水平位移,从而造成拱顶附近正弯矩大大增加,拱肋的拉应力超过极限拉应力所致(图5-2-4)。如果双曲拱桥采用较大的拱轴系数,拱顶区段较平坦,那么拱顶所具有的正弯矩就会有所增加,出现拱肋径向裂缝的可能性就大些。如果拱肋径向裂缝与环向裂缝同时产生,那么就会使得主拱圈的截面强度大大降低。拱肋径向裂缝如果过度密集或者过宽,也会在很大程度上使主拱圈截面强度减弱。有的拱顶钢筋锈蚀或压应力过大,也会出现裂缝。

(3)拱波—拱肋结合面纵向裂缝

对于纵向裂缝而言,一般出现在拱波和拱肋之间的结合面上,并且裂缝与拱轴线是互相平行的(图5-2-5)。

对于纵向裂缝而言,能够划分为如下两种形式:剪力纵向裂缝和法向拉力纵向裂缝。一般来说,剪力纵向裂缝出现在拱脚附近剪力较大的区段,当实际剪应力比结合面的极限剪应力要大时,就会使得剪力纵向裂缝产生。法向拉力纵向裂缝一般出现在拱顶附近正弯矩较大的区段。因为正弯矩的存在,就会使得主拱圈截面下部产生一定的拉应力,如果拱波和拱肋的结合面所需要承受的实际拉应力远远大于结合面的极限拉应力时,就会产生法向拉力纵向裂缝。对于纵向裂缝出现的因素,最重要的是及时采取有效措施来确保主拱圈具有很强的整体性。

图 5-2-4　拱顶裂缝

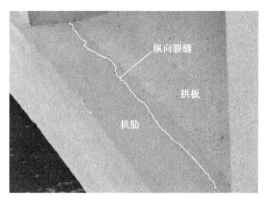

图 5-2-5　拱肋与拱波交接处纵向裂缝

(4) 拱脚裂缝

在桥面荷载作用下,拱脚处一般都是负弯矩,即拱肋上部受拉,所以在拱脚的上缘便会出现一些由负弯矩引起的径向裂缝,如图 5-2-6 所示。当拱肋受到撞击、地震或其他荷载作用时,拱脚受力最大,易产生裂缝(图 5-2-7)。

图 5-2-6　拱脚径向裂缝

图 5-2-7　拱脚拱肋裂缝

2. 主拱圈变形

双曲拱桥修建年代早,设计等级低,拱圈整体性较差,钢筋或混凝土质量较差。而交通量的大幅度增长,车辆荷载标准提高。使得双曲拱桥承载能力不足,导致主拱圈变形。拱脚位移、桥墩沉降等因素,也会导致主拱圈变形(图 5-2-8)。

3. 横向联系缺损

对于双曲拱桥的横向联系来说,其主要的作用是用以抵抗拱波所产生的水平推力、保证拱肋间的相对位置不变,其尺寸通常较小,抗弯与抗剪的强度与刚度也相对较弱,这就使得其与拱肋相连位置的抗剪水平也普遍偏弱;在承受较大的外荷载时,那么将需要通过抗剪强度横向传递拱肋间的内力和位移,当内力和位移过大时,出现相对较大的内力与变形,从而造成横系梁开裂和脱落(图 5-2-9),不能够对荷载进行有效的横向分配。如果因为横向联系强度不足或者横向联系布置偏少而发生破坏，这样就会使得拱桥的横向稳定性降低，除此之外，还会在很大程度上降低主拱圈的刚度和整体性，车轮荷载横向传递受阻，各拱肋不能共同受力。

图 5-2-8　主拱圈变形

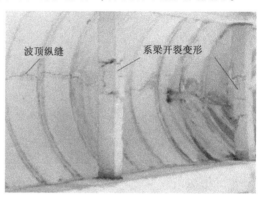

图 5-2-9　横系梁开裂变形

4. 钢筋混凝土缺损

现有的双曲拱桥服役时间较长，钢筋混凝土相关的缺损较为严重。应重点检查拱波、拱肋、横系梁等细小截面构件的钢筋锈蚀、开裂，混凝土剥落，拱肋是否有撞击，拱波是否有裂缝、蜂窝、麻面、空洞、孔洞，铰缝是否脱落等（图 5-2-10～图 5-2-13）。

图 5-2-10　拱肋撞击剥落

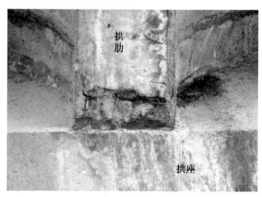

图 5-2-11　拱肋钢筋锈蚀剥落

图 5-2-12　横系梁锈蚀开裂

图 5-2-13　拱波蜂窝、铰缝脱落

5. 渗水

主要检查拱波、腹拱圈(微弯板)侧拱肋和拱脚是否渗水。见图 5-2-14、图 5-2-15。

图 5-2-14　拱波渗水

图 5-2-15　拱脚渗水

6. 腹拱圈缺损

双曲拱的腹拱圈,有砌体拱圈和微弯板预制拱片两种,砌体拱圈缺损参见圬工拱桥。微弯板预制拱片常见缺损的拱顶的纵向、横向裂缝,拱脚裂缝和破损等。

例：某 25m 双波双曲拱桥,检查中发现腹拱、立墙有裂缝。1-1 号腹拱截面强度不足,腹拱 1/4、3/4 微弯板产生横向裂缝,拱脚铰缝脱裂,1-3 号腹拱拱脚压碎,如图 5-2-16 所示；0-1 号腹拱整体性不足,微弯板铰缝开裂,立墙竖向裂缝,拱肋与拱波处纵向裂缝,如图 5-2-17 所示。

图 5-2-16　腹拱横向裂缝

图 5-2-17　腹拱纵向裂缝

双曲拱腹拱的拱脚,由于受力复杂,检查时应加以注意。图 5-2-18 为腹拱拱脚处渗水；图 5-2-19 为腹拱圈与立柱剪切裂缝。

7. 侧墙裂缝

主拱圈(或腹拱圈)拱顶下挠变形,侧墙受拉,易产生上大下小的竖向裂缝,如图 5-2-20 所示；主拱圈、腹拱圈变形,侧墙水平、垂直方向变形,产生水平裂缝和斜向剪切裂缝,如图 5-2-21 所示。

图 5-2-18　腹拱圈拱脚渗水

图 5-2-19　微弯板与立墙之间剪切裂缝

图 5-2-20　侧墙竖向裂缝

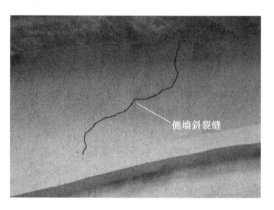
图 5-2-21　实腹段侧墙斜裂缝

拱上填料受压变形,侧墙外鼓脱裂(图 5-2-22);主拱圈变形,侧墙灰缝脱落,产生纵向、竖向裂缝如图 5-2-23 所示。

图 5-2-22　侧墙脱裂

图 5-2-23　侧墙灰缝脱落开裂

二、维修方法

双曲拱桥的拱脚段、拱波顶出现沿桥轴线的纵向裂缝是常见病害,维修时可在裂缝中注入环氧树脂黏结剂,并用环氧砂浆勾缝。若填平层同时也有裂缝,可用较低强度等级的钢筋混凝土加厚该区段。

对于拱脚段的拱背出现横向裂缝(垂直于桥轴线)的情况,内腹的混凝土则有可能被压碎,此时可在桥台的前墙或墩身与拱背交界处钻孔锚入 $\phi 16 \sim \phi 25$ 的粗钢筋或型钢,钢材间距 20~30cm,再用环氧树脂黏结于拱背上,钢材长度应超过裂缝至少 30~50cm,其上覆盖 5~8cm 厚的环氧混凝土。

若拱波与拱肋接触处产生纵向裂缝(纹),可沿此缝隙每间隔 1~2m 嵌入高强混凝土预制块件将波肋联结,所有缝隙均用砂浆勾缝。

若拱肋局部出现裂纹(宽度≤0.25mm),可先用环氧砂浆进行封闭,严重的可在该区段内粘贴钢筋(钢板)或锚固一层 U 形钢丝网后,覆盖一层 2~5cm 厚的环氧砂浆。若此肋出现较大范围的裂纹,则将钢筋黏附于肋底及两侧,使之形状如马蹄以扩大肋底断面。所黏附的粗筋与原有主筋进行焊接,并伸入墩台帽内,浇筑混凝土将附加筋覆盖。

三、加固方法

双曲拱桥的加固应结合下部构造的维修加固进行。上部构造的维修、加固主要指对拱肋的加强、横向系梁的加强以及上部结构填料的调整等。

事实上,梁桥中的加固法对拱桥加固在多数情况下仍然是适用的,关键是看结构的受力情况。拱桥中的粘贴加固法和梁桥是相同的,增大截面法在拱桥加固中的应用也很多,增设辅助构件加固拱桥也是常见的方法。增设拱肋可以改变桥面宽度,也可以不改变。在桥面两侧增设拱肋时,有的被称为拱托法。现将这几种主要方法简述如下。

1. 粘贴钢板加固

该方法一般在拱圈局部产生裂缝或承载能力不足时采用。先将拱肋表面清洁,再用环氧类砂浆黏结钢板。黏结钢板位置主要置于拱肋截面下,可用成条整板(或分块焊接)在拱圈弧形范围内间隔黏结,钢板厚度宜用 4~10mm,过厚时施工比较困难。为改善粘贴效果,除了利用胶黏剂之外,还按一定间距钻孔并埋入螺栓,然后就钢板预钻孔对准预埋件位置穿入并以螺母紧固。拱肋钻孔比较困难,埋设位置不易找准确,因此,钢板钻孔要留有余量,如采用椭圆形孔或扩大孔径,可减少对位时的麻烦。在合适的条件下,也可粘贴碳纤维加固。

2. 粘贴钢筋加固

该方法与前述基本相同,但所采用的是钢筋加固件。从实际情况看,此法与粘贴钢板相比,具有与结构物黏附性能好、加固成型容易、补强效果更为显著等特点。

3. 扩大拱肋截面

该方法通过采用钢筋和混凝土外包加大原拱肋从而达到扩大拱肋的截面尺寸,增加拱肋断面的含筋率或变无筋拱肋为有筋拱肋,提高拱肋抗弯刚度的目的,其作用明确,效果显著,应用也较广泛。这一加固方法的内容可参照任务 4.3 的内容。外包混凝土加固拱肋可采用普通混凝土,也可采用轻质混凝土。若要使混凝土新旧结合面黏结更可靠,也可采用微膨胀混凝土、微膨胀轻质混凝土等。

4. 增设拱肋加固

该方法可用于大跨径、桥台水平位移大的有肋或无肋双曲拱桥的加固。在较大跨径的拱桥下新建一座跨径较小、矢度较大的肋拱,使肋拱的上弦与原拱桥连接在一起,新老桥台连接在一起。施工时要求将肋拱上弦钢筋和原拱肋或无肋拱波用箍筋连在一起,现场浇筑混凝土。

5. 增加横系梁加固

该方法用于横向联系较弱或需新增横向系梁以加强拱肋抗扭刚度和横向整体性的情况。可与拱肋截面扩大加固法一起进行,以取得更好的加固效果。

6. 调整拱上自重、改变结构体系加固

清除拱上建筑及实腹段范围内的填料,降低拱顶断面高度,浇筑钢筋混凝土桥面板,并用混凝土填料加强原有拱上建筑与桥面板的联系,从而加强拱上建筑刚度,使整个体系向柔拱刚梁转化,使主拱圈在活载作用下主要承担轴力,而弯矩由加固后的拱上建筑承担。对于拱式腹孔,可拆除拱上建筑,改拱式腹孔为梁式拱上建筑,以减轻自重,并使主拱圈主要承受全部活载及活载引起的轴向力。

7. 体外预应力加固

如图 5-2-24 所示工程示例是拱顶下缘开裂,施加预应力位置必须在弹性中心以下才能对拱顶截面产生负弯矩;对于拱脚截面上缘的裂缝,因为预应力锚固有一定困难,则采用增加拱脚背钢筋、增厚拱脚截面混凝土,使其中性轴上移的措施。在结构措施上,为使新老混凝土能结合良好、共同受力,除在老混凝土表面凿毛外,还在原主拱圈拱背拱脚至 $L/4$ 点区段对其进行补强。预应力拉索采用 $\phi^s15.24$ 钢绞线,为了保证其耐久性,采用了 PE 热挤注塑防腐钢绞线。单索布置,单索张拉。

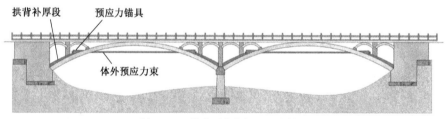

图 5-2-24 体外预应力加固法示意图

8. 拱托加固法

即在原主拱外侧增加两条截面面积很大的拱肋,并通过强大的横向联系与旧拱圈共同作用,新肋对旧肋如同是一个"拱托"。此外,还有一种叫箱拱的加固法,即以钢筋混凝土薄板将拱肋两两相连,使双曲拱变成一个封闭的箱拱。

任务 5.3 桁架拱与刚架拱加固方法

桁架拱桥与刚架拱桥可统称为拱片上承式拱桥。这类拱桥主要由主拱片(指由拱圈与拱上传力构件组成的整体结构)、拱片间横向联结系和桥面系组成。

一、构造及常见病害

1. 桁架拱桥

桁架拱桥又称拱形桁架桥,是由拱和桁架两种结构体系组合而成。拱肩以上的结构为桁架形式的肋拱,为钢拱与钢筋混凝土拱,预应力混凝土拱桥所采用。具有用料省、自重轻、预制装备程度高及结构受力明确等特点。

钢筋混凝土桁架拱桥病害产生的原因一般是横向联系的刚度弱,桥梁整体受力较差,导致拱桥构件产生裂缝。常见病害是构件裂缝、混凝土剥落、钢筋锈蚀。见图5-3-1。

图 5-3-1　桁架拱桥上部构造及缺损示意图

桁架拱桥的检查要点是：
(1)拱片是否变形,实腹段是否有结构裂缝。
(2)所有的节点、联结部位是否有裂缝或破损。
(3)桁架片的上下弦杆、横向联结构件是否存在钢筋锈蚀、裂缝、混凝土剥落等。
(4)微弯板是否存在裂缝、渗水和露筋,与拱片联结处是否有病害。

2. 刚架拱桥

刚架拱桥是一种具有刚架特点的拱桥,也是一种有推力的拱桥。其主结构由拱肋构成主拱,拱上建筑取斜腿刚构的形式,并联结成整体,故名刚架拱桥。刚架拱桥的上部构造是由刚架拱片、横系梁和桥面等几部分组成,具有杆件数量少、整体性好、自重轻、材料省,对地基承载力要求比其他拱桥低、经济指标较好等优点。不过刚架拱桥也有一个致命的缺陷——整体性较差,导致横向稳定性不够。

刚架拱桥病害与桁架拱桥相同,一般是横向联系的刚度弱,桥梁整体受力较差,导致拱桥构件产生裂缝。刚架拱桥常见的病害为裂缝、混凝土剥落、钢筋锈蚀以及连接破坏,见图5-3-2。

刚架拱桥检查的要点有：
(1)拱片是否变形,实腹段是否有结构裂缝,拱片联结处是否有损伤。
(2)所有的节点、联结点是否出现裂缝和破损,主、次拱腿脚是否有裂缝。
(3)微弯板是否存在裂缝、渗水和露筋,微弯板与拱片的连接支承是否松动等。
(4)主、次拱腿、横梁是否存在钢筋锈蚀、裂缝、混凝土剥落。

图 5-3-2 刚架拱桥上部构造及病害示意图

二、加固力学要点

钢筋混凝土桁架拱桥,端部下弦杆承受最大应力,当有破损时应及时进行维修加固。各腹杆与上下弦铰接处出现的裂缝可用砂浆封固。下弦根部出现横向裂纹,则要立即加强、加固横向联结,杜绝摆动,同时用环氧砂浆封闭裂纹(缝)。

钢筋混凝土桁架拱桥无论是有铰或无铰,受拉杆件和受压杆件的节点处钢筋密集,受力复杂,常在节点处产生裂纹、裂缝。在裂缝允许宽度内可用环氧黏结剂、改性乳胶漆封闭;如裂缝较宽,则可在节点附近设置一定形状和尺寸的型钢,在节点两侧增设预应力钢筋(如为受压杆件时可设置型钢),预拉锚固于型钢上,再用环氧砂浆封闭。

跨中设有铰或挂孔的桁架拱桥,上弦承受最大张力,铰或挂点出现下垂时,如有可能可在预留孔中穿入预应力筋,或在桥面铺设预应力钢丝束(筋)与铰或挂点连接,施张后锚固于墩台的后下方。施张时在下垂点配合千斤顶及其他吊装设施辅助提升张拉。新增的预应力筋应用混凝土覆盖。

上承式桁式组合预应力混凝土拱桥,结点处钢筋密集,受力复杂,成形后产生的裂纹一般用黏结砂浆涂抹或粘贴钢材,如肢杆、接缝处出现较为严重的损伤则在其两旁施加预应力钢筋进行加固。

刚架拱桥受力与桁架拱相近,主要是主拱腿、次拱腿、主梁、次梁节点处受力复杂,易产生裂缝。

三、加固方法

在需要提高桁架拱桥主要受力构件如下弦杆、实腹杆等的承载能力时,截面加强的方式主要有三种:

(1)凿除原杆件钢筋混凝土保护层,加筑钢筋混凝土补强断面,新旧断面依靠钢筋和混凝土紧密连接。

(2)粘贴钢板或钢筋进行补强。

(3)预制好补强杆件,再用电焊焊接钢板方式与原杆件相连,形成一个整体而共同受力。

任务 5.4 中下承式拱桥吊杆更换

中下承式拱桥一般采用钢—混凝土组合,是一种组合受力体系的拱桥,与一般的拱桥和梁桥相比,有地基适应性强、结构受力合理、用料省、建筑高度低、施工方法多、造型美观等方面的优势,是目前城市桥梁和公路桥梁上常用的一种桥型。其分类较多,从水平推力分系杆拱桥和非系杆拱,从拱肋材料分钢管拱桥和混凝土肋拱桥等类型。

一、中下承式拱桥构造与受力特点

以公路上最常用的钢管系杆拱为例,拱桥由拱肋(钢管拱肋)、系梁、吊杆、下横梁和桥面板等组成(图5-4-1),其中,吊杆为可更换构件。

图 5-4-1 钢管系杆拱构造图

(1)结构整体性较差,结构各部相对独立,荷载通过桥面系、吊杆横梁、吊杆、拱肋受力,传力环节多,结构的安全性不容易保证。

(2)中承式拱桥的桥面系在主跨内多为弹性支承的简支结构体系,缺乏足够的纵向联系,只要有某一吊杆断裂就会引起部分桥面系塌落。

(3)桥面系多为纵向漂浮体系,在温度荷载、车辆制动力等作用下,桥面漂浮体系存在较大的水平位移,造成各吊杆受力差异大,与跨中长吊杆相比,短吊杆刚性较大,固有频率较高,受到的剪切变形较大,短吊杆的复杂受力使得其破坏的风险更大。

(4)吊杆的下锚头作为桥面系与吊杆的连接点,不仅处于弯剪扭复合受力状态,且常为高应力,反复荷载作用。

(5)中下承式拱桥的吊杆设计多为柔性吊杆,桥面系与主拱的连接较弱,结构的整体稳定性差。

二、吊杆破损与成因分析

吊杆将桥面荷载传递到主拱圈,承受的是拉应力,吊杆的构造与一般的斜拉索基本相似,主要采用平行钢丝和平行钢绞线两种,所用的锚具有冷铸锚、镦头锚和夹片群锚。吊杆一般构造见图5-4-2。

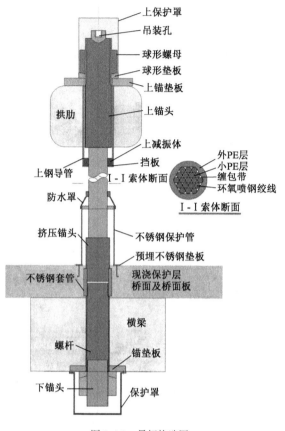

图 5-4-2 吊杆构造图

吊杆是中、下承式拱桥十分重要的构件,也是病害最多的构件。由于对吊杆的防腐、疲劳性能认识不足,早些年建成的拱桥在使用过程中出现吊杆钢筋锈蚀、断裂,锚头损坏等典型破损,严重影响拱桥的耐久性,埋下了安全隐患。

1. 吊杆主要破损形式

(1)吊杆外保护层老化、开裂、缺损

不论是水泥材料还是聚乙烯材料,以下原因都有可能导致吊杆外保护层开裂:

①吊杆钢索松弛引起防护材料变形。吊杆钢索处于长期受拉状态,会产生随时间延长而增加的蠕变,即松弛,从而导致钢索伸长,防护材料受拉开裂。

②吊杆受交变荷载作用而引起防护材料变形。在活载的作用下,吊杆承受的荷载大小不同,吊杆内力不断变化,钢索伸长量也是往复变化的。不论防护体是水泥还是聚乙烯,这种往复变化将破坏防护系统的整体性。由于交变荷载的作用,钢索在与锚头连接处会产生微小的转角,长时间往复作用,就不可避免地使此处的密封措施失效,发生开裂。常见吊杆保护层缺损见图5-4-3~图5-4-5。

图 5-4-3　保护套开裂　　　　　　　　　图 5-4-4　拉索 PE 老化开裂

对桥梁使用性能的影响护套一旦破损开裂,使得空气和水进入护套与钢索接触,导致钢索的锈蚀。

(2)吊杆下端积水和渗水

吊杆下端有进水且有冷凝水存在,锚头和吊杆索之间有水渗出,锚头表面锈蚀。如图 5-4-5、图 5-4-6 所示。

图 5-4-5　吊杆积水渗水　　　　　　　　　图 5-4-6　锚头渗水锈蚀

原因是设计和施工上没有对吊杆金属锚头外部进行有效防护,以致金属锚头锈蚀。可能原因如下:

①防水罩失效,水直接沿吊杆进入预埋管内。由于老式防水罩结构上的原因,大多数防水罩并不能适应拉索摆动变形的需要.密封防水构造往往使用 1~2 年就失效,造成预埋管进水。

②预埋管太短,没有高出桥面,桥面水流入预埋管造成积水。

③缺乏阻止下端预埋管内冷凝水产生的措施。

(3)吊杆锈蚀

吊杆索的钢丝、钢绞线锈蚀(图 5-4-7),有锈斑渗出保护层,在吊杆索与锚头的结合部最严重。

吊杆索腐蚀的原因主要是防护措施开裂失效,导致水、大气及其他有害物质与钢丝、钢绞线接触引起腐蚀。

吊杆拉索布置于梁体外部,截面尺寸小,处于高拉应力工作状态下,因而钢索对应力腐蚀作用非常敏感,吊杆腐蚀严重时,会发生断裂,进而导致桥面垮塌的重大事故的发生。

图 5-4-6　吊杆锈蚀

图 5-4-7　锚头锈蚀(墩头锚)

(4)吊杆索断丝、锚头断裂

吊杆内的钢索(钢丝、钢绞线等)的个别钢丝或众多钢丝断裂(图 5-4-8)。

产生原因有:

①系杆拱桥属于高次超静定结构,内力与变形协调受许多因素左右,并直接影响吊杆受力。

②吊杆索的钢绞线、钢丝因腐蚀(锈蚀)断裂而引起吊杆索断裂,大多发生在下锚头(图 5-4-9)。

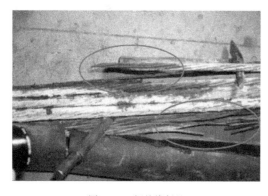

图 5-4-8　钢绞线断丝

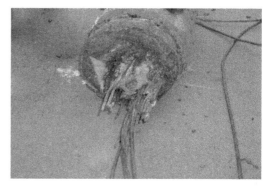

图 5-4-9　锚头断裂

③早期锚头无夹片限位板,造成夹片松动,吊杆索由锚具中拔出,形成吊杆索断裂的表观现象。有的桥的吊杆较短且采用墩头锚,钢丝长短不一,受力不均,部分钢丝受力过大会首先断裂。

吊索断裂对桥梁使用性能造成重大影响,会造成桥面系突然垮塌。

例:图 5-4-10、图 5-4-11 为某桥吊杆底端钢绞严重锈蚀,造成锚头突然断裂,桥面塌陷变形。

(5)锚头损坏

锚头分为上锚头和下锚头,将吊杆分别锚固在拱肋和横梁上。

①上锚头受振动影响,钢板焊缝开裂(或填充混凝土振碎),混凝土开裂,水渗入,造成锚

头。如图 5-4-12 和图 5-4-13 所示。

图 5-4-10 锚头断裂

图 5-4-11 桥面板塌陷

图 5-4-12 锚头焊缝开裂

图 5-4-13 锚头锈蚀

②下锚头在桥面以上部位的防水帽易锈蚀、开裂、位移变形,如图 5-4-14 所示;横梁以下部位的防护罩(图 5-4-15),易产生积水、锈蚀、开裂、脱落等缺损,造成锚头锈蚀,进一步发展为断裂。

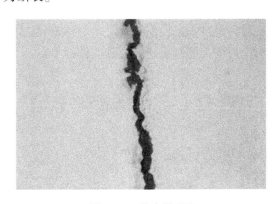

图 5-4-14 防水帽开裂

图 5-4-15 防护罩同垫板脱开

2. 吊杆破损的原因

引起吊杆损坏的原因很多,归结起来主要有设计构造、材料腐蚀和疲劳等几个方面。

(1)预应力钢材对锈蚀极为敏感。

据国际预应力混凝土协会(FIP)统计,预应力钢材破坏中腐蚀疲劳约占10%,应力腐蚀占到75%,而其中超过5年的仅占50%。

(2)恶劣的腐蚀环境。

钢绞线或钢丝长期处于酸性腐蚀环境中工作,特别是处于酸雨及酸性大气环境的桥梁,加速了钢绞线或钢丝的腐蚀速度。

(3)无防腐涂层的钢绞线或钢丝。

早期设计时吊杆钢丝或钢绞线未采用镀锌或环氧树脂等防腐技术,在一定程度上加剧了钢丝或钢绞线的腐蚀速度。

(4)吊杆防腐构造细节处理不当。

部分钢管护套内采用注入水泥浆的防腐方案,从整体上来说是可行的,但关键部位的防腐构造并不能有效阻断水与大气对钢丝的腐蚀作用,导致整个吊杆的防腐失效。

(5)短吊杆受力状况复杂。

在随时间变化荷载(如温度荷载)作用下,桥面漂浮体系存在较大的水平位移,与跨中长吊杆相比,短吊杆刚性较大,固有频率较高,受到的剪切变形较大。在车辆特别是超重车辆冲击荷载作用下,吊杆下端处于反复弯剪状态,导致钢管护筒内砂浆断裂,使钢丝受到大气和雨、雪水的直接侵蚀,发生严重腐蚀。

(6)吊杆及桥面系构造存在缺陷。

部分吊杆的下端腐蚀部位无法通过常规检查方式检查其腐蚀情况,实际上吊杆处于不可知状态。而且桥面在主跨内为多点弹性支承的多孔简支结构体系,缺乏足够的纵向联系,只要有某一吊杆断裂就会引起部分桥面系塌落。

(7)疲劳破坏。疲劳是造成吊杆失效的主要原因之一,中下承式混凝土拱桥吊杆的主要受力部位为吊杆内的钢丝(索),吊杆的疲劳问题就归结为钢材的疲劳。吊杆疲劳破坏的影响因素有:吊杆的位置吊杆间距、吊杆横截面积吊杆抗弯刚度混凝土收缩和徐变等。

(8)缺乏针对性的管养措施。

养护部门仅对大桥进行了常规的观察与养护,对关键部位的防腐认识不足,桥梁构造中未提供方便检查的通道或装置,使得检查人员难以对吊杆的关键部位进行有针对性的检查。

3.设计与维修建议

(1)在选择结构体系和适应桥型方面,要充分考虑结构的耐久性,特别对于全寿命周期内需要更换的构件,应充分考虑其可到达、可检查、可维护、可更换性。

(2)吊杆设计应为可更换式吊杆。

(3)加强对吊杆防腐蚀构造的细节处理。

吊杆钢绞线或钢丝采用镀锌、环氧涂层、高密度PE、外套钢管防护,锚头采用防腐油脂防护,以有效阻止水与大气的侵蚀。

(4)桥面系宜设计成由加强纵梁、吊杆横梁与桥面板形成的整体式混凝土桥面结构。

(5)应设置必要的检修装置及检修通道。

(6)设计或厂家应明确吊杆使用年限,使养管部门便于更换和养护。

三、更换吊杆设计与施工要求

一般护套破损、锚头积水等病害可针对性养护即可,但对于钢丝锈蚀、锚头锈蚀、钢丝断丝和吊杆护套破坏严重的建议吊杆更换。

(1)《公路桥梁加固设计规范》(JTG/T J22—2008)要求:

①中下承式钢筋混凝土箱肋拱吊杆更换后的抗拉安全系数不应小于2.5。

②钢管混凝土拱加固验算项目包括主拱截面强度、刚度、稳定性,中、下承式拱桥吊杆、系杆强度等。更换后吊杆的抗拉安全系数不应小于2.5。中下承式拱桥考虑吊杆变形后桥道系的最大竖向挠度不应大于$L/500$,其中,L为主拱计算跨径。

③更换后的短吊杆上、下端宜采用铰接。更换后的吊杆、系杆及其锚固构造应具有可靠的防、排水措施。吊索(杆)以及斜拉桥斜拉索损伤或承载力不足时应进行更换。

④钢构件应按照腐蚀环境、构件工作条件、维护条件等进行涂装防腐设计。

⑤吊索(杆)抗拉安全系数应符合下列规定:

a. 高强钢丝吊索:不小于2.0。

b. 钢丝绳吊索:不小于3.0。

c. 刚性吊杆:不小于3.0。

⑥吊索(杆)及上下锚头以及斜拉桥斜拉索及上下锚头应采取可靠的防、排水措施。

(2)《公路桥梁加固施工技术规范》(JTG/T J23—2008)要求:

①吊杆运输、安装过程中,应有可靠的保护措施,防止碰伤锚具及PE索套,如有意外损伤应及时修补,并做好记录。

②更换吊杆前应根据构造形式、施工设备等实际情况,设置工具吊杆,工具吊杆应进行设计计算,对工具吊杆施力时,应保证同步张拉,使吊杆受力平衡。

③更换吊杆过程中,应连续监测桥面高程、吊杆内力及混凝土应力变化,新吊杆张拉应实行双控,以桥面高程控制为主,吊杆内力控制为辅。旧系杆拆除、临时系杆及新系杆张拉应交叉分级进行。

④应对柔性牵引索及刚性连接杆的长度、尺寸、连接方式与构造进行专门设计。当采用刚性连接杆时,应考虑吊杆长度、重量、索管长度的差别。

⑤施工过程中新旧吊杆、工具吊杆之间的荷载转换应平稳。

⑥施工过程中,应对拱圈应力、变形以及拱座变位进行监控。

四、吊杆更换实例

某大桥为中承式钢管混凝土拱桥(图5-4-16),采用缆索吊装施工方法,桥面系为简支纵横梁体系,吊杆为高强钢丝,该桥于2004年建成通车。桥梁宽度13m,桥梁跨径150m,设计荷载:汽车-20级,挂车-100。经检测,吊杆内大量积水,部分吊杆出现白斑、锚头锈蚀。

1. 准备工作

(1)搭设支架:在拱圈上面搭设井字形支架,四周与拱圈锁紧,拱顶加钢管形成台阶,在原桥锚头处和找平块处搭设操作平台,平台周围及拱圈底面、侧面挂安全网(图5-4-17)。在下横梁端设置吊架施工平台(图5-4-18)。

图 5-4-16　桥梁概况

图 5-4-17　拱肋支架搭设

图 5-4-18　施工平台(吊架)

(2)测量:更换吊杆前,对拱肋和桥面进行高程测量,确定拱肋线形和桥面线形,并测量吊杆长度,参见图 5-4-19。

(3)在拱肋上锚仓附近设置垂直位移、水平位移观测点,观测拱肋下挠值、侧向偏移值(图 5-4-20)。

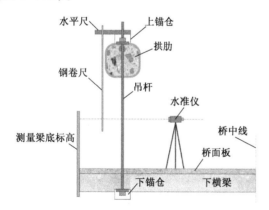

图 5-4-19　桥面及拱肋测量

图 5-4-20　拱肋监测点设置

2. 初次提升

(1) 安装临时兜吊系统

拱肋在拆除吊杆前,应在吊杆附近安装临时兜吊系统,主要目的是承担原吊杆的荷载。这样即使原吊杆拆除,整个结构的受力也不会发生很大的变化,保证吊杆更换期间桥梁的安全。

临时兜吊系统由坡架、上吊点钢梁、下吊点钢梁和千斤顶组成(图5-4-21)。临时兜吊系统在两个拱肋对称布置,即下横梁两端一边一个,共8个千斤顶,在拱顶通过张拉钢绞线来达到新旧吊杆的转换。

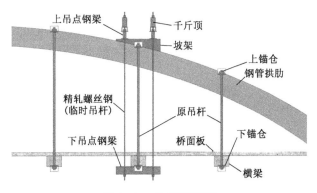

图5-4-21 临时兜吊系统

①安装上吊点钢梁:在放样,制作坡架,将坡架焊接在上锚仓周围,然后将上吊点钢梁安装在坡架上(图5-4-22、图5-4-23)。

图5-2-22 坡架制作

图5-4-23 上吊点钢梁、千斤顶安装

②在桥面确定4个临时吊杆的吊点位置,在桥面放样、钻孔。然后穿入精轧螺纹钢钢筋,紧固螺母(图5-4-24、图5-4-25)。

③安装千斤顶及就位油泵。

(2) 提升

同一下横梁两个临时吊点,共8台千斤顶,用1台油泵控制进行顶升(图5-4-26)。穿心式千斤顶行程较大,可一次性顶升到位;不用支垫,可直接上紧锚固螺母(图5-4-27)。

3. 割除旧索

(1) 提升至旧索变形(图5-4-28),记录初次提升值,检查各个连接点及受力点。

图 5-4-24　桥面吊点位置放样

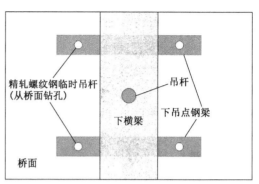

图 5-4-25　下吊点钢梁安装

图 5-4-26　千斤顶张拉

图 5-4-27　锚固螺母

(2)开始割除旧索(图 5-4-30),割除拱肋上、下弦间导管,用反力架拆除原锚头,在下横梁和拱肋上取孔(图 5-4-31),导管接长。

图 5-4-28　提升至旧索变形

图 5-4-29　切割旧吊杆

图 5-4-30　(拱肋)取孔

注意事项:施工人员进场必须戴安全帽,系安全带,穿安全服;焊、割时不可接近精轧螺纹钢筋,火星不可溅到精轧螺纹钢筋表面,精轧螺纹钢筋应提前进行防护(包裹或加防护管)。

4. 新吊杆更换

在安装新吊杆的过程中,要将临时吊杆上的拉力转移到新吊杆上。

(1)新吊杆就位,导链、临时提升架就位(图5-4-31)。

(2)安装张拉杆,在新吊杆上锚头连接好张拉杆后,提升新索,用倒链或卷扬机将其提到位。

(3)安装不锈钢套管,安装减振块、挡块及锚垫板,上紧上锚头螺母,戴上下锚头螺母,考虑吊杆延伸值及伸长量。

(4)张拉之前先利用千斤顶对新吊杆进行预紧张拉,然后再张拉新吊杆。二次提升临时吊杆至设计高程,上紧下锚头螺母(图5-4-32)。同时放松临时吊杆,并使张拉的新吊杆力等于放松的临时吊杆力,直到临时吊杆力全部转移到新吊杆上。

图5-4-31 新吊杆就位

图5-4-32 锚头螺母安装

(5)新吊杆张拉并完全调整到位后,拆除临时吊杆体系,转移到对下一对吊杆的更换。

5. 质量检验

安装完毕后,检查吊杆、系杆顺直,无扭转现象;防护层完好,无破损、污物。吊杆更换质量检验实测项目应符合表5-4-1的要求。

吊杆更换质量检验实测项目　　　　表5-4-1

项次	检查项目	规定值和允许偏差		检查方法和频率
1	吊杆长度(mm)	±0.001L 及 ±10		用钢尺量
2	吊杆拉力(kN)	符合设计要求		测力仪;每吊杆检查
3	吊点位置(mm)	10		全站仪;每吊点检查
4	吊点高程(mm)	高程	±10	水准仪;每吊点检查
		两侧高差	20	
5	张拉应力(MPa)	符合设计要求		查油压表读数,每根检查
6	张拉伸长率(%)	符合设计规定		尺量,每根检查

五、反思与建议

目前我国修建的此类中承式拱桥运营时间大多在 10 年左右,许多桥梁均不断出现桥面系塌落事故,说明此类桥型在构造上存在缺陷。建议对已建同类型桥梁进行详细检测,查明桥梁的技术状况,尤其是作为主要承重构件且为非永久性构件——吊杆的技术状况,做到心中有数,若存在问题及时更换吊杆,确保桥梁运营安全性。

在新建桥梁选型时,对于中、下承式拱桥时要充分考虑结构安全性、耐久性设计,对于全寿命周期内需要更换的构件,应充分考虑其可到达、可检查、可维护、可更换性;同时建议将桥面板做成带大纵梁的格构体系,以保证结构整体性,杜绝发生类似事故。

任务 5.5　喷射混凝土加固

在我国,喷射混凝土用于桥梁加固历史很短,并且主要是在拱桥中,如增大拱肋截面、增加板拱厚度等。不过,近年来,喷射混凝土也开始在梁桥加固中应用。如湖北省的武黄高速公路、汉宜高速公路有数十座板梁桥(主要是跨径为 8~13m 的板桥,板宽 1.0~1.5m,有空心板,也有实心板)就是采用的喷射混凝土加固。

一、加固原理

喷射混凝土(锚喷混凝土)加固法是将锚杆锚入拟补强的结构中,挂设补强钢筋网,然后再喷射一定厚度的混凝土,形成与原结构共同承受外载作用的组合结构。所以,喷射混凝土是借助喷射机械,利用压缩空气将新混凝土混合料,通过管道高速喷射到已锚固好钢筋网的受喷面上,待其凝结硬化形成一种钢筋混凝土。喷射混凝土不需振捣,而是在高速喷射时,由水泥与集料的反复连续撞击而使混凝土压密,同时又可采用较小的水灰比(常为 0.4~0.45),使其与被加固结构表面产生较高的黏结强度,故新旧结合面能够传递拉应力和剪应力。

喷射混凝土加固方法实质就是增大桥梁受力断面和补强钢筋、加强结构的整体性,使其能承受更大的外荷载。其中增设的补强钢筋帮助原结构承受拉应力,同时又是新增混凝土部分的骨架;喷射混凝土将补强钢筋与原结构连接组成整体受力结构,并与锚杆一道在结合面上传递拉应力和剪应力。

喷射混凝土加固桥梁实际上仍是增大构件截面加固法,所以,加固设计原则仍按增大构件截面的方法进行内力计算。设计原则为:

(1)恒载内力(包括新喷射的混凝土)按原构件的截面模量进行计算,即新喷上的混凝土恒载仍作用于原构件上。

(2)活载内力由加大后的组合体截面模量计算内力,即新旧混凝土作为一个整体计算,对不同强度等级的混凝土和新增的补强钢筋按其弹性模量进行截面换算。

(3)仍按弹性理论进行计算。

(4)强度验算按照喷射截面占原截面的比率,考虑是否按组合截面进行有关验算。

(5)加固设计前,应弄清桥梁的原始情况及病害原因,对桥梁的承载能力做出评价。

(6)采用的喷射混凝土与钢筋的强度等级,不应低于原结构的强度等级。对于结合界面处两种不同强度等级的混凝土共同作用时,应以较低强度等级换算作为计算标准。

二、施工要点

施工时,应首先清洗被加固构件的表面,按设计要求在构件表面设置锚固钢筋,并安放补强钢筋网。钢筋周围应有足够的间隙,以便喷射混凝土能完全包裹钢筋。注意将钢筋网牢固地绑扎或点焊在锚固筋上,以免喷射混合料时位置产生移动。喷射混凝土前,应先检查喷射机是否正常,用高压水冲洗掉打毛时剩余碎碴,并充分湿润受喷面。

干喷时,将水泥、砂子、集料按试验配合比在干燥时充分拌和,内掺一定比例的速凝剂(一般按水泥质量的2%~5%),然后送进干喷机。湿喷时,按试验配合比将材料加水拌和成混凝土混合料后,送进湿喷机。喷射混凝土施工时,喷嘴与受喷面的最佳距离一般为0.8~1.5m,距离过大将增加回弹量,并降低密实度,从而也降低了强度。喷嘴应尽量与受喷面垂直,否则会降低混凝土密实度。当对配有钢筋网的受喷面进行喷射时,喷嘴应更靠近受喷面一些,且与垂直方向稍偏离一个小角度,以便获得较好的握裹效果,同时便于排除回弹物。

喷射混凝土下垂脱落和回弹量过大是向顶面喷射混凝土的两大难题。下垂常常是喷层过厚或过湿造成的。由于新喷上的混凝土混合料,其抗拉及黏结强度都很低,一旦喷射混凝土的自重大于其与顶部受喷面的黏结强度时,即出现下垂或脱落。因此较厚的喷射混凝土应分层喷射,前后层喷射的间隔时间应为2~4h。一次喷射厚度以喷射混凝土不滑移、不坠落为度。既不能因喷层太厚而影响喷射混凝土的黏结力和凝聚力,又不能因喷层太薄而增加回弹。回弹物中水泥含量很少,主要为粗集料,凝结硬化后则是一种松散、多孔隙的块体。因此,应及时予以清除,不能使之聚集在结构物内,更不能将其放入下批混合料中,否则将影响喷射混凝土的质量。

喷射面自然整平,不论从结构强度还是耐久性方面来讲,都是可取的。然而,喷射面过于粗糙,对于要求表面光滑和外形美观的桥孔,应及时修整。一般可在喷射混凝土初凝后(即喷射后15~20min)用刮刀将设计线以外多余的材料刮掉,然后再喷或抹一层砂浆;或在喷射面上直接喷或抹一层砂浆。目前,也在发展一种模喷技术,即在喷射面外设置模板,使喷射混凝土表面平整清洁。

喷射混凝土终凝2h后,应及时喷水养生。养生时间应不少于7d。对于水泥含量高,表面粗糙的薄层喷射混凝土结构,养生是确保其强度的形成和避免表面开裂的重要措施。

干喷法喷射混凝土加固方法的流程如图5-5-1所示。

喷射混凝土在施工工艺、材料及结构等方面与普通现浇混凝土相比有许多特点,如不用或只用单面模板;混凝土混合料的运输、浇灌和捣固结合为一道工序;可通过输料软管在高空、深坑或狭小的工作区间向任意方位施作薄壁的或复杂造型的结构;设备与工序简单、占地面积小、机动灵活、节省劳动力,具有广泛的适应性。用于桥梁加固补强时,还具有施工快速简便、经济可靠、不中断交通等特点。

喷射混凝土在施工时,可在混合料中加入各种外加剂和外掺料,大大改善喷射混凝土的性能。例如,加入速凝剂,则喷射混凝土具有凝结快(2~4min初凝,10min以内终凝)、早期强度高(一昼夜比普通混凝土提高2~4倍)的特点。

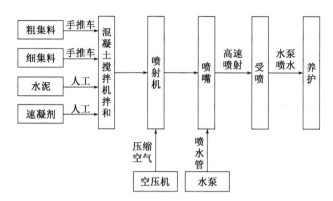

图 5-5-1　干喷法喷射混凝土加固工艺流程

喷射混凝土混合料时,由于高速高压作用,喷射出的混凝土能射入宽度 2mm 以上的裂缝,并与被加固的结构紧密结合,形成整体共同工作,阻止原结构继续变形和开裂。

喷射混凝土一般有干式和湿式两种方式。干式喷射混凝土在以往的桥梁加固中采用较多。但后来发展起来的湿式喷射混凝土,由于明显优于干式喷射混凝土,已成为世界各国喷射混凝土的主流,目前我国也在推广湿喷技术。

喷射混凝土混合料在干燥的情况下充分拌和,通过送料软管靠压缩空气送到专用的喷嘴处,喷嘴内装有多孔集流腔,水在压力下通过多孔集流腔与混合料拌和。喷射混凝土的运输、加水拌和及振捣三个程序,均是利用空压机产生的压缩空气通过喷射机使混凝土以连续高速喷向受喷面,并和受喷面形成整体一次完成。

由于混凝土的混合料是在干燥状态下拌和的,水则是在喷射过程中加入,所以,水灰比的掌握完全凭喷射机操作人员(称喷射手)的经验。因此,喷射手的操作技艺是干式喷射混凝土加固桥梁施工成败的关键。

湿式喷射混凝土的明显特点是,所采用的喷射机允许混凝土混合料在进入喷射机前或在喷射机中加入足够的拌和水,拌和均匀,然后再通过送料软管送至喷嘴喷射到受喷面上。所以,混凝土的水灰比能准确控制,有利于水和水泥的水化,因而粉尘较小,回弹较少,混凝土均质性好,强度易于保证。但设备较干喷机复杂,速凝剂加入也较为困难。

三、质量影响因素

补强钢筋主要起弥补原结构抗弯能力不足,或者说承担增加的外荷载作用。补强钢筋一般采用Ⅱ级螺纹钢,其强度要求以抗拉强度控制为主。

喷射混凝土的抗压强度是评定喷射质量的主要指标。喷射混凝土的抗压强度是指用喷射法将混凝土混合料,喷射在 450mm×350mm×120mm 的模型内,当混凝土达到一定强度,用切割机锯掉周边,加工成 100mm×100mm×100mm 的试件,在标准条件下(温度 20℃±3℃、相对湿度 90% 以上)养护 28d,所测得的抗压强度值乘以 0.95 的尺寸换算系数,或在 28d 龄期时从实际喷射面上钻芯取样做成标准试件。

喷射混凝土的抗压强度受多种因素影响,如原材料的品种和质量、混合料的设计(水灰比、水泥用量、砂率、粗集料粒径、外加剂品种与用量等),以及施工工艺和施工人员的操作方式(喷射压力、喷嘴与受喷面的距离、角度以及混合料的停放时间等),都对抗压强度有影响。试验资料表明,分层喷射的混凝土对抗压强度没有影响,因此,在喷射混凝土加固桥梁时,对于较厚的喷射混凝土,可采取分层喷射。

为确保喷射混凝土和桥梁原有结构能够共同受力,黏结强度是特别重要的。一般需分别考虑抗拉黏结强度与抗剪黏结强度。抗拉黏结强度是衡量喷射混凝土在受到垂直于结合界面上的拉应力时保持黏结的能力,抗剪黏结强度则是抵抗平行于结合面上作用力的能力。实际上,作用在结合面上的应力,常常是上述两种应力的结合,而不能简单区分。

由于喷射时混凝土混合料高速连续冲击受喷面,而且要在受喷面上形成5~10mm厚的砂浆层后,粗集料才能嵌入。这样水泥颗粒会牢固地黏附在受喷面上,因而喷射混凝土与原结构表面有良好的黏结强度,同时锚入原结构内的锚杆亦加强了新旧混凝土的黏结。国内外试验资料表明,喷射混凝土与旧混凝土的黏结强度为0.7~2.85MPa,界面的抗拉黏结强度为1.47~3.49MPa。

由于喷射混凝土水泥用量大,含水率大,又掺有速凝剂;因此比普通混凝土收缩大。同普通混凝土一样,喷射混凝土的收缩也是由其硬化过程中的物理化学反应以及混凝土的湿度变化引起的,其收缩变形又分干缩和热缩。干缩主要由水灰比决定,较高的含水率会出现较大的收缩,而粗集料则能限制收缩的发展。热缩是由水泥水化过程的温升值所决定。

掺配速凝剂对喷射混凝土的收缩值影响很大。在同样的自然条件下养护,掺入占水泥质量3%~4%速凝剂的喷射混凝土,最终收缩率要比不掺速凝剂的大80%。喷射混凝土在硬化过程中的空气湿度和混凝土自身保水条件等,对喷射混凝土的收缩也有明显的影响。当喷射混凝土在潮湿条件下养护时间愈长,则收缩量愈小。如果喷射混凝土在硬化过程中,水分蒸发过快过多,当剩余水量少于继续水化所需的水量,则硬化过程就会暂时中止。这时,喷射混凝土表面就会明显地产生网状收缩裂纹。

收缩变形是一个从混凝土表面逐步向内部发展的过程,它能引起内应力和残余变形。所以,喷射混凝土后应及时喷水养生,保持喷射混凝土表面的湿润状态,则能够减缓收缩,减弱内应力,从而减少喷射混凝土表面开裂的危害。

喷射混凝土的徐变变形是其在恒定荷载长期作用下变形随时间增长的性能。其变形规律在定性上是同普通混凝土的徐变变形规律相一致的。

喷射混凝土中钢筋网的作用在于承受拉应力,从而能有效地传递温度应力,减少或避免喷射混凝土的收缩裂纹的产生。

思考题

1. 圬工拱桥的主要病害及表现形式有哪些?
2. 圬工拱桥的维修、加固方法有哪些?
3. 双曲拱桥常见病害有哪些?
4. 双曲拱桥维修方法有哪些?

5. 双曲拱桥加固方法有哪些?
6. 中下承工拱桥吊杆破损形式有哪些?
7. 中下承式拱桥吊杆如何更换?
8. 喷射混凝土加固原理是什么?
9. 干喷法喷射混凝土加固方法的流程是什么?

项目6 下部结构维修与加固

> **学习目标**
> 1. 掌握桥梁下部结构构造；熟悉桥墩、桥台、基础的病害类型。
> 2. 熟悉混凝土、砖石结构表层缺陷的维修方法，基础及其他缺陷的维修方法。
> 3. 熟悉盖梁、墩柱、桥台、承台、基础的加固方法。
> 4. 了解墩台地基的高压旋喷注浆法和土体注浆法的施工。
> 5. 掌握桥头搭板注浆维修方法。

任务6.1 下部结构结构形式及缺损类型

桥梁承重结构分为上部结构和下部结构两部分，并以支承点（或支座）为分界点。而支承点（或支座），一般被归为上部结构的部件。上部结构是桥梁跨越桥下空间、承受其上外加作用（包括恒载作用、车辆和人群荷载作用以及其他作用等）的结构。而下部结构是支承上部结构所有的部（构）件并将上部结构传来的作用效应及本身所受作用效应传递至基础土层或岩体上的结构。

桥梁下部结构一般分为桥台、桥墩与基础以及翼墙耳墙、锥坡护坡、河床调治物等附属工程（图6-1-1）。桥梁墩台和基础一般采用圬工结构和钢筋混凝土结构。翼墙耳墙、锥坡护坡、河床调治物等附属工程一般为圬工结构。

图6-1-1 桥梁下部结构示意图

下部结构构件技术状况分类见表6-1-1。

下部结构构件技术状况分类 表6-1-1

部 件	构 件	构件技术状况
桥墩	墩身	1.蜂窝、麻面；2.剥落、露筋；3.空洞、孔洞；4.钢筋锈蚀；5.混凝土碳化、腐蚀；6.磨损；7.圬工砌体缺陷；8.位移；9.裂缝
	盖梁和系梁	1.蜂窝、麻面；2.剥落、露筋；3.空洞、孔洞；4.钢筋锈蚀；5.混凝土碳化、腐蚀；6.裂缝

续上表

部 件	构 件	构件技术状况
桥台	台身	1.剥落;2.空洞、孔洞;3.磨损;4.混凝土碳化、腐蚀;5.圬工砌体缺陷;6.桥头跳车;7.台背排水;8.位移;9.裂缝
	台帽	1.破损;2.混凝土碳化、腐蚀;3.裂缝;4.空洞、孔洞
基础(包括水下基础)		1.冲刷、淘空;2.剥落、露筋;3.冲蚀;4.河底铺砌损坏;5.沉降;6.滑移和倾斜;7.裂缝
翼墙、耳墙		1.破损;2.位移;3.鼓肚、砌体松动;4.裂缝
锥坡、护坡		1.缺陷;2.冲刷
调治构造物		1.损坏;2.冲刷、变形

一、桥墩与桥台缺损

桥墩、桥台为桥梁的下部结构,是桥梁的重要组成部分之一。主要作用是承受上部结构传来的荷载,并将它及本身自重传给地基。

桥墩支承相邻的两孔桥跨,居于桥梁的中间部位。桥台居于全桥的两端,它的前端支承桥跨,后端与路基衔接,起着支挡台后路基填土并把桥跨与路基连接起来的作用。

桥梁墩台除承受上部结构的作用力外,还受到风力、流水压力及可能发生的冰压力、船只和漂流物的撞击力,桥台还需承受台背填土及填土上车辆荷载产生的附加侧压力。

因此,桥梁墩台不仅本身应具有足够的强度、刚度和稳定性,而且对地基的承载能力、沉降量、地基与基础之间的摩阻力等也都提出一定的要求。

梁桥常用的桥墩类型主要有:实体式(重力式)桥墩、桩柱式桥墩、柔性墩、钢筋混凝土空心墩和薄壁墩等。梁桥常用的桥台类型主要有:实体式(重力式)桥台、埋置式桥台、桩柱式桥台和轻型桥台。

图 6-1-2 为重力式桥墩与桥台,图 6-1-3 为目前公路桥梁最常用的墩台形式主要是桩柱式墩台。

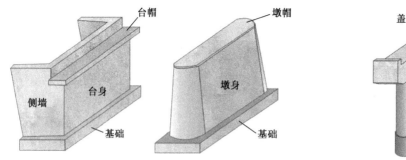

图 6-1-2 梁桥重力式墩台

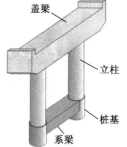

图 6-1-3 桩柱式墩台

桥墩桥台钢筋混凝土缺陷类型参见任务 3.1,裂缝类型参见任务 3.3。

1.圬工砌体缺陷

圬工墩台,受到水浸蚀,灰缝脱落(图 6-1-4),造成砌块脱落(图 6-1-5)。

图 6-1-4　桥墩砌缝脱落

图 6-1-5　桥台砌块松动脱落

2. 墩台撞击

桥墩桥台,易受到船只或车辆的撞击,检查时应注意梁底(或主拱圈)、桥墩、盖梁等部位是否有混凝土撞击剥落,是否有撞击裂缝。

例：某桥建于1898年,为 3×20 mT 梁桥,净空高度5m,位于运盐河航道上,经常受到船只撞击。检查时发现桥梁有多处撞击痕迹,造成混凝土剥落、梁体损伤,如图 6-1-6 所示。

图 6-1-6　某桥船只撞击部位

若撞击严重,则应检查桥墩、盖梁是否有裂缝,墩身、撞击点、梁柱节点是否压碎,墩台是否产生位移、倾斜,是否有梁体位移、落梁现象。

3. 盖梁、系梁与台帽混凝土缺损

盖梁、系梁和台帽位于桥梁下部,易受到水浸蚀,产生空洞、孔洞、钢筋锈蚀、混凝土剥落、露筋,碳化腐蚀,裂缝等缺损。如图 6-1-7、图 6-1-8 所示。

二、基础缺损

桥梁基础通常是指位于桥梁下部结构的最底部,与土层及岩层接触并将所承受的所有作用传递到岩土地基的部分,是影响桥梁整体性和稳定性的主要部件。

墩台基础的类型很多,但在工程上使用较普遍的主要类型还是扩大基础(浅埋基础)、桩基础(深基础)及沉井基础(深基础)。

图 6-1-7 盖梁压碎

图 6-1-8 盖梁混凝土劣化

桩基础和浅基础的检查要点是：

（1）基础是否有冲刷、淘空，钢筋锈蚀、混凝土剥落，冲蚀、腐蚀现象。

（2）基础是否沉降、滑移和倾斜。

（3）基础是否被船只或漂浮物撞击、擦伤。

（4）河底铺砌是否损坏。

1. 桩柱结合部缺损

（1）桩柱结合部缺陷

桩柱结合部是桩基与柱墩联结部位，缺陷较多，主要有：桩位放样错误，桩位偏斜，桩柱不对齐（图6-1-9）；施工中柱桩接头处的混凝土质量不良，接位不能满足要求；桥梁维修养护不及时，造成柱与桩连接部位缺陷，桥墩柱与基桩连接部位混凝土酥松，钢筋外露且结合部位不平顺，在流水作用下，该部位混凝土会被冲刷淘空或者严重磨损，特别是钢筋外露会引起锈蚀，必须修补（图6-1-10）。

图 6-1-9 桩柱结合部位破损

图 6-1-10 桩柱结合部位破损

（2）桩头缺损

钻孔灌注桩，混凝土自下而上灌注，桩头处混凝土凝结时间长，与泥浆混合，强度较低，一般采用破除桩头处理。桩头处理不到位，造成混凝土酥松，桩头低强。桩头受力较大，当强度不足、荷载过大时，造成开裂或混凝土压碎（图6-1-11、图6-1-12）。

图 6-1-11　桩头压裂

图 6-1-12　桩头强度不足

2. 承台、扩大基础底部缺损

(1) 承台、扩大基础底部酥松

承台、扩大基础底部，与水面或地基接触部位，混凝土施工时，模板安装不严密，漏浆严重，因此混凝土酥松、蜂窝，易造成裂缝、破损。有的采用破布、编织袋堵模板缝，外观极差（图6-1-13、图6-1-14）。

图 6-1-13　承台"悬空"

图 6-1-14　承台酥松

承台底部破损造成承台"悬空"，对承载力影响不大，但对外观和耐久性造成较大影响。

(2) 承台开裂

承台强度不足或受到外力的作用，如船只撞击等，可能导致承台破损（图6-1-15），地基变形、受力不均或受撞击，也可能导致开裂（图6-1-16）。

3. 基础冲刷、淘空

(1) 扩大基础冲刷淘空

建于整平的土地基上的扩大基础，其底板下的夯实土或填筑材料被流水冲刷，形成底板下的淘空（图6-1-17）、圬工或混凝土底板的水平开裂。

(2) 桩基础冲刷

对桩基础，被冲刷淘空的现象，呈悬空状，基桩部分外露（图6-1-18）。非法采砂，导致河床下降,桩基裸露,是造成基础冲刷主要原因之一。

图6-1-15　承台破损

图6-1-16　承台开裂

图6-1-17　拱桥基础冲刷

图6-1-18　桩柱式基础冲刷

桥梁墩台基础冲刷淘空病害,会在洪水发生时,扩大基础在流水作用下破坏,造成垮桥对于冲刷淘空造成桩基础的基础外露,使基础失去部分支承力和土摩擦力,影响桥梁稳定性,外露的桩基础易受洪水带来的滚石、漂木等的撞击,造成桩基桩体裂缝,甚至断裂。

4. 墩台基础腐蚀磨损

墩身混凝土表面磨损往往是表面被均匀磨损掉,既包括混凝土集料(例如粗细集料),也包括砂浆(水泥)等,这是与混凝土的剥落现象不同之处。形成的原因有冲蚀、腐蚀、冻融等。

（1）冲蚀

冲蚀又称气蚀,流速很快的水流中,当压力变化时会在水中产生很多气泡,这些气泡与水流一起向下流动,当它们进入高压区时,气泡会爆炸而产生较大的冲击力,从而造成混凝土表面磨损(图6-1-19)。

（2）侵蚀性介质的腐蚀

水中含有一定量的化学介质,水泥石的某些组分被介质溶解,某些化学反应的产物被水溶解、流失或化学反应的产物发生体积膨胀,然后裂缝开展并剥落,混凝土呈现易碎甚至松散的状态。主要分为硫酸盐腐蚀、酸腐蚀和海水(盐)腐蚀等,一般发生在干湿交替(常水位)附近,或盐渍土地面以上部位。桥墩的磨损往往是多种原因(冲蚀+腐蚀+冻融)造成(图6-1-20～

图6-1-22)。

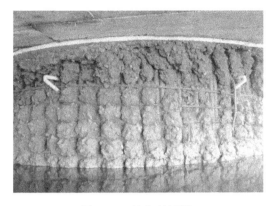

图6-1-19 桩基冲蚀露筋

图6-1-20 冻融和化学腐蚀

图6-1-21 干湿交替处腐蚀

图6-1-22 盐渍地区桥墩腐蚀

(3)冻融与冻裂

桥梁处于Ⅱ类环境条件(严寒地区的大气环境、使用除冰盐环境)下,潮湿或饱和的混凝土结构在冰融循环的反复作用下产生的混凝土冻害,称为混凝土冻融破坏,如图6-1-23所示。

北方地区采用撒盐除冰,由于盐类与冻融循环的共同作用引起的盐冻破坏是冻融循环破坏的一种特殊形式。盐冻破坏是静水压及盐溶液的渗透压和结晶压共同作用的结果,因此,盐冻破坏要比单纯的冻融破坏严酷得多。

混凝土冻融破坏会使混凝土的某些性能随时间劣化,造成混凝土结构的耐久性和安全性随服务时间劣化和降低,严重影响着结构的使用寿命。

严寒地区的桥梁,还会因冰冻而开裂,图6-1-24为青海某桥台冻裂。

桥墩混凝土表面磨损是随着时间而发展的过程,混凝土表面磨损深度较大时,会使内部钢筋失去混凝土保护而锈蚀,对桥梁耐久性有较大影响。

5.墩台基础沉降、滑移和倾斜

(1)基础沉降

在外荷载作用下,桥梁墩台基础下地基土的压缩变形称为基础沉降。

图6-1-23 桥墩冻融

图6-1-24 桥台冻裂

由于作用在基础上的荷载或多或少地总是不均匀,且地基土层也是非均匀的,这使得基础沉降一般也是不均匀的,而基础不均匀沉降将导致基础应力和桥梁上部结构内力分布发生变化。

桥梁墩台基础本身的不均匀沉降差较大,主要会造成墩台身上出现裂缝等缺陷,或立柱、盖梁等节点开裂压碎,见任务3.3。

桥梁墩与台之间或墩与墩之间的基础沉降差过大,会造成桥梁上部结构内力分布发生变化(上部结构为超静定结构时)和位移(竖向位移与转角),影响结构的安全性,在灾害(例如洪灾、地震灾害)发生时导致桥梁结构的破坏甚至垮桥。图6-1-25为梁桥基础下沉。

(2)桥台、基础滑移

基础滑移是指在恒载作用下,随时间而发生或发展的水平位移现象,多数发生在桥台。

①桥台向河流中心线(台前)方向发生的滑移,多见于混凝土梁式桥,特别是建在软土地基上的高桥台;桥台台身与锥坡铺砌表面之间有明显的整体分离、桥面伸缩装置被挤压坏、桥台后引道路面下沉且有明显的贯穿路面的横向裂缝、台前有土体隆起现象时,则桥台可能发生了滑移(图6-1-26)。

图6-1-25 梁桥基础下沉

图6-1-26 桥台向台前滑移

②桥台向河流岸侧(台后)方向发生的滑移,多见于建在土质地基之上的上承式拱桥。桥台台身与锥坡铺砌表面之间有明显的整体分离、桥面伸缩装置被拉坏、主拱圈(肋)出现裂缝宽度较大的径向裂缝和拱顶部位下挠较大等现象时,则桥台可能发生了滑移。

(3)桥墩、基础水平位移

桥墩的水平位移是由于基础位移造成的,桥梁附近堆土方砂石是基础位移的主要原因之一,因此,高速公路用地范围内不得堆放杂物,30m内不得建永久性建筑物。河床下降,地质滑坡位移等也往往造成桥墩的水平位移。

图6-1-27为砂石堆场侧压造成桥墩横向位移15cm,图6-1-28为某桥墩纵向位移15cm。桥墩的位移可以从支座位移、梁端位移变化发现。

图6-1-27　桥墩横向位移15cm　　　　　　图6-1-28　桥墩纵向位移15cm

(4)墩台倾斜

墩台倾斜的原因主要有自然灾害(如滑坡、地基位移)产生的土压力,或人为灾害(堆积土方、砂石、建筑垃圾等重物)产生的水平力、船只撞击等产生水平推力,基础淘空、河床下降或地基不均匀沉降,或施工支架变形、放样错误等。

图6-1-29为桥台在(滑坡)水平推力的作用下,基础位移小,桥台上部位移大,形成倾斜;图6-1-30为某桥倾倒弃土,水平土力造成桥墩开裂倾斜。

图6-1-29　土压力造成桥台倾斜　　　　　　图6-1-30　倾倒弃土造成桥墩倾斜

三、附属设施缺损

1. 翼墙、耳墙

翼墙,是为保证桥台两侧路基边坡稳定并起引导河流的作用而设置的一种挡土结构物。

翼墙有直墙式(垂直于端墙)或八字式(敞开斜置)两种。后者又称八字墙,是最常用的一种形式,斜置的角度一般习惯采用30°。翼墙的构造形式与地形、填土高度和接线密切相关。

耳墙,一般桥台承台以上的部位为背墙,在背墙两侧呈倒三角形的为耳墙,就像是人的耳朵一样,分布在两侧。

翼墙、耳墙主要缺陷是位移或开裂。由于台背回填土不密实,沉降时产生土侧压力,导致翼墙和耳墙产生位移,鼓肚、砌体松动,裂缝。图6-1-31为翼墙因土压力造成位移,并产生裂缝。

翼墙和耳墙的裂缝主要有强度(配筋)不足,产生纵向裂缝;伸缩缝失效,梁纵移顶推出斜裂缝;梁横移挡块劈裂,地基不均匀沉降,翼墙产生竖向裂缝和斜裂缝等。图6-1-32为主梁纵移,顶推耳墙,产生斜裂缝。

图6-1-31 翼墙位移

图6-1-32 耳墙裂缝

2. 锥坡、护坡

锥坡指的是为保护路堤边坡不受冲刷,在桥涵与路基相接处修筑的锥形护坡。护坡是为防止桥台坡面遭受冲刷侵蚀而铺筑的设施。

锥坡、护坡缺陷主要是因砌体破损、填土沉降、冲刷等原因产生的空洞孔洞、破损坍塌沉降,锥坡体和坡脚冲蚀、淘空现象,使锥坡、护坡功能降低。由于水流的冲刷,造成如图6-1-33、图6-1-34所示缺陷。

图6-1-33 护坡冲刷

图6-1-34 锥坡淘空

3. 河床及调治构造物

(1) 河床亦称"河槽"。河谷中被水流淹没的部分。随水位涨落而变化。其形态受地形、地质、土壤、水流冲刷、搬运和泥沙堆积的影响,应注意堵塞,冲刷,河床变迁。图 6-1-35 为非法采砂导致河床变迁。

(2) 调治构造物指的是为引导或改变水流方向,使水流平顺地通过桥孔以减缓水流对桥位附近河床、河岸的冲刷而修建的水工构造物。如:导流堤、梨形坝、长堤、丁坝、顺坝、截水坝等。其主要作用是整治河道,使水流均匀顺畅地通过桥孔,防止桥位附近的河床和河岸产生不利的变形,以保证桥梁墩台和桥头引道的正常使用以及附近河堤、建筑、农田等免受水害。图 6-1-36 为调治物的损坏。

图 6-1-35　河床变迁

图 6-1-36　调治构造物的损坏

任务 6.2　下部结构养护维修

一、混凝土结构表层缺陷的处理

在充分检查的基础上,了解并测试墩台结构的形状、施工截面、周围环境、影响因素及其他特殊要求后,整理其资料;充分对缺陷进行分析,确定其缺陷等级,有针对性地制订出修补方案和计划。

1. 常用的修补材料

(1) 混凝土材料

用混合料与原结构级配相同,或高一级的细石混凝土来进行修补;水泥强度等级要求大于42.5,技术指标都不低于原结构。

(2) 水泥砂浆

要求不低于原结构的水泥砂浆,并要求进行试验检验。可进行人工填压法、喷浆修补法。

(3) 混凝土胶黏剂

分别用于表面封涂、灌浆、黏结、浇筑等方法对缺陷进行修补,见表 6-2-1。

SC 系列混凝土环氧胶浆配合比　　　　表 6-2-1

形式	矿粉	胶液	黄砂	碎石	固化剂	膨胀剂
净浆	1.0	0.5～0.6	—	—	0.1	0.01
砂浆	1.0	0.8～1.0	2	—	0.1	0.01
混凝土	1.0	0.9～1.1	1	1.3～2.0	0.1	0.01

(4) 环氧树脂类有机黏结材料

用于混凝土表面缺陷修补,常用环氧混凝土、环氧砂浆、环氧胶液。

2. 混凝土结构表面常用修补法

(1) 混凝土修补

常采用直接浇筑、喷射、压浆等方法。注意的问题:要对凿除的部分进行清理干净,对交接面处要进行黏结处理(如环氧砂浆),修补完毕后要加强养护处理。

(2) 水泥砂浆的修补

小面积的缺陷可用人工涂抹的方法进行处理,注意压光时要加强力度。这种处理方法由于在截面处 1 个月后会出现收缩裂缝,一般都要进行胶液处理。

喷浆修补法:将水泥、砂和水混合后,经高压喷嘴喷射到修补部位的一种修补法,适用于重要结构、大面积的混凝土表面缺陷和破损的修补,方法与前相同。

(3) 混凝土黏结剂修补

对混凝土结构的表面风化、剥落、露筋及小面积的破损,一般可采用混凝土胶黏剂进行表面封涂修补方法。施工工艺应注意的问题:缺陷表面处理、胶黏剂拌制、缺陷封嵌、封涂处养护。

(4) 浇筑涂层修补

混凝土结构损坏较大,且深入构造内一定深度的损坏,可以采用此法进行修补。工艺流程为:表面处理→支立模板→备料→灌注→养护。

(5) 环氧树脂修补

这种材料的费用较高、工艺较复杂,通常在特殊的情况下才采用。它有一定的表面处理技术要求与施工工艺要求。

二、砖石结构表层缺陷处理

砖石结构表层缺陷处理的常用方法有:勾缝、表面局部修补、镶面石修理、表面风化整治、墩台裂纹整治。

1. 勾缝

砌体圬工由于气候的影响,雨水的侵蚀,砌缝材料质量欠佳或施工不良,最易造成砌缝砂浆的松散脱落,就需要重新勾缝。勾缝时,可用手凿或风动凿子凿去已破损的灰缝,深 3～5cm,用压力水彻底冲洗干净,然后用水泥砂浆重新勾缝。勾缝前先刷一层纯水泥浆使砂浆与砌石能很好地结合。勾缝时用抹子把砂浆填入缝内后再用勾缝器压紧切去飞边使其密实。这种凹形缝抵抗风化较为耐久,片石砌筑物则可用平缝。

桥台和护锥接触处一般常有离缝。如用砂浆勾缝不久又会裂开,可用浸过沥青的麻筋填紧,防止雨水侵入。

2. 表面局部修补

当圬工表面局部损坏、脱落不太严重时,可以将破损部分清除,凿毛洗净,然后用水泥砂浆分层填补至需要厚度,并将表面抹平。当损坏深度和范围较大时可在新旧混凝土结合处设置钎钉,必要时挂钢筋网,立好模板浇灌混凝土。

3. 镶面石修理

镶面石破损时可以个别更换或换以预制混凝土块。如镶面石仅松动而没有破碎,可采用捣垫半干硬性水泥砂浆的方法进行整治。方法是先将其周围的灰缝凿去,然后取下镶面石,将内部失效灰浆全部铲除并用水冲洗干净,再用M10砂浆填实安上镶面石,并在其四周捣垫半干硬砂浆。如镶面石更换的面积很大,为了使它能很好地和原有圬工结合牢固,可在原圬工上安装带倒刺的套扣,用锚钉或爪钉与套扣相连来承托新的镶面石。

4. 表面风化整治

圬工表面风化、剥落、蜂窝麻面可加M10水泥砂浆防护,如用手工抹浆,则先将风化剥落表层彻底凿除,并将表面凿毛,用水冲洗干净并保持湿润,然后分层抹浆,每层为10~15mm,总厚度一般为20~30mm。压力喷浆适用于面积较大的抹面。将圬工表面处理冲洗后,在原有圬工面上每隔30~80cm插入钎钉。挂上钢丝网,钢丝直径2~4mm,网格5~10cm,钢丝网与表面间至少应保持10mm的距离,然后用喷浆机喷浆。

5. 墩台裂纹整治

对于微细而数量较多的裂纹,可用喷浆或抹浆的方法来处理,也可涂两层环氧树脂涂料封闭。配制方法:将定量的环氧树脂用水浴法(将物品装入器皿置于水中加温至40℃,加入二丁醋搅拌均匀,然后将硬化剂加入迅速搅匀即成树脂浆)配制而成。如果要求其颜色与普通混凝土相似,可另加细填充料:32.5级普通水泥30g、立德粉(锌钡白)10g,拌和均匀后将树脂浆倒入,边拌边压均匀即可使用。涂刷前应用钢丝刷祛除裂纹附近圬工表面上的污秽、油漆和灰尘,并用丙酮擦洗(如用水冲洗,则须待干燥后才能涂环氧树脂涂料)。对于一般的表面裂纹,可采用环氧树脂砂浆或环氧腻子修补。环氧树脂砂浆配制方法:粗细填充料拌和均匀后,将配制好的树脂浆倒入,边搅边压均匀即成。

下部结构的混凝土裂缝处理措施参见任务3.4所述方法。

三、墩台基础其他缺陷的处理

1. 基础局部冲空或损坏

(1)水深在3m以下时,可筑草袋围堰或板桩围堰,然后把水抽干。当水难以抽干时,则可浇水下混凝土封底后再抽,抽水后以砌石或混凝土填补冲空部分。对于水下部分基础的修补,亦可不抽水而把钢筋混凝土薄壁套箱围堰下沉到损坏处附近河底,在套箱与桥墩间浇筑水下混凝土以包裹损坏或冲空处。

(2)水深在3m以上时,以麻袋盛装干硬性混凝土,每袋装置量为麻袋容积的2/3,通过潜水作业将袋装混凝土分层填塞冲空部分,并注意比基础宽0.2~0.4m。

2. 基础置于风化岩石上

当基础置于风化岩石上,基底外缘已被冲空时,应及时清除表面严重风化部分。在浅水时,填以混凝土,并将周围风化地基用水泥砂浆封闭;在深水时,要采取潜水作业,并铺以袋装干硬性混凝土。

3. 钢筋混凝土灌注桩和打桩基础受水冲刷、侵蚀

钢筋混凝土灌注桩和打桩基础受水冲刷、侵蚀时,应采用以下方法进行修理:

(1)检查损伤程度,用水泥砂浆修补到原来状态。
(2)如桩身有空洞,可灌注水泥混凝土进行修复。
(3)抛填大块石、石笼护底或钢筋混凝土砌块防护,以免继续冲刷。

4. 河床受到水流冲刷而危及桥梁墩台基础

当河床受到水流冲刷而危及桥梁墩台基础时,必须采取防护措施。根据河床地质情况及冲刷范围的不同,采取不同的防护措施。

(1)河床较稳定,冲刷范围较小时,一般用石笼防护。石笼铅丝、型钢或钢筋相互连接。抛石结束后,应按设计要求进行埋坡。
(2)河床较稳定,冲刷范围较小,并且为土质及细粒河床时,一般用板桩防护。注意板桩顶面高程不应高于河床。
(3)河床不稳定,基础埋置较浅,冲刷范围较大时,一般用浆砌块片石防护。采用双层或单层块(片)石做平面防护时,当河床面有淤泥杂物时,应清除淤泥回填砂砾,夯实后再砌石。
(4)桥梁位于弯曲河流宽大河滩段下游,桥孔压缩大,河床变迁,水流局部冲刷很大时,可采用加设调治构造物的方法。

如图 6-2-1 所示几种防护措施,仅供参考。

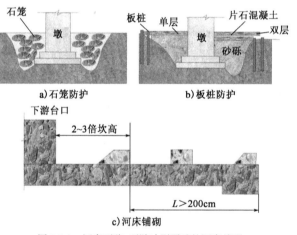

图 6-2-1 河床不稳、下游冲刷严重的河床处理

另外,《公路桥梁加固设计规范》(JTG/T J22—2008)规定:山区或山前区上下游附近河床被冲刷,山坡陡,冲刷较严重的小桥梁,可在其上游设置缓流井或带有阶梯的跃水槽等消能设施。对于流速较大的中小桥,当下游河床采用延长块石铺砌加固仍不能满足抗冲刷要求时,可采用在下游台口以外加设挑坎的方法来加强防冲能力。桥位在水库下游或桥下游有采砂场时,河床将逐年下降,这对桥梁基础特别是浅基础非常不利。当河床宽度不大时,可在桥梁下游适当位置构筑拦沙坝。对于冲刷较小的河床,可用干砌做整孔防护。对于冲刷较严重的山

区及山前区漂石、卵石及砂质河床,一般以浆砌块石护底。

任务 6.3　下部结构加固

桥梁在使用过程中,下部结构的刚度和承载力会因各种损坏而下降,根据不同的损坏程度、不同的结构情况,进行维修加固,以确保行车安全,延长桥梁使用寿命。同时可避免拆除重建,从而减少投资,充分发挥现有公路基本设施的经济效益和社会效益。本任务将对桥梁下部结构各部分的加固方法进行介绍。

一、盖梁加固

盖梁可采用施加体外预应力、增大截面、粘贴钢板或碳纤维等方法加固。施工规定:
(1)该规定适用于钢筋混凝土盖梁的加固施工。
(2)盖梁加固按本书项目4相关规定执行。用钢筋混凝土接长或加宽盖梁除应满足本书项目4的相关规定外,还应满足下列要求:
①接长盖梁时应凿除连接部位的混凝土保护层,露出钢筋,新接长的钢筋应与原主筋焊接。
②新旧混凝土连接表面应粗糙,宜做剪力槽,加宽盖梁应植筋。

二、桥墩加固

1. 柱式墩可采用增大截面、钢套管内灌注混凝土、粘贴碳纤维或钢板等方法加固

柱式墩增大截面加固法是在墩柱的表面增加混凝土并配置纵横向钢筋,纵筋必须锚固在承台中。承台也相应进行加固。增大截面加固法通常采用的形式有圆形、矩形;加固方式可分为全截面加固和部分截面加固。

圆形墩柱应采用密布箍筋或螺旋式箍筋;矩形截面应添加辅助箍筋,凿去原有墩柱转角处的混凝土,采用多角形箍筋。密布箍筋的直径不应小于10mm,最大肢距不宜大于250mm,最大间距应取100mm、$6d_s$、$b/4$ 三者中的最小值,其中 d_s 为纵筋直径,b_s 为墩柱弯曲方向的截面宽度;螺旋式箍筋的接头必须采用对接,矩形箍筋应有135°弯构,并伸入核心混凝土之内 $6d_s$ 以上(图6-3-1)。

圆柱墩加固

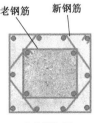
方柱墩加固

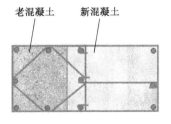
部分截面加固

图6-3-1　柱式墩加固

2. 重力式桥墩可采用钢筋混凝土套箍或护套加固法

如桥梁墩台出现贯通裂缝,为防止裂缝的继续发展,使之能正常使用,可用钢筋混凝土围带或钢箍进行加固。加固时,一般在墩身上、中、下分设三道围带;其间距应大致相当于桥墩侧面的宽度。每个围带的宽度,则根据裂缝情况和大小而定,一般为墩台高度的1/10左右,厚度采用10~20cm。为加强围带与墩台的连接,应在墩身内埋置直径10~25mm的钢销,埋入深度为钢销直径的20倍左右,把围带的钢筋网扎在钢销上,埋钢销的孔眼要比销径大出15~20mm,先填满销孔,再浇筑混凝土,同时填塞裂缝。

当墩台损坏严重,如有严重裂缝及大面积表面破损、风化和剥落时,则可采用围绕整个墩台设置钢筋混凝土护套的方法进行加固,如图6-3-2所示。

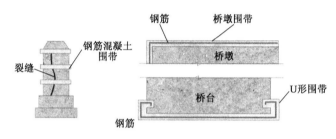

图6-3-2 用钢筋混凝土围带加固桥梁墩台

钢筋混凝土套箍或护套加固法构造要求:

(1)钢筋混凝土墩台出现环向裂缝时,沿裂缝布置一道套箍,套箍高度不小于1.5m,厚度250~400mm。

(2)钢筋混凝土墩台竖向裂缝可用数个套箍加固,每隔一定高度设置一道,其宽度由裂缝分布和高度而定,厚度采用100~200mm。

(3)被加固墩台为圬工结构时,套箍宜与注浆锚杆共同使用,锚杆间距根据墩台结构尺寸确定,一般为1.5~2.0m。外露锚具应进行防腐处理。

(4)套箍混凝土强度等级不低于C25,配筋率不小于0.4%。

(5)套箍钢筋应与原结构可靠连接,当采用植筋技术时,其构造应符合相关规定。

(6)外包钢板护套加固墩柱应符合下列规定:

①采用注浆法外包型钢加固时,构件表面应打磨粗糙、无油污。注浆压力不应低于0.1MPa。灌浆后严禁再对型钢进行锤击、焊接。

②采用干式外包型钢加固时,型钢与构件之间应用水泥砂浆填实。施焊钢板时,应用夹具夹紧型钢。用螺栓套箍时,拧紧螺母后可将螺母与垫板电焊。

③钢板应进行防锈涂装。

三、桥台加固

桥台修建在软土地基上很容易产生一定程度的损伤,主要是由于软土地基的土质比较松软,连接桥梁的路堤填土过高,这都会造成桥台产生一定程度的塌陷和位移,更为严重的是会出现软土层的滑移,就会使桥台和路堤一起发生大面积的滑动而倒塌。针对这些情况,桥台可采用外包钢筋混凝土套箍、更换台后填土、增设辅助挡土墙、框架梁加注浆锚杆等方法加固。

1. 增设辅助挡土墙

当桥台加固措施必须保证肋板间的土体侧压力不作用在桥台上,加固改造后形成桥台和挡土结构各自独立的受力体系,保持现状桥台的受力平衡状态。在这样的前提下,可以考虑采用加筋形式的挡土墙结构,主要有加筋土挡土墙、锚杆挡土墙、土钉式挡土墙三种。

(1)加筋土挡土墙

加筋土挡土墙是在土中布置拉筋,利用拉筋与土之间的摩擦作用,改善土体的工程性能,从而达到稳定土体的目的。主要用于填方工程中,施工顺序为从下向上逐层布筋,回填压实。

(2)锚杆挡土墙

锚杆挡土墙是依靠锚杆与土体接触面上的摩阻力来提高土体边坡稳定性,主要应用于挖方工程中。锚杆布置间距较大,单根锚杆承受荷载较大,每根锚杆对于挡土墙结构而言都是主要的受力构件,为防止墙面受冲切破坏,其端部构造较复杂,一般均锚固于横、纵梁上。实际施工中,由于锚杆一般较长,需要大型机械及相应的作业面。

(3)土钉式挡土墙

土钉式挡土墙依靠土钉与土体接触面上的黏结力、摩阻力来提高边坡稳定性,主要应用于挖方工程中,土钉布置间距较小,单根土钉承受的荷载较小,即使个别土钉失效,对整个结构的影响也不大,护面板构造简单,一般采用小尺寸垫板和喷射混凝土面板即可满足受力要求。实际施工中,土钉长度较短,直径较小,施工设备轻便,操作灵活。

2. 框架梁加注浆锚杆法

这种方法适用于浆砌片石桥台加固。主要从两个方面入手,一为改善浆砌片石结构的内在质量,二为补强桥台的抗弯剪能力。

(1)小孔注浆提高桥台整体性

浆砌片石结构的内在质量主要问题在于片石与片石之间注浆不饱满或片石尺寸过小,通过小孔道注浆的方式,将新的浆液注入片石与片石之间,提高结构的整体性,改善自身砌筑质量。

利用小孔注浆提高结构的整体性的加固方法对施工工艺要求较高,成孔方式、成孔深度、注浆压力、注浆量、注浆方式、注浆间距以及浆液配合比等参数的选取对注浆施工的成败起到关键作用。

(2)框架注浆锚杆补强层提高台身的抗弯剪能力

通过在台身中上部设置注浆锚杆,对台后填土进行注浆加固,能够有效提高台后填土的黏聚力和内摩擦角,减少台后填土的主动土压力,有利于桥台的受力,同时,在弯矩较大的位置设置锚杆,相当于在台身加设弹性支承,能够有效减小台后土压力对台身特别是台身上部的弯矩。

另外,外包钢筋混凝土套箍法与墩柱加固中的钢筋混凝土套箍或护套加固法类似,墩柱加固中的钢筋混凝土套箍或护套加固法同样适用于桥台加固。

3. 施工规定

(1)浆砌片石桥台采用注浆加固的施工技术要求,应符合《公路桥梁加固施工技术规范》(JTG/T J22—2008)第10.7.1条有关规定。

(2)侧墙及台身前缘采用现浇钢筋混凝土补强,在原石砌台身内植入连接钢筋。施工技术要求应符合《公路桥梁加固施工技术规范》(JTG/T J22—2008)第6章相关规定。

(3)基础因不均匀沉降产生裂缝,应先加固地基基础,再封闭裂缝,必要时根据设计要求加固上、下部结构。

(4)台后填土不密实时,可采用换填、注浆等方法进行处理。换填施工应重做台后防排水系统。其施工技术要求应符合《公路桥涵施工技术规范》(JTG/T 3650—2020)的相关规定。

(5)桥台加固时应观测台身的稳定性,必要时增加临时性支承防止滑移或倾覆。

四、承台加固

承台作为桩基础的重要组成部分,起着承上启下的作用。针对承载能力严重不足的承台提出了预应力承台加固法和墩身加宽法。

1. 预应力承台加固法

当承台的系杆抗拉承载力和桩向上冲切承台的冲切承载能力不足时,在承台下部通过水平钻孔,增加预应力钢束,将承台底系杆的拉力全部由预应力钢束承担,同时也可提高承台的抗冲切能力。

施工工艺:

(1)开挖承台两侧的回填土。

(2)凿平钢束孔周围的混凝土,凿平尺寸应比钢垫板略大。

(3)定位钢束孔,用导向钻杆水平钻孔。钢束孔两端用钻杆局部扩孔。清洗、吹干孔洞。在钢束孔布置时,注意避免钢束孔与承台钢筋网冲突和避免钢束孔与桩受力最大钢筋冲突。

(4)清洗钢垫板表面的混凝土表面,用水泥浆把加工好的钢垫板固定就位,钢垫板面应与钢束孔垂直,穿钢束、安装锚具。

(5)张拉钢束。为了抵消部分预应力损失,预应力束考虑超张拉5%。

(6)按设计图纸定位植筋孔、钻孔,把孔洞清洗干净,用钢筋锚固料植筋,钢筋外露一定距离。

(7)用水泥浆对钢束孔进行真空压浆。

(8)混凝土封锚。

2. 墩身加宽法

在桥梁上部结构作用力未施加于桥墩时可采用墩身加宽法。通过加宽墩身尺寸,让桥梁上部结构的力直接传给桩基,可以明显提高承台的承载力,从而解决承台承载能力严重不足的问题。

施工工艺:

(1)凿毛墩身,并把墩身刷洗干净。

(2)在墩身周围钻孔,把孔洞清洗干净,用钢筋锚固料植筋,钢筋外露15~25cm(根据后浇混凝土厚度调整钢筋外露长度)。

(3)在承台上钻孔,把孔洞清洗干净,用钢筋锚固料植筋,钢筋外露25cm,承台上的植筋与后浇的墩身主钢筋一一对应。

(4)绑扎桥墩钢筋,桥墩主筋与承台上的植筋双面焊接,立模浇筑混凝土,可在混凝土中添加适量膨胀剂,但其自由膨胀率应小于0.3%。

3．施工规定

(1)水中承台的加固方案应综合考虑河宽、桥下净空、原桥永久性结构物、航道等因素,确保技术的可行性及施工的安全性,宜采用围堰施工。

(2)地面承台加固开挖时应严格控制开挖范围,确保周围土体的稳定性。

(3)结构水下部分加固施工应符合下列规定:

①加固材料宜采用水下环氧砂浆、水下不离析混凝土以及其他水下混凝土。

②加固前应对原结构接合面进行清理。

③加固宜采用立模灌浆法。

(4)增大承台截面施工应符合下列规定:

①应先处理原承台存在的缺陷。

②混凝土表面凿毛处理后,应冲洗干净,浇筑混凝土前应保持湿润清洁。

③对原有钢筋应进行除锈处理,并应逐根分区分层进行焊接。

五、基础加固

基础加固可采用增大基础底面积、增大桩头面积或增加桩基、增设支撑梁等方法加固。

1．扩大基础加固法

桥梁基础扩大底面积的加固,称为扩大基础加固法。扩大基础加固法适用于基础承载力不足或埋置太浅,而墩台又是砖石或混凝土刚性实体基础时的情况。当构造物基础具有较大的不均匀沉降,并且地基土质比较坚实时,可以采用扩大基础法进行加固。而对于扩大部分基础底部的地基承载力不足的问题,可采取在扩大部分基础下打入一定数量的桩以提高地基承载力,桩的数量根据地基变形计算来加以选定。

在刚性实体式基础周围加石砌圬工或混凝土以扩大基础的承载面积,如图6-3-3所示。

1)施工工艺

(1)通常在必须加宽的范围内先打板桩围堰,如墩台基底土壤不好时,应作必要的加固。

(2)挖去堰内土体,直挖至必要的深度,以保证墩台的安全。

(3)在堰内把水抽干后,铺砌石块(浆砌)或作混凝土基础。

(4)新旧基础要注意牢固结合,施工时可加设联系(锚固)钢筋或插钢销,以使加固扩大基础和旧基础牢固地结合成一个整体。

2)施工规定

(1)基坑应严格按设计要求开挖,不得超深、超宽,避免基坑坍塌。

(2)应采取措施保护原基础,使其不受基坑开挖、抽排水的影响。

(3)基坑开挖至设计高程后,应检测基坑承载力,如达不到设计要求时,应对地基进行加固处理。

(4)增大基础时,应将原基础存在的缺陷清理至密实部位,将接合面凿毛,按设计要求植筋,并与新增的钢筋骨架连成整体,确保新旧混凝土接合牢固。

2. 补桩加固法

当地基承载力不够,为提高地基承载力,对桩式基础可增基桩(钻孔桩或打入桩)并扩大原承台,使墩台的压力部分传递至新桩基。在桩式基础的周围补加钻孔桩或打入钢筋混凝土预制桩并扩大原承台,并将承台与桩顶连接在一起,以提高基础承载力,增加基础稳定性,这种方法叫增补桩基加固法(图6-3-4)。这种加固方法的优点是不需要抽水筑坝等水下施工作业,且加固效果显著。其缺点是需搭设打桩架和开凿桥面,对桥头原有架空线路及陆上、水上交通均有一定影响。

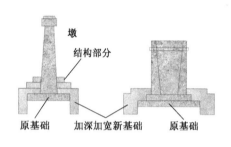

图6-3-3 扩大基础加固示意图

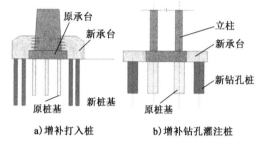

图6-3-4 增补桩基加固示意图

1)增补桩基的加固方法

增补桩基加固法的适用条件有以下三点:

(1)对原桥梁采用桩基础的改造拓宽项目,通过增加桩的数量,扩大承台面积,提高基础承载力。

(2)桥梁墩台基底下有软弱层,墩台发生沉陷,而桩的深度不足。

(3)由于风蚀、水蚀或冲刷等原因使桩基外露或发生倾斜。

对单排架桩式桥墩采用打桩(钻孔灌注桩)加固时,如原有桩距较大(在4~5倍桩径时),可在桩间插桩,如原有桩距较小且通航净跨允许缩小时,可在原排架两侧增加桩数,成为三排式的墩桩。

当桥台垂直承载力不足时,一般可在台前增加一排桩并浇筑盖梁,以分担上部结构传来的压力。打桩(钻孔桩)时可利用原有桥面作脚手架,在桥面上开洞插桩。增浇的盖梁可单独受力,也可连接在一起,使旧盖梁、旧桩及新桩一起受力。

在对一些结构良好的老桥采用增补桩基实施下部结构的加固时,往往受桥下净空影响,不能满足常规机械的进入,可利用老桥的上部结构自重,以手动大吨位千斤顶,将预制桩无振动、无噪声地嵌入土中。压入桩的承台与施工反梁合二为一,既为静压施工传递上部恒载的反梁,又为加固的桥墩提供一个新老桩基共同受力的承台。

2)构造要求

(1)桩的构造、布置和中距

①钻孔桩设计直径不宜小于80cm。

②混凝土强度等级,对于钻孔桩不低于C15,水下混凝土不应低于C20,对于打入桩不低于C25。

③钢筋混凝土沉桩,桩身配筋应按运输、沉入和使用各阶段内力要求配筋。桩的两端或接

桩区箍筋或螺旋筋的间距需加密。

④加桩与原桩可采用对称布置。

⑤采用摩擦桩时,钻孔灌注桩中距不得小于成孔直径的2.5倍,打入桩在桩尖处的中距不得小于桩径(边长)的3~4倍,且在承台底面处的中距均不得小于桩径(边长)的1.5倍。

⑥采用柱桩时,桩基中距不宜小于桩径(边长)的2.0~2.5倍。

⑦边桩外侧与承台边缘的距离,对于直径(边长)小于或等于1m的桩,不得小于0.5倍桩径(边长)并不小于25cm;对于直径(边长)大于1m的桩,不得小于0.3倍桩径并不小于50cm。

(2)混凝土承台的新旧连接

加桩时,可以扩大原来承台尺寸或在原有承台上再加一层新承台,把上部传来的荷载通过新承台传递到新桩。为使上部荷载由墩身很好地传递给新建承台,可在新建承台与既有承台接触范围内,将原承台凿成锯齿状剪力键,设置锚栓(图6-3-5);也可采用植筋法连接新老承台,即通过植入的钢筋承接和传递弯矩及剪力,并使新旧混凝土形成有机整体,以达到扩大原承台尺寸的目的。

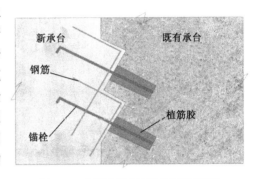

图6-3-5 混凝土承台连接剪力键示意图

为加强新旧混凝土的结合,应把原承台有蜂窝或空洞缺陷的部分尽可能凿除,并对新承台下的加桩顶部分进行凿毛处理,使之露出新鲜混凝土,让混凝土表面保持湿润、清洁,在完成以上工作后,立即在钢筋及其周围的混凝土上涂抹一层水泥浆液或其他胶黏剂,把浆液仔细地刷进混凝土内并均匀地刷到钢筋上,同时,在涂抹的浆液尚未凝固时,立即浇筑新的混凝土。

任务6.4 墩台地基加固

地基可采用高压旋喷注浆、土体注浆等方法加固。

一、高压旋喷注浆法

高压旋喷注浆法是利用地质钻孔,将旋喷注浆管置于预计的地基加固深度,借助注浆管的旋转和提升运动,用一定的压力从喷嘴中喷射液流,冲击土体,把土和浆液搅拌成混合体,随后凝聚固结,形成一种新的有一定强度的人工地基。高压旋喷注浆法加固墩台基础示意图如图6-4-1所示。

1.高压旋喷注浆法的适用范围

(1)土质条件适用范围:主要适用于处理淤泥、淤泥质土、黏性土、粉土、黄土、砂质填土和碎石土等地基。

(2)工程适用范围:高压旋喷注浆法的适用范围很广,宜作为地基加固和基础防渗之用,而在桥梁工程中主要用于桥梁墩台基础的加固以及作为防渗帷幕,提高地基的承载力。

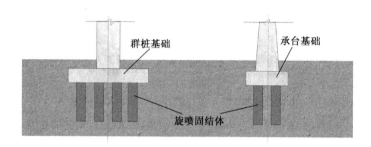

图 6-4-1　高压旋喷注浆法加固墩台基础示意图

2．加固机理

高压旋喷注浆法的加固机理主要有如下三个方面：

(1) 高压喷射流对土体的破坏作用

破坏土体结构强度的最主要因素是喷射动压。喷射流在终期区域能量衰减很大，不能直接冲击土体使土颗粒剥落，但能对有效射程的边界土产生挤压力，对四周土有压密作用，并使部分浆液进入土粒之间的孔隙里，使固结体与四周土紧密相依，不产生脱离现象。

(2) 水(浆)、气同轴喷射流对土的破坏作用

单射流虽然具有巨大的能量，但由于压力在土中急剧衰减，因此破坏土的有效射程较短，致使旋喷固结体的直径较小。

当在喷嘴出口的高压水喷射流的周围加上圆筒状空气射流，进行水、气同轴喷射时，空气流使水或浆的高压喷射流从破坏的土体上将土粒迅速吹散。使高压喷射流的喷射破坏条件得到改善，阻力大大减小，能量消耗降低，因而增大了高压喷射流的破坏能力，形成的旋喷固结体的直径较大。高速空气具有防止高速水射流动压急剧衰减的作用。

(3) 水泥与土的固结机理

水泥与水拌和后，首先产生铝酸三钙水化物和氢氧化钙，它们可溶于水中，但溶解度不高，很快就达到饱和，这种化学反应连续不断地进行，就析出一种胶质物体。这种胶质物体有一部分混在水中悬浮，后来就包围在水泥微粒的表面，形成一层胶凝薄膜。所生成的硅酸二钙水化物几乎不溶于水，只能以无定形体的胶质包围在水泥微粒的表层，另一部分渗入水中。而由水泥各种成分所生成的胶凝膜，逐渐发展起来成为胶凝体，此时表现为水泥的初凝状态，开始有胶黏的性质。此后，水泥各成分在不缺水、不干涸的情况下，继续不断按上述水化程序发展、增强和扩大，从而产生下列现象：

①胶凝体增大并吸收水分，使凝固加速，结合更密。

②由于微晶(结晶核)的产生进而生出结晶体，结晶体与胶凝体相互包围渗透并达到一种稳定状态，这就是硬化的开始。

③水化作用继续深入水泥微粒内部，使未水化部分再参加以上的化学反应，直到完全没有水分以及胶质凝固和结晶充盈为止。但无论水化时间持续多久，很难将水泥微粒内核全部水化，所以水化过程是一个长久过程。加固后的土体固结强度高，质量略大，渗透系数小，见表6-4-1。

高压旋喷注浆法的基本工艺类型 表 6-4-1

工艺类型	示意简图	说　明
单管旋喷注浆法		注浆管钻进至一定深度后,由高压泥浆泵等高压发生装置,以一定的压力,将浆液从喷嘴中喷射出去冲击破坏土体,同时,使浆液与土体搅拌混合,在土中形成圆柱形的固结体
二重管旋喷注浆法		使用双通道的二重注浆管,当注浆管钻进至预定深度后,通过双重喷嘴,同时喷射出高压浆液和空气两种介质的喷射流冲击破坏土体。 在高压浆流和它外围环绕空气的共同作用下,破坏土体的能量增大,最后形成固结体的直径也明显增加
三重管旋喷注浆法		分别使用输送水、气、浆三种介质的三重注浆管。由此可在土中凝固为直径较大的圆柱状固结体

3. 高压旋喷注浆法的工艺类型

高压旋喷注浆法的基本工艺类型有三种:单管旋喷注浆法、二重管旋喷注浆法及三重管旋喷注浆法。三种类型的高压旋喷注浆法的工艺过程如表 6-4-1 所示。

4. 旋喷注浆法主要特征

旋喷注浆法与静压注浆法有所不同,而且与其他地基处理方法相比,更有独到之处。旋喷注浆法的主要特征见表 6-4-2。

旋喷注浆法的主要特征 表 6-4-2

主要特征	说　明
使用范围广	以高射流直接破坏并加固土体,固结体的质量提高、适用范围较大;可在工程建设之前、建设中、建设后,进行结构维护及加固
施工简便	只需在土层中钻一个直径为 50～100mm 小孔,便可在土中喷射成直径为 0.4～2.0m 的固结体
固结体形状可靠	为满足工程需要,可以调整喷射压力或喷射孔径改变流量、旋转速度和提升速度,使固结体成为设计所需要的形状
确保固结强度	采用不同的浆液种类、粉体种类和配方,得到所需的固结体强度
有较好的耐久性	从使用浆液和粉体的性质来看,只要采用针对性的处理,就能得到预期的稳定加固效果和结构的耐久性

续上表

主 要 特 征	说　　　明
使用材料来源广泛，价格低廉	喷射的材料以水泥混凝土、化学材料、粉状石灰等为主体，材料来源广泛,价格低廉
设备简单、管理方便	设备国产化，而技术成熟,占地面积小而机动性强。施工简便,施工中对喷射的压力、吸浆量和冒浆情况的测量,便于检测和管理,质量能够保证

5. 施工工艺

(1)施工方法

高压喷射注浆设备可根据工程具体情况和机具条件选择如下。

①单管法:单独喷射水泥浆液。

②双管法:同轴喷射水泥浆液和压缩空气。

③三重管法:同轴喷射高压水和压缩空气,并注入水泥浆。

单管法桩径可达 $0.3 \sim 0.8$m,双管法的桩径一般为 1m,三重管法的桩径可达 $1 \sim 1.5$m。施工的主要机具和参数如表 6-4-3 所示。

主要机具和施工参数　　表 6-4-3

项　　目		单 管 法	双 管 法	三 重 管 法
喷嘴孔径(mm)		$2 \sim 3$	$2 \sim 3$	$2 \sim 3$
喷嘴个数(个)		2	$1 \sim 2$	$1 \sim 2$
旋转速度(r/min)		20	10	$5 \sim 15$
提升速度(mm/min)		$200 \sim 250$	100	$50 \sim 150$
高压泵	压力(MPa)	$20 \sim 40$	$20 \sim 40$	$20 \sim 40$
	流量(L/min)	$60 \sim 120$	$60 \sim 120$	$60 \sim 120$
空压机	压力(MPa)	—	0.7	0.7
	流量(L/min)	—	$1 \sim 3$	$1 \sim 3$
泥浆泵	压力(MPa)			$3 \sim 5$
	流量(L/min)			$100 \sim 150$

(2)施工操作要点

①施工前根据现场环境和地下埋设物的位置等情况,复核旋喷注浆的设计孔位。

②旋喷注浆法的单管法及双管法的高压水泥浆液流和三重管法高压水射流的压力宜大于 20MPa,三重管法使用的低压水泥浆液流压力宜大于 1MPa,气流压力宜取 0.7MPa,提升速度可取 $0.1 \sim 0.25$m/min。

③旋喷注浆法的主要材料为水泥,对无特殊要求的工程,宜采用强度等级为 32.5 的普通硅酸盐水泥。根据需要可加入适量的速凝、悬浮或防冻等外加剂为掺和料。所用外加剂和掺和料的数量应通过试验确定。

④水泥浆液的水灰比应按工程要求确定,可取 $1.0 \sim 1.5$,常用 1.0;水泥使用前需要做质量鉴定。搅拌水泥浆所用的水应符合有关规定。

⑤旋喷注浆的施工工序为钻机就位、贯入注浆管、喷射注浆、拔管及冲洗等,如图 6-4-2 所示。

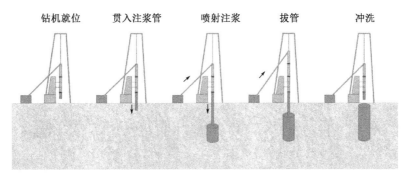

图 6-4-2　旋喷注浆的施工工序

⑥喷前要检查高压设备和管路系统,其压力和流量必须满足设计要求。注浆管及喷嘴内不得有任何杂物。注浆管接头的密封必须良好。

⑦垂直施工时,钻孔的倾斜度一般不得大于 1.5%。在插管和喷射过程中,要注意防止喷嘴被堵,在拆卸或安装注浆管时动作要快。水、气、浆的压力和流量必须符合设计值,否则要拔管清洗再重新进行插管和旋喷。使用双喷嘴时,若一个喷嘴被堵,则可采取复喷方法继续施工。

⑧喷射时,要做好压力、流量和冒浆量的量测工作,并按要求逐项记录。钻杆的旋转和提升必须连续,不得中断。拆卸钻杆继续旋喷时,要注意保持钻杆有 0.1m 的搭接长度,不得使喷射固结体脱节。

⑨深层旋喷时,应先喷浆后旋转与提升,以防注浆管扭断。

⑩搅拌水泥时,水灰比要按设计规定,不得随意更改,在旋喷过程中应防止水泥浆沉淀,使浓度降低。禁止使用受潮或过期的水泥。

⑪钻机与高压注浆泵的距离不宜过远。钻孔的位置与设计位置的偏差不得大于 50mm。实际孔位、孔深和每个钻孔内的地下障碍物、洞穴、漏水如与工程地质报告不符等情况均应详细记录。

⑫当注浆管贯入土中,喷嘴达到设计高程时,即可喷射注浆。在喷射注浆参数达到规定值后,随即旋喷、提升注浆管,由下而上喷射注浆。

⑬对需要扩大加固范围或提高强度的工程可采用复喷措施,即先喷一遍清水,再喷一遍或两遍水泥浆。

⑭在旋喷注浆过程中出现压力骤然下降、上升或大量冒浆等异常情况时,应探明产生的原因并及时采取措施。

⑮当高压喷射注浆完毕,应迅速拔出注浆管。为防止浆液凝固收缩影响桩顶高程,必要时可在原孔位采用冒浆回灌或第二次注浆等措施。

⑯当处理既有构筑物地基时,应采取速凝浆液或大间距隔孔旋喷和冒浆回灌等措施,以防旋喷过程中地基产生附加变形和地基与基础间出现脱空现象,影响被加固工程及邻近墩台。同时,应对构筑物进行沉降观测。

⑰施工中应如实记录旋喷注浆的各项参数和出现的异常现象。

二、土体注浆法

1. 注浆法加固墩台基础的设计

注浆法是被广泛采用的地基加固方法,它既适用于已有结构物地基处理,也适用于新建工程。注浆法可分为水泥注浆法、硅化法和碱液法。

(1)水泥注浆法

①水泥注浆法适用于砂土和碎石土中的渗透注浆,也适用于黏性土、填土和黄土中的压密注浆与劈裂注浆。

②水泥应选用普通硅酸盐水泥或矿渣水泥,其强度等级不低于32.5。水泥浆的水灰比可取为1∶1。

为防止水泥浆被地下水冲失,可在水泥浆中掺入相当水泥质量1%~2%的速凝剂。常用的速凝剂有水玻璃和氯化钙等。

(2)硅化法

硅化法可分双液硅化法和单液硅化法等。对地基土的渗透系数为0.1~80m/d的粗颗粒土,可采用双液硅化法(水玻璃、氯化钙);对地基土的渗透系数为0.1~2m/d的湿陷性黄土,可采用单液硅化法(水玻璃);对自重湿陷性黄土,宜采用无压力单液硅化法,以减少施工时的附加下沉。

(3)碱液法

①碱液(氢氧化钠溶液)法适用于处理既有构筑物的非自重湿陷性黄土地基。

②施工时用洛阳铲或用钢管打到预定处理深度,孔径为50~70mm,孔中填入粒径为20~40mm的小石子至注浆管下端的高程处,将50mm的注浆管插入孔中,管子四周填入5~20mm的小石子,高度200~300mm,再用素土分层填实至地表。

③灌注桶中的溶液可用蒸汽管加热或用火在桶底加热至80~100℃溶液经胶皮管与注浆管自流渗入灌注孔周围形成加固柱体。氢氧化钠的用量可采用加固土体干土质量的3%左右,溶液浓度可采用100g/L。

④在基础两侧或周边应各布置一排灌注孔,孔距可根据处理的要求确定。当要求将加固连成一片时,孔距可取0.7~0.8m。

⑤为减少施工时的附加下沉,各孔应间隔灌浆,合理安排灌注顺序,控制施工速度,防止浸湿区连成一片。

2. 注浆法的技术规范要点

(1)注浆法适用于处理砂性土、粉性土、黏性土和一般填土层。

(2)注浆法的处理目的是防渗堵漏、提高地基土的强度和变形模量,进行托换和控制地层沉降。

(3)注浆设计前,应查明加固土层的分布范围、含水率、土的颗粒级配、地下水和空隙率等土体的物理力学性质指标。

(4)对重要工程,注浆设计前必须进行室内浆液配合比试验。此外,宜进行现场注浆试验,以求得合适的设计参数,并检验施工方法和设备。

3. 注浆法的设计步骤

(1)设计前必须调查研究。内容包括:注浆有效范围、注浆材料的选择、初凝时间、注浆量和压力、注浆孔布置和注浆顺序等。

(2)注浆工艺和有效范围应根据不同工程要求来确定,达到防渗堵漏、提高土体强度和模量、充填空隙及托换等目的。注浆点的覆盖土应大于2m。

(3)选定浆液及其配合比设计。必须考虑注浆的目的、地质情况、地基土的孔隙大小、地下水的状态等,在满足所需目的的范围内选定最佳配合比。

(4)注浆法处理软土的浆液材料可选用以水泥为主剂的悬浊液,也可选用水泥和水玻璃的双液型混合液。丙凝具有凝结时间短的特点,聚氨酯有遇水膨胀的特性,化学浆液因对环境有污染,选用时应慎重考虑。在有地下动水流的情况下,不应采用单液水泥浆。

(5)用作防渗的注浆至少应设置三排注浆孔,注浆液应选用水玻璃或水玻璃与水泥的混合液。注浆孔间距可按1.0~1.5m范围设计。动水情况下的堵漏注浆宜采用双液注浆或初凝时间短的速凝配方。

(6)用作提高土体强度的注浆液可选用以水泥为主剂的悬浊液,注浆孔间距可按1.0~2.0m的范围设计。

(7)初凝时间必须根据地基土质条件和注浆目的决定。在砂土地基注浆中,一般使用的浆液初凝时间为5~20min;在黏性土中劈裂注浆时,一般浆液初凝时间为1~2h。

(8)注浆量取决于地基土性质和浆液的渗透性等因素。在进行大规模注浆施工时,宜在施工现场进行试验性注浆以决定注浆量。一般黏性土地基中的浆液注入率为15%~20%。

(9)在砂性土中注浆,若以防渗为主要目的,则应考虑第二次注浆。第二次注浆宜在第一次注入的水泥浆初凝后进行。注浆材料应采用水玻璃等低黏度的化学注浆材料。

(10)劈裂注浆,在注浆的范围内应尽量减小注浆压力。注浆压力的选用根据土层的性质及其埋深确定。砂性土时的经验数值是0.2~0.5MPa;黏性土时的经验数值是0.2~0.3MPa。

(11)压密注浆,注浆压力主要取决于浆液材料的稠度。如采用水泥的砂浆液,坍落度可在25~75mm,注浆压力可选在1~7MPa范围内,当坍落度较小时,注浆压力可取上限值。如采用水泥—水玻璃双液快凝浆液,则注浆压力应小于1MPa。

(12)注浆孔的布置原则,应能使被加固土体在平面和深度范围内连成一个整体。

(13)注浆顺序必须适合于地基土质条件、现场环境及注浆目的,一般不宜采用自注浆地带某一端单向推进的压注方式,应按跳孔间隔注浆方式进行,以防止串浆。对有地下动水流的特殊情况,应考虑浆液在动水流下的迁移效应,应自水头高的一端开始注浆。

(14)注浆时应采用先外围、后内部的注浆施工方式。注浆范围以外有边界约束条件时,也可采用自内侧开始顺次往外侧注浆的方法。

4. 水泥注浆法施工

(1)注浆施工必须根据设计要求并考虑周围环境条件进行。施工前,设计单位应向施工单位提供注浆设计文件并负责技术交底。

(2)注浆法施工的场地事先应予平整,除干钻法外,应沿钻孔位置开挖沟槽与集水坑,以保持场地的整洁和干燥。

(3)注浆施工情况必须如实和准确地记录,应有压力和流量记录,宜采用自动流量和压力记录仪,并对资料及时进行整理记录,以便指导注浆工程的顺利进行,并为验收工作做好准备。

(4)塑料阀管注浆施工可按下列步骤进行:

①钻机与灌浆设备就位。

②钻孔。

③当钻机钻到设计深度后,从钻杆内灌入封闭泥浆。

④插入塑料单向阀管到设计深度,当注浆孔较深时,阀管中应加入水,以减少阀管插入土层时的弯曲。

⑤封闭泥浆凝固后,在塑料阀管中插入双向密封注浆芯管进行注浆。

⑥注浆完毕后,应用清水冲塑料阀管中的残留浆液;对于不宜用清水冲洗的场地,考虑用纯水玻璃浆或陶土浆灌满阀管内。

(5)花管注浆法施工可按下列步骤进行:

①钻机与灌浆设备就位。

②钻孔或采用振动法将花管压入土层。

③若采用钻孔法,应从钻杆内灌入封闭泥浆,然后插入花管。

④待封闭泥浆凝固后,移动花管自下向上(或自上向下)进行注浆。

(6)压密注浆施工可按下列步骤进行:

①钻机与灌浆设备就位。

②钻孔或采用振动法将金属注浆管压入土层。

③若采用钻孔法,应从钻杆内灌入封闭泥浆,然后插入孔径5cm的金属注浆管。

④待封闭泥浆凝固后,捅去金属管的活络堵头,然后向地层注入水泥—砂稠状浆液或水泥—水玻璃快凝双液浆。

(7)注浆孔的钻孔孔径一般为70~110mm,垂直偏差应小于1%,注浆孔有设计角度时应预先调节钻杆角度,倾角偏差不大于20°。

(8)当钻到设计深度后,必须通过钻杆注入封闭泥浆,直到孔口溢出泥浆方可提杆。当提杆至中间深度时,应再次注入封闭泥浆,最后完全提出钻杆。

(9)7d养护立方体封闭泥浆的抗压强度宜为0.3~0.5MPa,浆液黏度为80″~90″。

(10)塑料单向阀管每一节均应做检查,要求管口平整无收缩,内壁光滑。事先将每6节塑料阀管对接成2m长度以备用。准备插入钻孔内前应复查一遍,必须旋紧每一节螺纹。

(11)注浆芯管的聚氨酯密封圈使用前要进行检查,应无残缺和大量气泡现象,上部密封圈裙边向下,下部密封圈裙边向上,且都应涂上黄油。所有注浆管接头螺纹均应保持有充足的油脂,这样既可保证丝牙寿命,又可避免浆液凝固在丝牙上,造成拆装困难。

(12)若进行第二次注浆,化学浆液的黏度应较小,不宜采用自行密闭式密封圈装置,宜采用两端用水加压的膨胀密封型注浆芯管。

(13)注浆管上拔时宜使用拔管机。塑料阀管注浆时,注浆芯管每次上拔高度应为330mm;花管注浆时,花管每次上拔或下钻高度宜为500mm。

(14)注浆开始前应充分做好准备工作,包括机械器具、仪表、管路、注浆材料、水和电等的检查及必要的试验,其中压力表和流量测定器应是必备的仪表,注浆一经开始即应连续进行,避免中断。

(15)注浆的流量一般为 7～10L/min,对充填型灌浆,流量可适当加快,但也不宜大于 20L/min。

(16)注浆用水应是可饮用的自来水、河水、井水及其他清洁水,不宜采用 pH 值小于 4 的酸性水和工业废水。

(17)水泥浆所用的水泥宜用强度等级为 42.5 级或 52.5 级普通硅酸盐水泥,一般不得超过出厂期 2 个月,受潮结块不得使用,水泥的各项技术指标应符合现行国家标准,并应附有出厂试验单和合格证。

(18)满足强度要求的前提下,可用磨细粉煤灰或粗灰部分代替水泥,掺入量通过试验确定,一般掺入量为水泥质量的 20%～50%。

(19)浆体使用的原材料及制成的浆体应符合下列要求:

①制成的浆体应能在设计要求的时间内凝固并具有一定强度,其本身的防渗性和耐久性应满足设计要求。

②浆体在凝固后其体积不应有较大的收缩率,一般应小于 0.3% 的体积量。

③所制成的浆体在 1h 内不应产生析水现象。

(20)为了改善浆液性能,可在浆液拌制时加入如下外加剂:

①加速浆体凝固的水玻璃,其模数应为 3.0～3.3。水玻璃掺量应通过试验确定,一般为 0.5%～3%。

②提高浆液扩散能力和可泵性的表面活性剂(或减水剂),一般掺量为水泥用量的 0.3%～0.5%。

③提高浆液均匀性和稳定性,为防止固体颗粒离析和沉淀而掺加的膨润土,其掺加量不宜大于水泥用量的 5%。

(21)浆体必须经过搅拌机充分搅拌均匀后,才能开始压注,并应在注浆过程中不停地缓慢搅拌,搅拌时间应小于浆液初凝时间,浆体在泵送前应经过筛网过滤。

(22)在冬季,当日平均温度低于 5℃ 或最低温度低于 -3℃ 的条件下注浆时,应在施工现场采取适当措施,以保证不使浆体冻结。

(23)在夏季炎热条件下注浆时,用水温度不得超过 30～35℃;并应避免将盛浆桶和注浆管路在不注浆状态暴露于阳光下,以免加速浆体凝固。

(24)如注浆中途发生地面冒浆现象应立即停止注浆,调查冒浆原因,如果是注浆孔封闭效果欠佳,可待浆液凝固后重复注浆;如果是地层灌注不进,则应结束注浆。

5. 化学浆液注浆法施工

(1)硅化加固。

压力硅化和电动硅化加固地基的适用范围,可按下列规定选用:

①渗透系数为 0.1～80m/d 的砂土和黏性土宜采用压力双液硅化法。

②渗透系数为 0.1m/d 以下的各类土可采用电动双液硅化法;对渗透系数 0.1～2.0m/d 且在地下水位以上的湿陷性黄土可采用无压或压力单液硅化法。

(2)硅化加固不宜用于下列土中:

①沥青、油脂和石油化合物所浸透的土。
②pH 值大于 9 的土。

(3)施工前应通过现场试验编制施工组织设计,内容应包括:注液管及电极管的布置图和打(钻)入深度、化学浆液浓度和用量、注液方法、灌注速度、灌注压力以及加固效果的要求等。

采用电动硅化加固时,应提出合理的电压梯度、通电时间和方法。

(4)硅化加固用的水玻璃应符合下列规定:
①用于防渗加固的水玻璃模数不宜小于 2.2,用于地基加固的水玻璃模数宜为 2.5~3.3。
②不溶于水的杂质含量不得超过 2%。

(5)氯化钙溶液中的杂质在每升溶液中不得超过 60g,而悬浮颗粒不得超过 1%,溶液中的 pH 值宜为 5.5。

(6)硅化加固所需化学溶液的总用量,可参照式(6-4-1)计算:

$$Q = K \cdot V \cdot n \cdot 1000 \tag{6-4-1}$$

式中:Q——溶液总用量(L);
V——硅化土的体积(m^3);
n——土的空隙率(%);
K——经验系数,一般来讲软土、黏性土、细砂:$K=0.3~0.5$;中砂、粗砂:$K=0.5~0.7$;砾砂:$K=0.7~1.0$;湿陷性黄土:$K=0.5~0.8$。

(7)硅化用的化学溶液,应按照表 6-4-4 的规定选用。

硅化用的化学溶液　　　　　　表 6-4-4

施工方法	土的渗透系数(m/d)	溶液和相对密度($t=18$℃)	
电动双液硅化	≤0.1	1.13~1.21	1.07~1.11
压力双液硅化	0.1~10	1.35~1.38	1.26~1.28
	10~20	1.38~1.41	
	20~80	1.41~1.44	
压力单液硅化用于湿陷性黄土	0.1~2.0	1.13~1.25	—

注:双液硅化法的两种溶液的用量应相等。

(8)注液管宜采用钢管,其内径为 20~38mm。如用钢筋作为电极时,其直径不得小于 22mm。

(9)压力硅化用的泵或空气压缩机,应能在 0.6MPa(表压)的压力以内向每个注液管供应 5~10L/min 的溶液。

(10)管路系统的附件和设备,以及检验仪器(压力计)应符合规定的压力。

(11)设置注浆管和电极棒宜采用打入法。如土层较深,宜事先钻孔至所需加固区域顶面上 2~3m,然后再采用打入法。钻孔的孔径应大于注浆管和电极棒的外径。

(12)需加固土层之上,应有不小于 1m 厚的土层,否则应采取措施防止溶液上冒。

(13)打(钻)入注液管及电极棒,应采用导向装置。注浆管底端间距的偏差不超过 20%;超过时应打补充注液管或拔出重打。

(14)注液管打至设计高程并清理管中泥沙后应及时向土中灌注溶液。

(15)硅化加固程序,应根据土的渗透性按下列顺序进行:

①加固渗透系数相同的土层,应自上而下进行。
②若土的渗透系数随深度而增大,应自下而上进行。
③若相邻土层的土质不同,应首先加固渗透系数较大的地层。当加固的土层不厚时,应采用有孔部分较短的注液管。

(16)采取压力及电动双液硅化法时,灌注溶液应根据地下水的流速按下列规定进行:
①当地下水流速小于1m/d时,先自上而下的灌注水玻璃,然后自下而上地灌注氯化钙溶液。
②当地下流速为1~3m/d时,轮流将水玻璃和氯化钙溶液注入。
③当地下水流速大于3m/d时,应先将水玻璃与氯化钙溶液同时注入,然后轮流注入水玻璃与氯化钙溶液。

(17)采用电动硅化法时,应符合下列规定:
①直流电源的电压梯度宜为0.5~0.75V/cm。
②对不需加固土层的注液管改涂沥青绝缘,加固地区的地表水应予疏干。
③通电由注液开始,延续到溶液灌完后电流曲线下降趋于平衡时为止。通电时间不得超过36min。
④灌注溶液与通电工作须连续进行,不得中断。
⑤灌注溶液的压力,一般不超过0.6MPa(表压)。

(18)拔出注液管后,留下的孔洞应用水泥砂浆或土料填塞。

6. 施工规定

(1)施工时应对原桥梁及其邻近建筑物、地下管线和地面的沉降、倾斜、位移和裂缝进行监测。并应采取多孔间隔注浆和缩短注浆凝固时间等措施,减少原桥梁基础因注浆而产生的附加沉降。

(2)浆体应充分搅拌均匀后才能开始压注,并应在注浆过程中缓慢连续搅拌,搅拌时间应小于浆液初凝时间。浆液在泵送前应经过筛网过滤。

(3)日平均温度低于5℃或最低温度低于-3℃的条件下注浆时,应在施工现场采取保温措施,防止浆液冻结。

(4)对渗透系数相同的土层,首先应注浆封顶,然后由下向上进行注浆,防止浆液上冒。土层的渗透系数随深度而增大时,自下向上注浆。对互层地层,首先应对渗透性或空隙率大的地层进行注浆。

(5)对桥梁的沉降、开裂等进行检测。

任务6.5 桥头搭板维修

台背填土高度较高,营运过程中,台背渗水冲刷,或高填土沉降,从而导致桥头跳车、桥头搭板脱空断裂等病害。

一、桥头缺陷类型

1. 桥头跳车

桥头跳车是由于公路桥头及伸缩缝(桥头引道)处的差异沉降或伸缩缝破坏而使路面纵

坡出现台阶引起车辆通过时产生跳跃的现象(图6-5-1、图6-5-2)。

图6-5-1　桥头不均匀沉陷

图6-5-2　桥头沉陷

桥梁与路基、路面的组成材料、刚度、强度、胀缩性等存在差异,且桥头连接处受力时易形成集中应力。在车辆荷载、结构自重、自然因素作用下,桥梁与道路同时发生沉降,但两者的沉降量有很大差异,道路的沉降量远大于桥梁的沉降量,形成错台,导致行车时发生桥头跳车。

桥梁伸缩缝安装不平整,也会产生桥头跳车(见任务2.2)。

桥头跳车的危害主要表现为:影响行车安全、降低行车速度、影响车辆运营费用和加速桥梁及路面的病害,对道路桥梁的运行影响极大。

2. 桥头搭板缺陷

桥头搭板是用于防止桥端连接部分的沉降而采取的措施。桥头搭板搁置在桥台或悬臂梁板端部和填土之间,随着填土的沉降而能够转动。车辆行驶时可起到缓冲作用,即使台背填土沉降也不至于产生凹凸不平。

填土压实度不足,台背填土未夯实,后期下沉,防排水系统不良,冲刷后脱空,后期重载冲击台背填土沉降等因素,都会造成桥头搭板脱空,甚至断裂(图6-5-3、图6-5-4)。

图6-5-3　桥头搭板脱空开裂

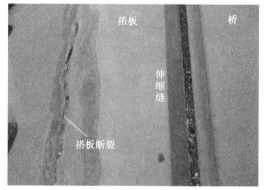

图6-5-4　桥头搭板断裂

二、桥头搭板注浆处理

桥头搭板注浆是指针对旧路桥台搭板尾端出现的不均匀沉陷问题,采用注浆加固措施处理,即利用液压、气压将水泥浆注入路基,在路基内发生径向劈裂,浆液沿裂隙流入土体,并将土体切割成不规则的块体,在块体之间形成互相穿插的胶状水泥结石,形成一种复合型岩土,是防止或减弱路基再下沉的处理方式。

1. 施工准备

(1)现场条件

现场气温不低于5℃,不宜在雨天进行。

(2)交通疏导

为不影响高速公路的正常通行,桥头搭板注浆时一般不实行封闭交通的方式,半幅车道分两次封闭施工。

(3)进场组织

做好桥头搭板注浆施工组织设计。养护班组进场之前,应仔细阅读设计图纸,并到现场核对,如有不符之处,应与设计人员联系。根据设计图纸编制施工组织设计,报工程师审批后组织实施。

(4)养护施工控制区布置

养护作业班组根据批准的施工组织设计,按照《公路养护安全作业规程》(JTG H30—2015)和《江苏省高速公路养护工程施工安全技术规范》(DB 32/T 1363—2009)要求设置养护控制区。

(5)确定处治范围

①确定需注浆搭板。

根据日常巡查与定期检查的结果,如发现桥头行车明显颠簸以及搭板尾部下沉和开裂,则可推断搭板下可能存在脱空情况,必要时也可在搭板范围内钻孔取芯2~3处,根据芯样进一步确定搭板病害及搭板下脱空区情况,明确处治范围。

②确定注浆深度。

搭板注浆时钻孔深度原则上到路床顶面为止。

例:某高速公路路面顶面到路床顶面总厚度为76cm,则注浆钻孔深度为76cm加预估的脱空厚度。

③确定注浆范围。

在搭板注浆前应查阅竣工资料,确认搭板长度、宽度,是否是斜交,然后开始布孔。

④断裂搭板处理。

搭板区域内(非搭板尾端)沥青面层有明显裂缝或错台时,则搭板已断裂,则需对搭板重新破碎浇筑,不需注浆处理。

2. 施工工艺流程

对桥头检查脱空情况,然后钻孔、注浆。其施工工艺见图6-5-5。

3. 施工作业要求

(1)布孔

布孔原则上在搭板外侧边缘向内50cm开始,第一排作为帷幕孔平行于搭板外边缘,内侧按梅花形进行布孔,根据搭板脱空状况孔距一般为2~3m。

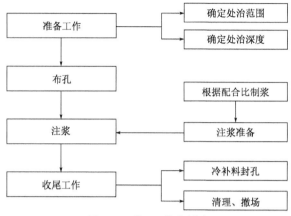

图 6-5-5 施工工艺流程图

钻孔前应大致了解搭板钢筋的布设位置,以便钻孔时尽量避开钢筋,钻孔孔径一般为 100mm 左右。

(2)注浆

①制浆(图 6-5-6)

a. 为保证浆液和易性,水灰比控制为 0.5~0.55。

b. 灌注浆液采用两种,分别用于帷幕孔和中间孔的灌注。水泥 + 粉煤灰浆 A 类(帷幕孔)的质量比(水泥:粉煤灰) = 30%:70%;水泥 + 粉煤灰浆 B 类(中间孔)的质量比(水泥:粉煤灰) = 20%:80%。考虑浆液固化所需的初凝时间、终凝时间、结石率及结石体强度等因素后,在注浆液中掺入一定量的早强剂和微膨胀剂。

c. 浆液配置严格按设计的配合比执行,确保搅拌充分、无结块、不离析,从开始拌浆到注浆时间不超过 30~40min(图 6-5-7)。

图 6-5-6 现场制水泥浆

图 6-5-7 水泥浆

②注浆准备

a. 注浆施工宜在每日尽早开工,保证注浆结束后有足够的时间让浆液成型,天黑之前开放交通,将行车扰动减少到最低程度。如有条件,注浆施工时间宜选择在夏季高温季节进行,则浆液强度提高较快。

b. 注浆前,为防止浆液污染路面,在钻孔注浆前在路面上应铺设一层防渗土工布,钻孔直接在覆盖层上进行。

c. 注浆前需认真检查搭板四周有无空洞或缝隙,特别是桥台锥坡、桥头路基两侧。在注浆过程中应安排专人负责检查是否存在跑浆及漏浆现象,出现这类问题必须先行封堵。

③注浆

a. 在注浆范围内,首先堵塞除注浆点以外的已钻成孔的注浆口(图6-5-8),然后开始注浆。注浆顺序应由外往内进行,先进行帷幕孔的注浆,后进行中间孔的注浆。即先注路基两侧及桥台远端,与桥台台身一起形成一个封闭圈,再注圈内范围(图6-5-9)。

图6-5-8 注浆口

图6-5-9 注浆

b. 注浆时必须一次性将注浆管放置到设计深度,从下而上进行注浆。

c. 注浆压力由小到大依次施加,避免一开始就采用大注浆压力。注浆压力控制在$0.2 \sim 0.3$MPa,流量为$20 \sim 50$L/min。

d. 为提高注浆质量,可进行多次注浆,确保所有脱空区域得到填实。

e. 冒浆处理:在注浆过程中,浆液沿孔隙往上窜流冒出地面,称为地表冒浆。地表冒浆处理时必须耐心细致,有时可能要多次反复处理;一般是在冒浆处用碎棉絮、木塞或速凝水泥封堵,静置$2 \sim 3$h。若封堵无效,则可采用降压、改变水灰比等办法进行处理。

④终止注浆

一般情况下可根据注浆压力判定,当注浆压力有明显上升时,可终止注浆。

注浆过程中,应对注浆车道高程进行动态监控,并应及时关注其他相邻车道的高程变化情况,一旦发现其他车道路面有异常拱起或开裂即停止注浆。

⑤封孔

注浆结束后,对注浆孔采用快干水泥封堵处理。如因沉降需对沥青面层重新铣刨摊铺处理时,应至少间隔一天,确保浆液形成一定的固结强度。

⑥清理

每一车道注浆结束后应立即对车道进行清理,对散落的浆料、水泥等进行冲洗,防止固结后污染路面。

⑦资料整理

a. 每天进场的水泥数量均进行日记录,以监理、甲方现场确认为准。

b. 绘制注浆布孔图,标明注浆位置(桩号、车道),对注浆孔进行编号,标注尺寸。

c. 专人实时记录注浆起止时间、压力值、注浆速率、浆液配合比、水泥用量、冒浆记录。

思考题

1. 下部结构由哪些部件组成?各有什么作用?
2. 桥墩桥台缺损类型有哪些?
3. 基础缺损类型有哪些?
4. 圬工桥梁表面缺陷如何处理?
5. 盖梁、桥墩、桥台、承台如何进行加固?
6. 地基加固方法有哪些?
7. 什么是桥头搭板注浆?施工工艺是什么?有什么注意事项?

项目7 其他加固方法

> 知识目标
> 1. 了解超重车过桥的相关规定,超重车辆过桥时的临时加固方法。
> 2. 了解常见震害,了解桥梁抗震的构造要求,了解桥梁抗震加固方法。
> 3. 了解公路桥梁汛期防护加固方法。

任务7.1 超重车过桥加固

随着国民经济的发展,越来越多的大型超重构件需要通过公路运输来实现。过去数年,由于缺乏必要的规范、管理及相关技术,超重车通过桥梁后,给公路桥梁带来了巨大损失。因此对超重车过桥引起的相关问题,应引起重视。

一、相关规定

根据中华人民共和国交通部2000年第2号通令规定,在公路上行驶的、有下列情形之一的运输车辆称为超限运输车辆:

(1)车货总高度从地面算起4m以上(集装箱车货总高度从地面算起4.2m以上)。

(2)车货总长18m以上。

(3)车货总宽度2.5m以上。

(4)单车、半挂列车、全挂列车车货总质量40000kg以上;集装箱半挂列车车货总质量46000kg以上。

(5)车辆轴载质量在下列规定值以上:

①单轴(每侧单轮胎)载质量6000kg;

②单轴(每侧双轮胎)载质量10000kg;

③双联轴(每侧单轮胎)载质量10000kg;

④双联轴(每侧各一单轮胎、双轮胎)载质量140000kg;

⑤双联轴(每侧双轮胎)载质量18000kg;

⑥三联轴(每侧单轮胎)载质量12000kg;

⑦三联轴(每侧双轮胎)载质量22000kg。

超重车辆上路出行前,承运人应按规定首先向公路部门提出书面申请,同时还应提供下列资料和证件:

(1)货物名称、质量、外轮廓尺寸及必要的总体轮廓图。

(2)运输车辆的厂牌型号、自载质量、轴载质量、轴距、轮数、轮胎单位压力、载货时总的外廓尺寸等有关资料。

(3)货物运输的起讫点、拟经过的路线和运输时间。

(4)车辆行驶证。

公路管理机构审批超限运输时,应根据实际情况,对需经过的路线进行勘测,选定运输路线,计算公路、桥梁承载能力,制订通行与加固方案,并与承运人签订有关协议。公路管理机构负责对通过线路的桥梁进行检查和加固,完工验收后发给可以通行的意见书,最后由公路管理机构发给通行许可证或组织通行。

必须防止因行驶超重车辆引起桥梁损坏,甚至发生安全事故。对超重车辆过桥应采取技术及管理措施,组织超重车辆安全通过。

超重车过桥前,应收集、查找桥梁技术档案资料,对于无资料的或资料不全的应采用科学手段来确定承载力。

对于通过检查尚不能对其技术状况及承载力进行判定或者有特殊要求的桥梁,应进行荷载试验,为承载力的确定提供依据。

超重车过桥,应选用多轴多轮的运载车辆,以改善重车过桥时桥梁构件的受力,并选取桥梁技术状况好,加固工程费用较低的路线通过。

超重车通过主要干线公路桥梁时,应专门组织人员指挥交通,必要时应事前发布通告。

超重车通过时,公路管理机构应派技术人员随同检查,观察是否有位移、变形、裂缝发展等,并予以记录。同时应选择不同桥型进行挠度、应变、反力等的观测,以积累资料。技术人员在重车过桥时应保护自身及观测仪器的安全。为保证通行安全,应对超重车辆采取如下管理措施:

(1)车辆装载的货物尽量减少,尽可能分车装运,并使重量尽量分布在较长的范围内,以减小单位长度的压力。

(2)车上货物安置平稳、适中,避免发生偏载。

超重车过桥时,必须遵循以下规定:

(1)超重车一般应沿桥梁的中心线行驶。

(2)车辆以不大于5km/h的速度匀速行驶。

(3)不得在桥上制动、变速、停留。

(4)对大跨径桥梁,超重车与拖车应考虑桥梁结构的受力特征行驶,以改善桥梁受力;当跨径较小时,可考虑牵引车与平板挂车分别过桥,为此可于桥头设牵引或另行设置卷扬机,将平板车牵引过桥。

(5)超重车通过时应临时禁止其他车辆及行人通过。

二、验算要点

对超重车所需通过的桥梁均应进行必要的计算,以确定需要进行加固方可通过的桥梁及需加固的部位及构件。

对于砖石混凝土结构和钢筋混凝土结构,可只进行承载能力极限状态的计算;对于预应力混凝土结构,计算中使用阶段计算的各种限值可适当放宽。

对现有桥梁结构进行计算时,可只计算超重车在控制截面产生的最不利内力与应力,并与设计荷载内力与应力进行比较,若前者小于等于后者即表明车辆可安全通过;若前者大于后者,应做进一步计算。

对于计算所需的桥梁技术资料有以下要求:

(1)有经批准的正式设计文件或竣工文件,施工质量良好,使用时间不长时可直接采用设计文件或竣工文件。

(2)无设计(竣工)资料或虽有设计(竣工)资料,但施工质量不好,已经出现破损的,应以桥梁实际状况为计算依据。

无论是加固前还是加固后,结构计算图示应以结构实际受力为依据。如果桥梁结构内力(应力)对计算图式很敏感时,应取偏安全的计算图式。

对加固部分的构件应按设计规范进行设计、验算。

对于有荷载试验资料的桥梁,计算应以实测资料为依据。

超重车辆能否安全通过桥梁,应对桥梁通过能力进行判断,以便为桥梁的加固处理提供可行的方案。一般来说,当对桥梁承载能力作出评价后,可用式(7-1-1)来进行其通过能力的判别:

$$\mu = \frac{P_{实} - P_{控}}{P_{控}} \times 100\% \tag{7-1-1}$$

式中:$P_{实}$——超重车产生的截面内力(或超重车等代荷载);

$P_{控}$——标准荷载产生的截面内力(或标准荷载等代荷载)。

其判别标准为:

当 $\mu \geq 0$ 时,超重车具有通过桥梁权;

当 $0 < \mu \leq 5\%$ 时,超重车具有容许通过权;

当 $\mu > 5\%$ 时,超重车丧失通过权。

超重车辆过桥时桥梁承载能力的验算一般可采用下面两种计算方法:

1. 等代荷载法

采用等代荷载可迅速判别超重车辆过桥的可能性是一种比较实用的方法。这一方法就是在同一跨径(或荷载长度)用同一种影响线分别计算出超重车和标准车的等代荷载,将两者进行比较,以判别超重车辆能否安全通过桥梁或桥梁是否需要进行加固。在超重车运输要求时间紧、计算量大的情况下,可采用此法进行粗略判断。这要求在检算时应对桥梁的实际载重能力作出切合实际的评价,并对其承载能力用一定的标准荷载等级表示。

对不同形式的荷载以及各种类型的桥梁,虽然其结构体系(静定或超静定)影响线形状,结构评定的荷载标准均不相同,但只要按照相同跨径(或荷载长度)和相同影响线线形转化成均布荷载,就可直接进行比较。

三角形影响线是最简单的影响线线形,当加载长度和三角形顶点位置相同时,不论最大纵坐标的数值大小,两个三角形的性质彼此相同。而利用三角形影响线的等代荷载来计算其他线形影响线的等代荷载时,其换算系数在同一荷载长度是不变的,所以,比较同一荷载长度的两个其他线形影响线等代荷载的大小时,只要直接比较同一荷载长度的两个三角形等代荷载的大小就可以判别。

2. 实际荷载检算法

实际荷载检算法就是利用超重车辆产生的构件最不利内力组合与标准荷载作用下的最不利内力组合进行比较判别的方法。在此方法检算中，应考虑超重车过桥时的各种管制措施，主要考虑行驶的横向位置及不允许其他活载同时作用。由于超重车过桥时不变速、不制动及限速 5km/h 的要求，因此，在计算时可不计冲击力影响。

综上所述，要验算判定桥梁能否通过超重车辆，须按超重车辆的纵向最不利位置算出结构的最不利内力值，并考虑横向分布的影响，然后再与桥梁标准荷载产生的内力进行比较判别。

三、加固方法

这里主要介绍几种超重车辆过桥时的临时加固方法，具体参见表 7-1-1。

超重车辆过桥临时加固方法　　　　表 7-1-1

方　法	简　图	说　明
全桥跨越加固	（临时梁　临时支座）	适用于小跨径梁式桥和拱式桥。在下部结构和地基受力许可时，可在桥面上临时设钢板梁或钢桁架梁，以供重车直接行驶通过
部分跨越加固	（临时梁　临时支座）	适用于桥梁较长而无法采用全桥跨越法时
竖向支撑加固	（加固立柱）	适用于下部结构承载能力不足，且跨径较大的梁式桥（还可采用八字支撑加固方法）
拉杆加固	（拉杆）	适用于桥下净空许可且基础良好的拱式桥。该方法可消除拱脚水平推力，并使中孔按固定拱计算

任务7.2　公路桥梁抗震加固

我国的地震活动频度高、强度大、震源浅、分布广,是一个震灾严重的国家。强烈地震时,公路桥梁往往遭到严重破坏,不但直接影响交通,而且经常引起次生灾害(由于地震而引起的水、火等灾害),加剧地震危害的严重性,修建在人口稠密地区和重要交通干线上的桥梁更是如此。为了减轻地震造成的损失,要求地震区的桥梁在抗震、防震方面贯彻预防为主的方针。对新建的桥梁要从设计上采取措施,并应进行抗震强度和稳定性验算,以适应抗震要求;对现有桥梁,特别是高地震烈度区的既有桥梁应做好抗震加固。

一、桥梁抗震标准

桥梁尽管结构简单受力明确,但是在遭受到烈度低于抗震规范要求的地震作用下也可能会发生破坏。与相应的建筑结构来讲,由于结构内部体系的高次超静定,在必要和已利用备用的荷载传递路线,因此结果大大优于桥梁。

1. 桥梁抗震设防要求

(1)对于一般地段的桥梁,要做到基本不坏、不需整修,或略有破坏,经过一般修整后即可按原来设计标准继续使用。这里的一般地段是指相对于抗震危险地段、软弱黏性土层和液化土层。实践证明,一般地段的桥梁,震害都较轻,使用不多的抗震投资就可起到避免或减轻震害的目的。

(2)对于修复在抗震危险地段软弱黏性土层或可液化土层上的桥梁,要求是略有破坏,经过一般整修或短期抢救即可维持通车。

所谓抗震危险地段,就是地震断层及邻近地段和在地震时可能发生大规模滑坡、崩塌、软性黏土层和可液化土层地段,在强烈地震时,会出现大规模的地表错动、崩塌、液化,对桥梁造成严重的危害。由此在技术上和经济上的原因,在这种地段修建的桥梁设防要求应有所降低。

2. 桥梁的设计烈度

设某地区在今后一定时期内,例如100年,可能遭遇到的最大地震烈度,称为地震基本烈度。桥梁在抗震设计时采用的地震烈度称为设计烈度,即一切抗震强度验算与构造措施都以基本烈度为基准,并根据建筑物的重要性按照地震规范作适当调整,调整后的烈度称为设计烈度。对于重要的桥梁,通常要提高度来处理。

对于公路桥梁,采用的设计烈度应根据工程的重要性和修复的难易程度,在基本烈度的基础上按下列情况分别处理:

(1)干线上的特别重要的桥梁,按国家批准权限报请批准后,其设计烈度可比基本烈度提高一度采用。

(2)二级公路上的桥梁和三级公路上的桥梁抗震重点桥梁,设计烈度应按基本烈度采用。

(3)对于三级公路上的一般桥梁,四级公路上的抗震重点桥梁,设计烈度可比基本烈度低一度,但基本烈度为7度时不再降低。

(4)对于四级公路上的一般桥梁,可不设防或采用简易的抗震措施。对于临时公路工程可不设防。

(5)对于政治、经济或国防上具有重要意义的三、四级公路上的桥梁,设计烈度可按二、三级公路标准执行。

(6)对于立体交叉的跨线桥,设计烈度不低于下线工程所采用的桥梁。

(7)对于岩石地基上的桥梁设计烈度,比基本烈度降低一度采用。对于岸坡滑移和可液化地基上的桥梁烈度,可在基本烈度上提高后按刚性地基考虑。

3. 桥梁抗震设防起点

经调查,在7度的地震条件下,大多数桥梁基本完好或仅有轻微破坏。所以在一般情况下,可以把以设计烈度表示的抗震设防起点定为8度;对一般工程,当其所在地区的基本烈度为8度时,均应考虑抗震设防;在下列工程中,其抗震设防起点为7度:

(1)修建在地震时可能发生大滑坡、崩塌地段的桥梁。

(2)修建在软弱黏性土层、饱和砂层等可液化土层上的桥梁。

(3)连续梁、T形刚构大跨悬臂梁桥。

二、桥梁震害

(一)桥梁震害的机理

由于地震波传播到地基,使桥基受到因地震而引起的水平和竖直振动,这种振动必将导致桥梁本身也产生水平和竖直振动,从而产生了水平和竖直惯性荷载(或称地震荷载),使桥梁各部受力和变形。在惯性荷载中以水平惯性荷载对桥梁的影响较大,而且顺桥向的水平惯性荷载在结构中产生的地震应力远比横桥向的水平惯性荷载产生的地震应力要大。竖直惯性荷载只对某些不对称的或双悬、单悬臂结构的桥梁产生较大的地震应力,因此在现行《公路桥梁抗震设计细则》(JTG/T B02-01—2008)中规定对大跨径悬臂梁桥、T形刚构等桥型计入竖向地震荷载的影响。

在砂性土和软黏土地区,地震将使土的抗剪能力大幅度降低,从而降低土的承载能力,使墩台下沉和倾斜,特别是砂性土地区地下水极易从桩周夹带细砂从底层冒出地面,导致墩台大幅度下沉。构造地裂缝使墩台产生水平、竖直、倾斜变形。这些变形均属大幅度变形(墩台变形有时可达110cm),将导致桥梁产生严重破坏。

由于砂土液化、地基失效和岸坡滑移,也将导致桥梁大幅度破坏乃至倒塌。

岸坡在地震力作用下出现滑移,滑移土体对桥墩、桥台都产生动土压力(台背在地震中产生的土压力,称为动土压力),这种移动动土压力不仅在台背地面以上的土体中存在,而且在台背地面以下的土体中也存在,不是突变临空面的桥墩土体也会出现这种移动动土压力,并将沿着岸坡滑移方向移动。对出现岸坡滑移的桥梁,震害主要是由这种移动动土压力所造成。因此,对出现岸坡滑移的桥梁,移动动土压力是造成桥梁震害的主要原因。

地震对工程结构的破坏情况,随结构类型的不同、抗震措施的多少而有差别,即便是在等烈度区内的同类结构,其破坏程度也不尽相同。对桥梁而言,若强烈地震时桥梁被震毁而中断交通,则将影响抗震救灾工作的进行。同时桥梁落梁往往还会毁坏墩身,出现全桥被震毁的严重震害。

(二)桥梁震害基本规律

大量调查资料表明,无论是梁式桥或拱桥,震害都有它的规律性,这些规律阐明了震害与烈度高低和地基地质的关系,以及顺桥向和横桥向震害的区别。

1. 高烈度震害比低烈度震害严重

惯性荷载、岸坡滑移产生的移动动土压力,地基失效产生的墩台变位,土的动土压力都是随烈度的增加而增加的。因此,烈度高则震害严重,烈度低则震害较轻。一般来说,在稳定地基上烈度为 8 度时,才使桥梁产生震害,但岸坡滑移和地基失效的桥梁,烈度为 7 度(有时 6 度)时就使桥梁产生震害。

2. 岸坡滑移和地基失效的桥梁比稳定地基上的桥梁震害严重

岸坡滑移对墩台将产生很大的水平压力,使桥梁产生严重破坏;地基失效产生大幅度的变位,导致桥梁产生严重震害。有岸坡滑移的桥梁,当烈度 7 时就会倒塌,而在稳定的地基上的桥梁,则往往要在 9 度或 9 度以上时才倒塌。

3. 顺桥向震害比横桥向震害严重

在大量调查的桥梁震害实例中,所有梁桥和拱桥的倒塌或严重破坏都出现在顺桥的方向,而横桥方向仅出现中等程度的破坏,极个别桥梁发生边梁落梁现象,主要原因是:

(1)墩台在顺桥向的刚度远比横桥向为小,亦即墩台顺桥向的抗弯能力远比横桥向差。

(2)墩台在顺桥向搭接长度远比墩台横桥向富余宽度小,从而易在顺桥向造成落梁。

(3)各梁各墩在顺桥向为串联结构,而横桥向为并联结构,从而使地震荷载和相对位移在顺桥向出现较大的传递和不均匀分配。

(三)桥梁震害

1. 地基状况

根据地基地震状况上的反应,分为刚性地基和非刚性地基,震害表现形式如下:

(1)刚性地基

①地震中,可以认为是近似绝对刚性,任意两点之间将不会出现大幅度的相对位移。

②桥梁墩台及桩基认为是弹性固结桩。

③桥墩的相对位移不应大于地面在地震中的相对位移。

④主要的震害是在桥梁结构上。

⑤设计烈度低于 9 度,跨径不大于 30m 的单板拱桥,可不设抗震强度和稳定计算。

(2)非刚性地基

①在地震中,产生岸坡裂缝,土体滑移。

②台背的土体沉降,推移桥台向河心移动和转动。

③烈度为 7 度或 7 度以上,会使桥墩台倾斜、移动、开裂、折断。

④岸坡滑移使桥梁的总长出现大幅度的变化缩短、拉长。

⑤地基液化,土体结构遭到破坏,土层呈现流动现象,引起桥梁墩台下沉、倾斜,桥梁引桥下沉。

2. 梁式桥上部震害

(1) 地震位移引起的结果

①活动支座的破坏

活动支座是梁式桥抗震中一个最薄弱的环节。调查表明烈度大于或等于7度时,摆柱式支座(图7-2-1)、滚动支座普遍出现失稳、倾倒、脱落现象。

②固定支座的破坏

固定支座在地震中出现的震害有两种情况,一是顺桥向的纯剪切破坏,二是横桥向的弯扭破坏。实际震害表明,当烈度大于或等于8度时,固定支座才出现破坏。顺桥向的破坏性质为纯剪切所致(图7-2-2)。

图7-2-1 摆柱式支座倾覆

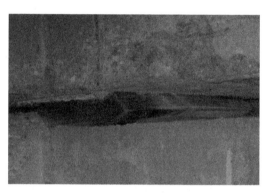

图7-2-2 板式橡胶支座剪切

③地基软弱导致位移过大

这种状况通常发生在软土地基或可液化地基土上。在地震时,承载力下降或者发生液化,造成与震动无关的过大竖向、纵向或横向的位移,甚至导致落梁(图7-2-3~图7-2-6)。

图7-2-3 垂直位移

图7-2-4 纵向位移

④连续刚构桥主梁裂缝

连续刚构桥属于超静定结构,地震时,基础发生位移,主梁应力重新分布,导致主梁开裂,顶板、底板、腹板乃至横隔板均有开裂现象,相比较而言腹板裂缝较多,顶、底板裂缝较少。

a. 顶板裂缝多为纵向裂缝,裂缝延伸均不长,裂缝数量多且密集(图7-2-7)。

图7-2-5 横向位移挤碎防震挡块

图7-2-6 落梁

b.底板裂缝形态较为复杂,既有纵向裂缝也有横向裂缝,还有网状裂缝,出现的位置也表现出较强的规律性,多在边、中跨合龙段附近(图7-2-8)。

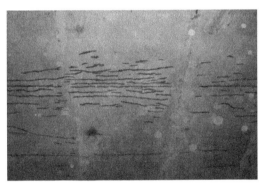
图7-2-7 顶板纵向裂

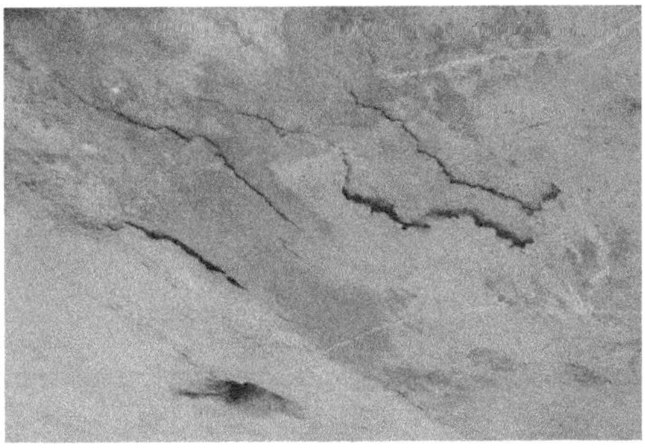

图7-2-8 底板压裂

c.腹板裂缝以斜向裂缝为主,有分布范围广、数量多、宽度不大、延伸长度较长的特点(图7-2-9)。

d.横隔板也出现了裂缝,相对较少见(图7-2-10)。

图7-2-9 腹板斜裂缝

图7-2-10 横隔板开裂

3. 桥墩桥台震害

墩身破坏大都发生在墩身抗震能力薄弱之处,如:地面附近,柱墩顶部,截面突变处,盖梁与桩柱连接处,混凝土桥墩的工作缝处。

对全桥而言,由于跨径突变、墩高突变、结构形式突变、抗推刚度突变,使某一墩台受到的地震水平推力最大而首先开裂或产生较严重的破坏。为此,当设计新桥时应尽可能地减小这种突变,使每一单墩单梁的自振频率尽可能地接近,以协调全桥各墩的振动,从而减小地震力在各墩的不均匀分布。

(1)墩柱弯曲强度与延性破坏

墩柱弯曲强度:在地震中钢筋接头处成为墩柱弯曲破坏薄弱部位,特别是距墩底一半的墩柱高处范围内是地震中被破坏的重点,这里配筋承受的应力大而且多,又是钢筋接头集中地点。

弯曲延性不足:延性即韧性,是指结构经过远远大于屈服位移的几个周期性变形,而强度不会有明显折减的性质。当位移延性水平为 2~3 倍时,在塑性铰区域内的混凝土压应力超过无侧限抗压能力的情况,混凝土保护层剥落,压碎区会很快扩展到核心区域,纵向钢筋屈服强度迅速降低,最后结构不再承载重力荷载而破坏,这时混凝土保护层剥落后,在搭接钢筋处的箍筋会失去约束作用。如图 7-2-11 所示。

(2)墩柱剪切破坏

混凝土的剪力传递、沿弯曲剪切斜裂缝的集料咬合程度遭受到轴向力后的拱式反应,以及箍筋的水平连接作用产生的桁架机制等,都影响着混凝土墩柱的界面剪切强度,如图 7-2-12 所示。

图 7-2-11 墩柱弯曲强度与延性破坏

图 7-2-12 墩柱剪切破坏

(3)墩与盖梁(系梁)节点破坏

墩顶是地震中破坏的重点,往往发生剪切破坏(图 7-2-13)。这里要承受来自各个连接结构的单元体的水平剪力和竖向剪力的组合,造成受力状态成倍地增加。同时,盖梁也产生剪切破坏,主要表现为斜裂缝(图 7-2-14)。

当立柱发生位移变形,产生偏斜,系梁与立柱节点剪切破坏(图 7-2-15、图 7-2-16)。

(4)墩底破坏

这里存在问题不好确定,比如:基脚弯曲强度问题,基脚剪切强度问题,柱底区域内的节点剪切强度问题,柱底的配筋的延伸和锚固问题,抗拉桩与基脚连接问题。见图 7-2-17、图 7-2-18。

图 7-2-13　墩顶破坏

图 7-2-14　墩顶破坏与盖梁开裂

图 7-2-15　立柱偏斜

图 7-2-16　系梁破坏

图 7-2-17　柱墩墩底破坏

图 7-2-18　圬工墩底破坏

(5)桥台破坏

当墩身开裂或固定支座被剪断后,梁撞击胸墙或梁端出现互相撞击。对于高度较大的胸墙,如果梁端的冲击力作用在胸墙的较高部位时,则胸墙将出现弯剪破坏;当作用力的作用点较低且胸墙刚度较大时,将出现剪断破坏。

梁端与梁端或梁端与胸墙撞击时的作用力点,有时在梁高的下部,有时在梁高的中部,但也有可能撞击梁高的上部而将桥面系撞碎。

桥台在地震中受力复杂,有土压力,梁端推力等,因此,桥台所有部位都有可能破坏(图 7-2-19 ~ 图 7-2-22)。

图 7-2-19 胸墙破坏

图 7-2-20 前墙破坏

图 7-2-21 侧墙破坏

图 7-2-22 板式桥台开裂

4. 拱式桥的震害

（1）刚性地基上拱桥的震害

单孔拱桥由于在刚性地基上的拱桥只承受惯性荷载和台背的动土压力,在地面运动作用下,拱在拱平面内的基本振型为反对称的两个波的振动形式,因而拱脚和拱 $L/4$ 处产生的弯矩最大,所以拱脚与拱 $L/4$ 处是抗震薄弱的环节,特别是拱脚处于形状突出部位,既可能出现弯曲开裂,又可能形成剪切位移。

连孔拱桥的抗震能力比单孔为低,出现震害的起点烈度也较低。这是因为连杆在地面运动作用下产生的地震内力等于单拱的地震内力加墩顶变位产生的内力。墩顶在地面水平运动作用下产生的变位大小与墩的抗推刚度和连拱跨数有关;墩越柔,跨数越多,墩顶变位越大,则其地震内力也越大。

（2）非刚性地基上拱桥的震害

非刚性地基上拱桥的震害主要由岸坡滑移和地基沉降引起。岸坡滑移会使桥台产生大幅度的倾斜并向河心位移,使拱桥产生严重震害。地基沉降包括由于液化引起的承载能力的下降和其他原因产生的沉降,例如基础承载能力不足等原因。

(3)震害表现形式

拱桥无论是主拱还是拱上建筑,均是拱桥的易损构件。

①主拱震害是拱桥的多发震害,一旦主拱破坏,其结果必然是全桥垮塌,即使不垮塌,也将导致主拱内力的重分布,不易修复。

②主拱震害较为复杂,所有部位均可能产生裂缝,钢筋混凝土拱桥(板拱桥、肋拱桥、双曲拱桥)裂缝以拱脚居多,圬工拱桥以跨中居多(图7-2-23、图7-2-24)。主拱裂缝形态以横向裂缝为主,但也有斜向裂缝,双曲拱主拱易产生纵向裂缝。

图7-2-23　板拱拱脚开裂

图7-2-24　圬工拱桥跨中开裂

③刚架拱、桁架拱节点处易受破坏,肋拱桥的横撑易受损(图7-2-25、图7-2-26)。

图7-2-25　刚架拱主拱腿断裂垮塌

图7-2-26　肋拱桥斜开裂

三、桥梁抗震要求

桥梁抗震构造要求为了适应桥梁抗震的要求,针对震害实例和桥梁在地震中所出现的各种薄弱环节,提高桥梁抗震能力显然是具有重要意义的。桥梁抗震的构造要求有以下几个方面:

(1)对简支梁、连续梁、系杆拱等,必须设置阻止梁—墩横桥向相对位移的构造,以阻止梁—墩间在地震力作用下产生相对横桥向位移。对悬臂梁和T形刚结构除采取上述措施,还应采取阻止上部结构与上部结构之间横桥向相对位移的构造措施。

(2)对活动支座,均应采取限制其位移、防止其歪斜的措施。

(3)对简支梁应采取如下措施防止地震中出现落梁。

①位于烈度为 8 度和 8 度以上地震区的刚性地基上的简支梁,可采用挡块、螺栓连接、钢夹板连接等防止落梁的措施,或在保证胸墙和台顶抗剪强度的前提下,使梁墩的搭接长度 $\beta \geqslant 1.5(n+1)\delta$,式中,$n$ 为全桥孔数,δ 为梁端间的伸缩缝值。

②位于烈度为 7 度和 7 度以上地震区的非刚性地基上的简支梁,当岸坡在地震中会出现滑动时,应采取深基础,并将其设置于稳定土层以下一定深度,同时在加大墩台强度的前提下采取梁墩措施,或全桥设置底撑,或在全桥范围内铺砌河床。当地基为可液化土层时,应采取深基础,并应将基础设置于可液化层以下一定深度。

(4)对于桩式墩和柱式墩,桩(柱)与盖梁、承台联系处的配筋不应少于桩或柱身的最大配筋,以加固地震中易于出现震害的薄弱部位。

(5)对于砖石混凝土墩台,应考虑提高墩台帽与墩台本身以及墩台本身基础连接处、截面突变处和施工缝处的抗剪强度。

(6)桥台胸墙应加强,在胸墙与梁的端部之间,宜填充缓冲材料,如沥青、油毛毡等。

(7)砖石、混凝土墩台和拱圈的最低砂浆强度等级应按现行设计规范要求提高一级使用。

(8)不论梁式桥、拱桥都应尽量避免在不稳定的河岸修建,必须在不稳定河岸上修建大、中桥时,应合理布置桥孔,避免将墩台布设于在地震时可能滑动的岸坡突变处。

(9)大跨径拱桥的主拱圈宜采用抗扭刚度较大、整体性较好的断面形式,如箱形拱、板拱等。当主拱采用组合式断面时,应加强组合截面间的连接强度,对双曲拱桥应加强肋板间的连接。

(10)大跨径拱桥不宜采用二铰拱和三铰拱。当小跨径拱桥采用二铰板拱时,应采取防止落拱构造措施,如在加长的拱座斜面设置防落牛脚等。

(11)砖石、混凝土空腹拱的拱上建筑,除靠近墩合的腹拱采用二铰或三铰外,其余腹拱宜采用连续结构。

(12)拱桥宜尽量减轻拱上建筑的重量。

(13)刚性地基烈度为 9 度时,或非刚性地基烈度为 7 度时,单孔及连孔拱桥与端腹孔均应采取防止落拱构造,包括加长拱座斜面、设置防落牛脚及将主拱钢筋伸入墩台帽内。

(14)除上述有关抗震构造要求外,应特别加强施工质量的保证措施。

四、梁式桥抗震加固方法

在梁式桥的抗震加固方法中,就上部结构而言,主要是防止顺桥向和横桥向的落梁,防止支座的破坏以及梁墩相对位移等方面。

1. 防止顺桥向(纵向)落梁

(1)增设挡块加强背墙。将原桥台胸墙拆除,重做钢筋混凝土胸墙,在梁端和胸墙间填充缓冲材料(如沥青油毡或橡胶垫),并在台帽外侧加做挡块,卡住横隔板,见图 7-2-27。

(2)桥台加固挡块。挡块及胸墙的尺寸,应按《公路工程抗震设计规范》(JTG B02—2013)进行计算决定,其构造参考图 7-2-28。

(3)H 形卡梁加固。石砌重力式桥墩与跨径较小的梁式桥,可在两根梁的端横板(梁)缝中钻孔,用槽钢及螺栓做成 H 形架,将主梁固定于桥墩上。在限制主梁移动、防止落梁震害的前提下,必须保证主梁正常情况下的少量伸缩余地,特别在活动支座一端。因此软木垫或橡胶垫要按规定尺寸施工。

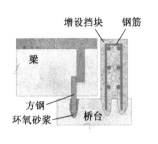

图 7-2-27　增设挡块加强背墙(尺寸单位:cm)

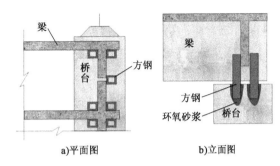

图 7-2-28　桥台加固挡块构造图(尺寸单位:cm)

(4)三角形支架加固。桩式桥墩与一般桥跨,当端横隔板(梁)底面与盖梁面有缝隙可以穿过钢板的梁式桥时,可不用钻孔,而用钢板焊接成正反面的三角形支架,把梁固定在桥墩上。软木垫块或橡胶垫同上所述,要按规定尺寸施工,限制主梁在约束范围内得以自由活动。

(5)墩帽上设置于活动支座端的挡块。在墩帽上设置梁活动端支座的挡块,有利于防止纵向、横向的落梁震害。挡块位置应考虑温度变化影响和荷载挠度位移等而留有余量。

(6)板梁与墩台间的螺栓连接加固。用螺栓加固板梁与墩(台)之间的固定连接,把梁或板固定于桥墩上以防止落梁,见图 7-2-29。板梁采用油毛毡支座的,可将每片梁板钻孔深入至墩台内,放入螺栓,填以环氧砂浆,上紧螺母。固定端钻孔填砂浆,活动端应扩孔并填以弹性材料,以适应温差伸缩的纵向加固,在梁端隔板之间中性轴线上钻孔,用螺栓连接。

(7)梁端横隔板之间用螺栓连接。此法为纵向加固,在梁端隔板之间中性轴线上钻孔,用螺栓连接,见图 7-2-30。

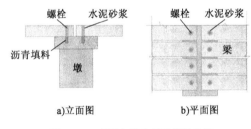

图 7-2-29　板梁与墩台间的螺栓连接

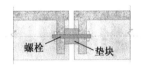

图 7-2-30　梁端横隔板之间用螺栓连接

(8)悬臂挂孔梁侧钻孔加固。对于悬臂梁桥的挂梁可以采用纵梁侧钻孔并用钢板螺栓连接的固定措施。活动支座端则扩大螺孔,以适应温度变化伸缩等影响。也可用螺栓竖向连接或以钢板于梁顶面钻孔连接二梁(悬臂和挂梁)端部的办法。

(9)梁间连接。利用梁端钢板铰接的连接法,在梁侧钻孔安装。

(10)梁与台帽胸墙连接。情况同上述,但铰直接与桥台胸墙上的埋设件连接起来防止落梁。

2.防止横桥向落梁

(1)当边主梁外侧盖梁较短,无条件钻孔设置横向挡块时,可用钢丝绳将主梁和边桩横向连接在一起,要注意钢丝绳与绳夹的规格大小及连接方法应符合要求,桩顶的合箍内应衬橡胶垫,并用螺栓将合箍拧紧。

(2)当边主梁外侧盖梁上有条件钻孔时,可设钢筋混凝土横向抗震挡块(纵向挡块对防止横向落梁也有一定作用),见图7-2-31。

(3)在主边梁外侧桥台盖梁或台帽上埋设短角钢或钢轨、槽钢作为挡杆,见图7-2-32。钢构件外露部分涂红丹一度、灰铅漆二度进行防腐处理。

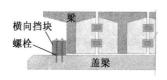
图7-2-31 增设钢筋混凝土横向抗震挡块

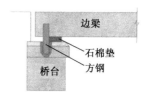
图7-2-32 梁端横隔板之间用螺栓连接

(4)在主边梁外侧墩(台)帽上埋设钢锚栓、固定三角形钢支架作为防止边梁震落的抗震措施,外露部分涂布红丹一度,灰铅漆二度。

(5)用角钢或短钢轨代替钢筋混凝土挡块,防止横向地震力作用下发生横向落梁,角钢外露部分按上述用红丹、灰铅漆涂布。

事实上,防止纵向落梁的一些抗震方法(如挡块的设置等)也对防止横向落梁有一定作用。此外,型钢构件也可用于防止横桥向落梁。

五、拱式桥抗震加固方法

在基础条件许可的情况下,地震区也可以建造拱桥。大跨径和高墩台的拱桥往往比小跨径和低墩台拱桥的震害严重,而多孔的连孔拱桥则又比单孔拱桥易于出现震害。因此,对跨径大于20m的双曲拱桥及跨径大于15m的坦肋拱桥和桁架拱桥,当裂缝宽度超过0.2mm、长度超过1/2拱圈厚度时都应予以加固。

拱桥加固,主要以整体加固为主,以双曲拱加固为例,各部分抗震加固主要措施如下:

对双曲拱来说,由于连接部位较多,如拱肋和拱波的连接,拱肋和桥墩(台)连接,拱上建筑和拱圈的连接,这些常成为双曲拱桥抗震的薄弱环节,也应予以加固。

(1)拱肋、拱波间裂缝补强

拱波和拱肋之间出现裂缝,可压注环氧树脂砂浆补强。

(2)钢筋网混凝土法加固拱桥上部

拱板上增设钢筋网一层,并铺筑混凝土封填厚10cm,钢筋网顺桥长至少2m(跨径为20~30cm时)或更长(跨径为30m以上时),以加强整体性和抗扭刚度(图7-2-33)。

(3)加劲钢筋及剪刀撑加固拱桥上部

设两道相距1m的加劲钢筋,两筋间用剪刀撑连接(所有钢材均需作防锈处理),每根钢筋下波谷间用混凝土浇筑沿桥长方向宽10cm的填平层进行加固(图7-2-34)。

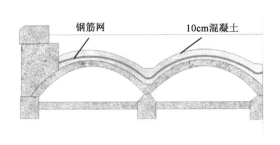
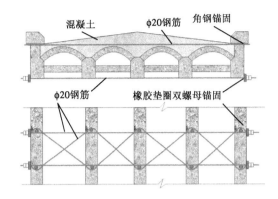

图 7-2-33　钢筋网混凝土法　　　　　图 7-2-34　加劲钢筋及剪刀撑加固法

（4）桥台与拱脚加固

在拱座凿孔，深度大于50cm，埋设φ20钢筋，另一端伸入拱背和埋设在拱肋波谷上的锚栓相连，并同横向的两边分布钢筋彼此焊接，然后浇筑混凝土（图7-2-35）。

（5）桥墩与拱脚加固

桥墩与拱脚加固构造和桥台相同，墩顶上如有腹拱墙，需在墙脚凿孔，穿入φ20钢筋，使植筋连为一体（图7-2-36）。

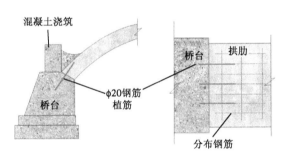
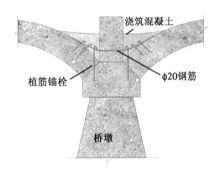

图 7-2-35　桥台和拱脚加固　　　　　图 7-2-36　桥墩拱脚加固

（6）拱圈钻孔锚固法加固石拱桥

石拱桥可在拱的跨中和 $L/4$ 处加设三道钢板箍，用螺栓在拱底及拱侧钻孔植筋，应注意拱侧锚固点设在拱圈厚度的 1/3 处。如图 7-2-37 所示。

（7）拱上建筑加固

立柱高度大于5m，未设中横系梁者应加设连接构件；腹拱构造如系梁式结构，加固对策与梁桥相同。

六、墩台和基础的抗震加固

地震区的桥梁在修建时应根据烈度的大小，对下部构造的设计提出相应的抗震要求。在修建时未考虑地震因素的墩台基础，应验算在地震作用下的倾覆及抗滑稳定性。若不能满足要求时，应采取抗震加固措施，主要加固方法如下：

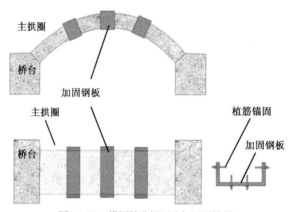

图 7-2-37　拱圈钻孔锚固法加固石拱桥

1. 盖梁-柱节点加固

（1）减少盖梁中的地震力作用

在地震中,盖梁所承受的作用力超过其强度时,此时减弱地震作用力的最有效方法是增加横系梁;如果横系梁位置较高,将有效地减少地震对盖梁的影响;如果横系梁位于柱的中部,则减少柱承受的弯矩;如果横系梁位于柱的底部,则对柱桩起保护作用,如图 7-2-38 所示。

a) 降低盖梁受力　　b) 减小墩顶横向位移　　c) 降低基础受力

图 7-2-38　增加系梁加固

（2）提高盖梁的抗弯强度

通常盖梁加固的原则是提高盖梁的抗弯强度,使塑性铰在柱中形成。在原盖梁旁(两旁)添加钢筋混凝土支承梁;在原盖梁底部进行钢板加固(图 7-2-39);另一种方式,是在盖梁端部使用垫板进行预应力整体提高加固。

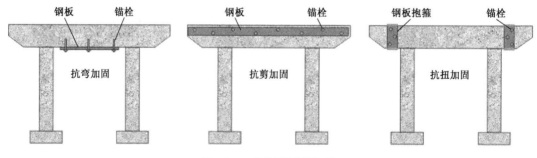

图 7-2-39　盖梁粘贴钢板加固

(3)提高盖梁的抗剪强度

拱圈截面或部分截面的支承梁,可以通过配置横向钢筋来提高盖梁的抗剪能力;通过预应力方式,可达到提高抗弯能力或抗剪能力;还可通过周边的粘贴钢板(图7-2-39)或纤维结构来达到此目的。在应用时都是根据盖梁的弯曲强度、剪切强度及弯曲包络图进行设计与验算。

(4)提高盖梁的抗扭强度

采用闭合抱箍箍住盖梁横截面(图7-2-39),以提高盖梁的抗扭强度,箍筋与混凝土形成一个管套把盖梁包裹其中。对于整体式盖梁,可以采用施加轴向预应力来抑制扭转裂缝扩展,提高其抗强度。

2.提高基础稳定性

在地震中,基础摇摆可认为是隔震的一种措施,说明这种隔震方式有效地削减了桥墩和上部结构的地震影响。需要说明一个问题,基础抗倾覆能力如果小于柱子的抗弯能力,基础将发生摇摆,并不表明这种摇摆比柱底形成塑性铰更有倒塌危险。但是,基础的摇摆一般是不能接受的,这主要是摇摆位移会引起在上部结构中造成系列的破坏,这就需要进行加固。其加固方法有以下几种:

(1)锚杆法

把基础锚固于土中,或是通过连接杆穿过基础,把承台与混凝土桩连接起来,以提高基础的抗倾覆能力,如图7-2-40所示。这种结构有一个很大的缺点,就是当拱脚负弯矩发展到一定程度时,会造成基础顶面出现裂缝。

(2)采用增大基础尺寸

在基础周边增设周边桩,在周边桩之上增设一个钢筋混凝土覆盖层,并与原基础连接成整体,以增大基础的稳定性,同时能增大基础抗弯能力,如图7-2-41所示。

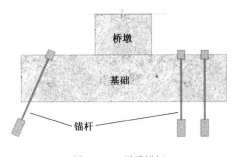

图7-2-40 增设锚杆

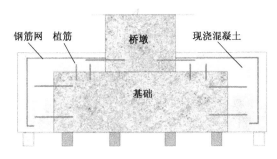

图7-2-41 增大基础

(3)增设阻尼装置

在桥梁纵向增设上部结构与桥台之间阻尼装置,限制墩台的摇晃幅度。这种方法适合长桥的上部连续结构(图7-2-42)。

(4)连续梁法

在相邻柱之间基础上,设置连续梁,起到增强基础稳定的效果(图7-2-42)。

(5)提高基础整体性和稳定性方法

除了前述提高基础抗震能力的方法外,还可以通过对柱墩加斜撑,对排架桩加斜撑(图7-2-43、图7-2-44);在桥台后加挡土墙、增设桥孔、前面增设护壁,如图7-2-45、图7-2-46

所示;以及将轻型桥台改建为重力式 U 形桥台等多种方法进行加固,以提高桥梁的抗震能力。

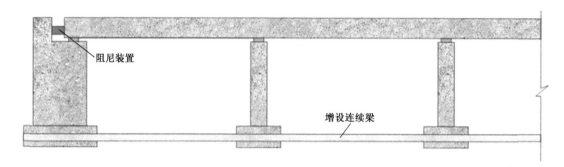

图 7-2-42　增设连续梁或阻尼装置

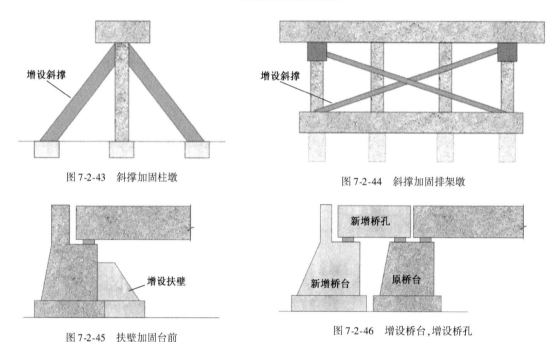

图 7-2-43　斜撑加固柱墩　　　　　　图 7-2-44　斜撑加固排架墩

图 7-2-45　扶壁加固台前　　　　　　图 7-2-46　增设桥台,增设桥孔

任务7.3　公路桥梁汛期防护加固

桥墩遭受洪水冲击时很容易造成破坏,有些是受到暴洪携带的巨石冲击后遭到破坏的,有些是受到强大的洪水冲刷之后遭到破坏的,还有的在洪水来临尚未受到巨大冲击就倒塌了,但被冲毁的过程是基本一致的。

当河床受到水流冲刷而危及桥梁墩台基础时,必须采取防护措施。根据河床地质情况及冲刷范围的不同,所采取的防护措施也不尽相同,各种不同的防护、加固方法简述如下:

(1)石笼防护

用竹子、铅丝或钢筋制成石笼护基,并将石笼间以钢筋或铅丝相互连接下沉。

(2) 板桩防护

在土质或细砂砾河床,可筑板桩围堰并于堰内填砂砾、石,见图 7-3-1。注意板桩顶面高程不应高于河床。

(3) 水混凝混土板块防护

当河床不稳定、基础埋置深度浅、冲刷范围较大时,宜取平面防护,范围视具体情况而定。在水流中不宜施工时宜采用铺置混凝土块的办法防护。采用铺筑水泥混凝土防护时,需在河床整个宽度内进行,不能部分施工。

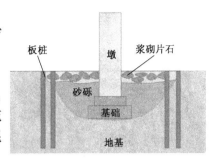

图 7-3-1 板桩防护

(4) 块石片石防护

同上情况,也可采取双层或单层块、片石作平面防护,但当河床面有淤泥杂物时,须加以清除,填以砂砾夯实后再行砌石,方能稳固。

(5) 抛石防护

用于深水墩台,将石块抛在桥梁墩台四周被冲刷的坑内,填满至高于河床面,以防再次冲刷,见图 7-3-2。抛石大小可根据防护地点洪水流速 v 及水深 H 估算,一般当流速超过 3m/s 的块石直径应大于 40cm。实际抛投时,可掺和一定数量的小石块填塞大石块之间的缝隙,卡紧石块,使之成为整体。洪水流速较大时,抛入水中的石块,一方面因自重而下沉,另一方面又随水流向下游漂浮,因此抛石地点应在需要防护地点上游一定距离 L,该距离可按经验公式估算。

在投抛块石或石笼时,石块和石笼均不应抛得过多,以免减少排洪断面,加剧其他桥墩的冲刷。对山区河流来说,抛石可就地取材,费用也较省,施工较简便。当流速 $v \geq 5$m/s,墩前局部冲刷危及桥梁安全时,可在墩前抛投大型片石混凝土砌块进行局部防护。大型砌块形式除矩形外,还可以设计成凸样的或带棱角的。对石料来源困难的桥梁,可用 C15 混凝土预制成重 1t 的混凝土六脚块,见图 7-3-3。

图 7-3-2 抛石防护

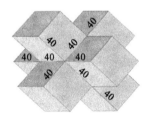

图 7-3-3 混凝土预制六角块

(6) 板桩墩头防护

对于土质和砂砾石的变迁性河段,可采用板桩进行墩头防护,见图 7-3-4。板桩顶面一般不应高出河床面,最好埋置在冲刷线以下,因桩柱高出床面,会产生阻水,在板桩前造成局部冲刷,影响护桩安全。板桩尖头做成单向斜口式,打桩时可使板桩接缝紧密,板桩入土嵌制深度一般为 0.5~1.0m。

(7) 马蹄形铅丝笼填石防护

马蹄形大型铅丝笼,可用 ϕ5mm 钢筋作骨架,用 8 号铅丝编成网眼作外框,大铅丝笼宽 3.0m、高 0.6m,大铅丝笼在岸上编成后,用船运到桥墩处下沉就位,内填毛石,最后再加铅丝网封盖,见图7-3-5。

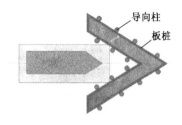

图7-3-4 板桩墩头防护

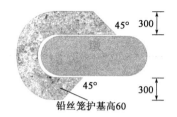

图7-3-5 马蹄形铁丝笼填石防护(尺寸单位:cm)

(8)混凝土板防护

混凝土板属于局部冲刷平面防护,混凝土板应置于一般冲刷线以下,并应盖住所在位置的冲刷坑范围。混凝土板整体性强,抗冲耐磨,施工较方便,是一种防护桥墩局部冲刷的有效措施。对于新建桥梁,设置深基有困难时,可用混凝土板来抵抗局部冲刷以提高基础埋置深度。一般在基础施工时,可利用开挖基坑,在基坑内浇筑混凝土板。混凝土板埋置较深,要求盖住所在位置冲刷坑的范围较小,可增加桥墩安全。

(9)钢筋混凝土席块的防护

钢筋混凝土灌注桩和打桩基础受水冲刷侵蚀时,可填抛钢筋混凝土席块防护。将席块连接在桩和系梁埋设的铁环上,席块与席块之间用有活动余地的铁环连接。

(10)三级跳坎防护

当下游冲刷严重,为缓冲水流冲刷影响,可用浆砌块、片石或预制混凝土块筑成三级消力坎(或称三级跳坎),见图7-3-6。

(11)海曼防护

同上目的,亦可采用海曼式防护缓冲水流。海曼式防护可用砌石或铺筑混凝土,见图7-3-7。

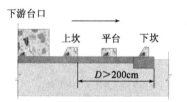

图7-3-6 三级跳坎防护

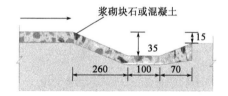

图7-3-7 海曼防护(尺寸单位:cm)

思考题

1. 什么是超限运输车辆?
2. 超重车辆过桥有哪些规定?临时加固方法有哪些?
3. 梁式桥的震害有哪些?
4. 梁式桥的抗震加固方法有哪些?

5. 拱式桥震害有哪些?
6. 墩台和基础的哪些?
7. 墩台和基础的抗震加固有哪些?
8. 汛期防护方法有哪些?

附录 A 加固用材料

A.1 材料选用原则

（1）桥梁加固用材料的品种、规格及使用性能,应符合国家、行业相关标准的规定,并满足设计要求。

（2）采用碳纤维加固桥梁结构时,应采用与此纤维材料相配套的树脂类找平、黏结和表面防护材料。

（3）桥梁加固用新材料必须通过相关管理部门组织的技术鉴定。

A.2 水泥混凝土

（1）桥梁结构加固用混凝土的强度等级应比原结构构件提高一级,且不得低于 C30;当采用预应力混凝土进行加固时,其强度等级不得低于 C40。

（2）水泥的品种、性能和质量应符合下列要求:

①应采用强度等级不低于 32.5 级的硅酸盐水泥、快硬硅酸盐水泥或普通硅酸盐水泥;当有耐腐蚀、耐高温的要求时,应采用相应的特种水泥。

②当配置加固用聚合物砂浆时,所采用的水泥强度等级不应低于 42.5 级。

（3）集料的品种和质量应符合下列要求:

①粗集料应选用质密、坚硬、强度高、耐久性好的碎石或卵石。对于主要承重构件的加固集料的最大粒径:拌和混凝土应不超过 20mm,小石子混凝土不超过 10mm。不得使用含有活性二氧化硅石料制成的粗集料。

②细集料应选用中、粗砂,其细度模数宜控制在 2.6～3.7。

（4）混凝土拌和用水应符合下列要求:

①水中不应含有影响水泥正常凝结与硬化的有害杂质或油脂、糖类及游离酸类等。

②污水、pH 值小于 5 的酸性水及含硫酸盐量按 SO_4^{2-} 计超过水的质量 $0.27mg/cm^3$ 的水不得使用。

③不得用海水拌混凝土。

④供饮用的水。

（5）混凝土所掺的粉煤灰应是 I 级灰,且烧失量应不大于 3%。

（6）当桥梁加固选用聚合物混凝土、微膨胀混凝土或合成短纤维混凝土时,应在施工前进行试配,并应检验其强度、抗干缩性及耐腐蚀性。

(7)混凝土中掺用外加剂时,其质量及相关技术规定应符合现行《混凝土外加剂》(GB 8076)与《混凝土外加剂使用技术规范》(GB 50119)的要求;不得使用含有氯盐、亚硝酸盐、碳酸盐和硫氰酸盐类成分的外加剂;不应使用铝粉作为混凝土的膨胀剂。

A.3 钢　　材

(1)普通钢筋应采用热轧 R235、HRB335 级、HRB400 及 KL400 钢筋。

(2)钢板、型钢、扁钢和钢管应采用 Q235 钢、Q345 钢、Q390 钢、Q420 钢;对重要结构的焊接构件,应采用 Q235-B 级钢、Q345-C 级等可焊性好的钢材。

(3)预应力钢材的品种、质量和性能应符合下列要求:

①预应力钢材的基本性能指标应满足现行《公预规》表 3.2.3-2 的要求。

②体外预应力索应采用防腐性能可靠的产品,宜采用成品索;采用环氧涂层预应力钢材庆检测涂层的质量及主要性能指标。

(4)焊接材料的型号和质量应符合下列要求:

①焊条材料的品种、规格应符合设计要求;其型号应与被焊接钢材的强度相适应。

②焊缝连接的设计指标应符合公路桥梁钢结构设计规范的相关规定。

(5)高强螺栓应符合国家、行业现行规范的相关规定。

A.4 锚　固　件

(1)桥梁加固需要植筋时,宜采用:HRB335 级热轧带肋钢筋,也可采用 HRB400 级和 RRB400 级热轧带肋钢筋。

(2)锚固件使用钢螺杆时,应采用全螺纹非焊接螺杆,钢材等级应为 Q345 级或 Q235 级。

(3)锚固件为锚栓时,其钢材的性能指标必须符合表 A.4-1 中的有关规定。

加固用锚栓主要性能指标　　　　　　　　　　表 A.4-1

性能等级		性能项目		
		抗拉强度标准值(MPa)	屈服强度标准值(MPa)	伸长率(%)
碳素钢及合金钢锚栓	4.8 级	400	320	14
	5.8 级	500	400	10
	6.8 级	600	480	8
	8.8 级	800	640	12
不锈钢锚栓	50($d\leqslant39$mm)	500	210	$0.6d$
	70($d\leqslant24$mm)	700	450	$0.4d$
	80($d\leqslant24$mm)	800	600	$0.3d$

注:d 表示锚栓的公称直径。

A.5　纤维复合材料

(1)纤维复合材料用的纤维应为连续纤维,通常采用碳纤维、玻璃纤维及芳纶纤维,其品种和性能应符合下列要求：

①碳纤维应选用不大于12K(1K=1000)的小丝束聚丙烯腈基(PAN基纤维),不得使用大丝束纤维。

②玻璃纤维,应选用S玻璃纤维或E玻璃纤维,不得使用A玻璃纤维或C玻璃纤维。

③碳纤维与玻璃纤维复合材料的主要力学性能应符合表A.5-1的规定。

桥梁加固用纤维复合材料主要力学性能指标　　　　表A.5-1

纤维类型			抗拉强度标准值(MPa)	弹性模量(MPa)	伸长率(%)	弯曲强度(MPa)	纤维复合材料与混凝土正拉黏结强度(MPa)	层间剪切强度(MPa)
碳纤维	布料	Ⅰ级	≥3400	≥2.4×10^5	≥1.7	≥700	≥2.5且为混凝土	≥45
		Ⅱ级	≥3000	≥2.1×10^5	≥1.5	≥600		≥35
	板材	Ⅰ级	≥2400	≥1.6×10^5	≥1.7	—		≥50
		Ⅱ级	≥2000	≥1.4×10^5	≥1.5	—		≥40

注：纤维复合材料的抗拉强度标准值应根据置信水平0.99、保证率为95%的要求确定。

④芳纶纤维复合材料的力学指标参照《桥梁用芳纶纤维布(板)》(JT/T 531—2019)执行。

(2)加固用纤维复合材料与胶黏剂应进行以下适配性检验,且检验结果必须符合表A.5-1的规定：

①抗拉强度标准值。

②纤维复合材料与混凝土正拉黏结强度。

③层间剪切强度。

(3)在材料性能检验和桥梁加固设计中,纤维复合材料截面面积的计算应符合以下规定：

①对纤维布材,应按纤维的净截面积计算,即取纤维布材的计算厚度乘经宽度,纤维布材的计算厚度应按其单位面积质量除以纤维密度确定。

②对单向纤维板材,应按不扣除树脂体积的板截面面积计算,即应按实测的板厚乘以宽度计算。

(4)纤维复合材料的单位面积纤维质量和纤维体积应符合下列规定：

①单层碳纤维布材的单位面积纤维质量,不应低于200g/m^2,不宜高于300g/m^2;单向碳纤维板材的厚度不应小于1.0mm;不宜大于2.0mm;板的宽度不宜大于150mm;碳纤维体积含量不应低于60%。

②单层芳纶纤维布材的单位面积纤维质量,不应低于280g/m^2;不宜高于830g/m^2。

③玻璃纤维布材的单位面积纤维质量,不应低于300g/m^2;不宜高于600g/m^2。

A.6 胶 黏 剂

(1)桥梁加固用胶黏剂,根据所加固结构的重要程度分为A级胶与B级胶;其中A级胶用于重要结构或构件的加固,B级胶用于一般结构或构件的加固。

(2)桥梁承重结构(构件)加固用浸渍、粘贴纤维复合材料的胶黏剂的安全性能指标必须符合表A.6-1的要求。不得使用不饱和聚酯树脂、醇酸树脂等作为浸渍、黏结胶黏剂。

碳纤维浸渍、粘贴用胶黏剂安全性能指标　　　　　　　　　表 A.6-1

性能项目		性能要求	
		A级胶	B级胶
胶体性能	抗拉强度(MPa)	≥40	≥30
	抗拉弹性模量(MPa)	≥2500	≥1500
	抗弯强度(MPa)	≥50	≥40
		且不得呈脆性破坏	
	抗压强度(MPa)	≥70	
	伸长率(%)	≥1.5	
黏结性能	钢—钢拉伸抗剪强度标准值(MPa)	≥14	≥10
	钢—钢不均匀扯离强度(kN/m)	≥20	≥15
	与混凝土正拉黏结强度(MPa)	≥2.5且为混凝土内聚破坏	
不挥发物含量(固体含量)(%)		≥99	

注:1. 表中的胶黏剂性能指标,应根据置信水平$C=0.90$,保证率为95%的要求确定。
　　2. 表中的性能指标除标有标准值者外,其余均为平均值。
　　3. 用于粘贴碳纤维板的胶黏剂,当涂抹厚度小于3mm时,材料的流挂应小于1mm。

(3)浸渍、粘贴芳纶纤维复合材料用的胶黏剂,其安全性能指标不应低于A级胶的要求,采用的底胶与修补胶也必须与之相适配。

(4)粘贴纤维复合材料用的底胶与修补胶应与浸渍、黏结胶黏剂相适配,其安全性能指标应符合表A.6-2的要求。

底胶及修补胶安全性能指标　　　　　　　　　表 A.6-2

性能项目		性能要求	
		A级胶	B级胶
底胶	钢—钢拉伸抗剪强度标准值(MPa)	≥14	≥10
	与混凝土正拉黏结强度(MPa)	≥2.5且为混凝土内聚破坏	
	不挥发物含量(固体含量)(%)	≥99	
	混合后初黏度(23℃)(MPa·s)	≤6000	
修补胶	胶体抗拉强度(MPa)	≥30	
	胶体抗弯强度(MPa)	≥40且不得呈脆性破坏	
	与混凝土正拉黏结强度(MPa)	≥2.5且为混凝土内聚破坏	

注:表中的性能指标除标有标准值者外,其余均为平均值。

(5)粘贴钢板或型钢用的胶黏剂,其安全性能指标必须符合表 A.6-3 的要求。

粘贴钢板或型钢用胶黏剂安全性能指标 表 A.6-3

性能项目		性能要求	
		A 级胶	B 级胶
胶体性能	抗拉强度(MPa)	≥30	≥25
	抗拉弹性模量(MPa)	≥3500(≥3000)	
	抗弯强度(MPa)	≥45	≥35
		且不得呈脆性破坏	
	抗压强度(MPa)	≥65	
	伸长率(%)	≥1.3	≥1.0
黏结能力	钢—钢拉伸抗剪强度标准值(MPa)	≥15	≥12
	钢—钢不均匀扯离强度(kN/m)	≥16	≥12
	钢—钢黏结抗拉强度(MPa)	≥33	≥25
	与混凝土的正拉黏结强度(MPa)	≥2.5 且为混凝土内聚破坏	
不挥发物含量(固体含量)(%)		≥99	

注:表中括号内的抗拉弹性模量指标仅用于灌注黏结型胶黏剂。

(6)混凝土桥梁结构锚固用的胶黏剂,必须采用专用改性环氧胶黏剂、改性乙烯基酯胶黏剂或改性氨基甲酸酯胶黏剂,其安全性能指标必须符合表 A.6-4 的要求;其填料必须在工厂制胶时添加,严禁在施工现场掺入。

锚固用胶黏剂安全性能指标 表 A.6-4

性能项目			性能要求	
			A 级胶	B 级胶
胶体性能	劈裂抗拉强度(MPa)		≥8.5	≥7.0
	抗压强度(MPa)		≥60	
	抗弯强度(MPa)		≥50	≥40
黏结能力	钢—钢(钢套筒法)拉伸抗剪强度标准值(MPa)		≥16	≥13
	约束拉拔条件下带肋钢筋与混凝土的黏结强度(MPa)	C30φ25,L=150mm	≥11	≥8.5
		C60φ25,L=125mm	≥17	≥14
不挥发物含量(固体含量)(%)			≥99	

注:表中的性能指标除标有标准值外,均为平均值。

不得使用以水泥和微膨胀剂为主要成分配制的锚固剂作为黏结材料。

(7)混凝土桥梁加固用胶黏剂,其钢—钢黏结抗剪性能必须经过湿热老化检验合格,湿热老化检验应在50℃温度和98%相对湿度环境下进行;老化时间:重要构件不得小于90d,一般构件不得小于60d;经湿热老化后的试件,应在常温条件下进行钢—钢黏结拉伸抗剪试验,其强度降低的百分率(%)应符合下列要求:

①A 级胶不得大于10%。

②B 级胶不得大于15%。

(8)桥梁加固用胶黏剂应进行毒性检验,对完全固化的胶黏剂,其检验结果应符合实际无毒卫生等级的要求。

(9)在桥梁加固用的胶黏剂中,不得使用乙二胺作为改性环氧树脂的固化剂;不得在其中掺入挥发性有害溶剂和非反应性稀释剂。

(10)寒冷地区桥梁加固用胶黏剂应通过耐冻融性能检验。

A.7 裂缝修补用材料

(1)混凝土桥梁裂缝注射或压力灌注用修补胶的安全性能指标必须符合表 A.7-1 的要求。

裂缝修补用胶(注射剂)安全性能指标 表 A.7-1

性 能 项 目		性 能 指 标
胶体性能	抗拉强度(MPa)	≥20
	抗拉弹性模量(MPa)	≥1500
	抗压强度(MPa)	≥50
	抗弯强度(MPa)	≥30 且不得呈脆性破坏
钢—钢拉伸抗剪强度标准值(MPa)		≥10
不挥发物含量(固体含量)(%)		≥99
可灌注性		在产品说明书规定的压力下,能注入宽度为 0.1mm

(2)桥梁混凝土裂缝修补用聚合物水泥注浆料的安全性能指标必须符合表 A.7-2 的要求。

裂缝修补用聚合物水泥注浆料安全性能指标 表 A.7-2

性 能 项 目		性 能 指 标
浆体性能	劈裂抗拉强度(MPa)	≥5
	抗压强度(MPa)	≥40
	抗折强度(MPa)	≥10
	注浆料与混凝土正拉黏结强度	≥2.5 且为混凝土破坏

A.8 混凝土表层缺陷修复及防护用材料

(1)混凝土表层缺陷修复材料可采用混凝土(砂浆)、聚合物水泥混凝土(砂浆)、改性环氧混凝土(砂浆)等材料。其质量及性能应符合现行相关标准、规范的规定或满足设计要求。

(2)处于侵蚀性环境桥梁的钢筋防锈采用宜采用渗透型阻锈剂,其质量及性能标应符合现行国家、行业标准的相关规定;不得采用以亚硝酸盐类为主成分的阳极阻锈剂。

(3)受侵蚀性环境影响的混凝土桥梁,其表面防护用涂装材料可采用丙烯酸类、聚胺酯类、硅烷类或环氧类料,各层涂料应具有良好的相容性。

附录 B 桥梁加固用表格

B.1 工程设备报验单

_____高速公路江苏段养护工程_____市段

承包单位_____ 合同号_____
监理单位_____ 编　号_____

工程设备报验单

致（驻地监理工程师）：_____
　　下列工程设备经自检符合技术规范要求，报请验证，并准予进场。
　　附件：无

承包人：　　　　　　　　　　　　　　　　　　　　　　　　年　月　日

设备名称			
设备来源、产地			
设备规格			
用途（用在何工程或部位）			
本批设备数量			
设备预计进场日期			

专业监理工程师检查验收意见：

　　　　　　　　　　　　　　　　　　　　专业监理工程师：　　年　月　日

根据合同要求，以上设备（材料）经检查，符合/不符合合同技术规范要求，可以/不可以进场，在指定工程部位上使用。

　　　　　　　　　　　　　　　　　　　　驻地监理工程师：　　年　月　日

B.2 工程材料报验单

_____高速公路江苏段养护工程_____市段

承包单位_____　　　　　　合同号_____
监理单位_____　　　　　　编　号_____

工程材料报验单

致(驻地监理工程师):_____
下列工程材料经自检符合技术规范要求,报请验证,并准予进场。 附件:1. 材料出厂质量保证书; 　　　2. 质量检测报告。   　　　　　　　　　　　　　　　　　　　　　　承包人:　　　年　月　日

材料名称			
材料来源、产地			
材料规格			
用途(用在何工程或部位)			
本批材料数量			
材料预计进场日期			

专业监理工程师检查验收意见: 　　　　　　　　　　　　　　　　　　　专业监理工程师:　　　年　月　日
根据合同要求,以上设备(材料)经检查,符合/不符合合同技术规范要求,可以/不可以进场,在指定工程部位上使用。   　　　　　　　　　　　　　　　　　　　驻地监理工程师:　　　年　月　日

B.3 施工组织设计报审表

_____高速公路江苏段养护工程_____市段

承包单位_____ 合同号_____

监理单位_____ 编　号_____

施工组织设计报审表

致(驻地监理工程师):_____
现报上_____工程的施工组织设计,请予审查和批准。 　　附件:施工组织设计(内容如下,但内容不限于此) 　　1. 施工进度计划　□ 　　2. 施工方法、顺序、时间　□ 　　3. 材料、设备、人员进场计划、资源的安排　□ 　　4. 项目管理组织设置及人员分工　□ 　　5. 施工安排和方法总说明　□ 　　6. 质量控制方法、手段　□ 　　7. 重点工程施工措施　□ 　　8. 质量保证体系规划与措施　□ 　　9. 安全保障体系与措施　□   　　　　　　　　　　　　　　　　　　　　　　　　　　承包人:　　　年　月　日
驻地监理工程师审查意见: 　　　　　　　　　　　　　　　　　　　　　　　　　驻地监理工程师:　　　年　月　日
工程技术部审批意见: 　　　　　　　　　　　　　　　　　　　　　　　　　　工程技术部:　　　年　月　日

B.4 工程开工申请单

_____高速公路江苏段养护工程_____市段

承包单位_____ 合同号_____
监理单位_____ 编 号_____

工程开工申请单

致(驻地监理工程师):_____ 　　根据合同要求,我们已经做好_____工程的开工前的一切准备工作,现要求该项工程正式开工,请予批准。 　　计划开工日期: 年 月 日 　　计划完工日期: 年 月 日 　　附件:施工组织设计报审表 □   　　　　　　　　　　　　　　　　　　　　　　　　　　　　　承包人: 年 月 日
驻地监理工程师审查意见: 　　　　　　　　　　　　　　　　　　　　　　　　　　　　驻地监理工程师: 年 月 日
工程技术部审批意见: 　　　　　　　　　　　　　　　　　　　　　　　　　　　　工程技术部: 年 月 日

B.5 高速公路养护施工作业报备表

<u>　　　　　　　</u>高速公路江苏段养护工程<u>　　　　</u>市段

承包单位_____　　　　　合同号_____
监理单位_____　　　　　编　号_____

高速公路养护施工作业报备表

施工项目名称			
施工路段起讫桩号			
施工期限			
施工单位名称(盖章)			
项目负责人		联系电话	
现场负责人			
高速公路经营管理单位意见			(签章) 年　月　日
施工作业监管管理单位意见	路政大队意见		交巡警大队意见
	(签章) 年　月　日		(签章) 年　月　日

一、有关附件:(一)工程批准文件(或养护计划),内容包括:(1)施工设计方案、施工期限等;(2)施工进度或日程安排等。(二)施工现场管理方案,内容包括:(1)施工路段现场管理责任人(项目经理)和现场管理人员、执勤人员名单,须制定施工安全管理人员网络图;(2)施工现场作业控制区施工标志、安全标志等交通安全设施设置和维护情况,须制定施工路段现场管理措施,包括交通、通信、交通标志、安全设施、施工路段交通安全控制图等;(3)重大事故、交通堵塞等特情处置应急预案和分流保障措施等;(4)其他需要说明的事项。(三)在施工中避免对公路路产造成损坏的措施等。

二、该表一式四份,路政大队、交巡警大队、经营管理单位及施工单位各一份。

B.6 安全技术交底表

_____高速公路江苏段养护工程_____市段

承包单位_____　　　　　合同号_____
监理单位_____　　　　　编　号_____

安全技术交底表

工程名称					
施工单位		交底部位		工序	
安全技术交底内容					
交底人		职务		交底时间	
接受交底人签字：					

B.7　专项养护工程报验单

_____高速公路江苏段养护工程_____市段

承包单位_____　　　　　　合同号_____
监理单位_____　　　　　　编　号_____

专项养护工程报验单

致(驻地监理工程师)：_____ 　　根据合同规定，我方已完成了_____工程项目的施工内容，经自检符合合同及设计要求，且技术资料齐全，请予以检查和验收。 　　附件：质量自检资料   　　　　　　　　　　　　　　　　　　　　　　承包人：　　年　月　日
专业监理工程师检查验收意见：   　　　　　　　　　　　　　　　　　　　　专业监理工程师：　　年　月　日
驻地监理工程师审核意见：   　　　　　　　　　　　　　　　　　　　　驻地监理工程师：　　年　月　日

B.8 工程项目验收单

_____高速公路江苏段养护工程_____市段

承包单位_____　　　　　　合同号_____
监理单位_____　　　　　　编　号_____

工程项目验收单

项目名称：_____

项目类别		开工日期		完工日期	
验收日期					
施工单位					
项目概况					
验收结论					
验收部门(单位)			验收人		
主办部门(单位)意见					

B.9　工程计量表

_____高速公路江苏段养护工程_____市段

承包单位_____　　　　　　　　合同号_____
监理单位_____　　　　　　　　编　号_____

工 程 计 量 表　　　　　　　　　　A-

报验单编号		桥梁名称	
项目编号	工程部位		工程量

计算过程(计算式、草图、几何尺寸):

承包人:　　年　月　日

养护工区现场意见:

签字:　　年　月　日

养护工区负责人意见:

签字:　　年　月　日

B.10 专项工程预算表

_____高速公路江苏段养护工程_____市段

承包单位_____ 合同号_____
监理单位_____ 编　号_____

专项工程预算表

序号	名称	单位	数量	单价(元)	金额(元)	备注
		小计				
		间接费				
		利润				
		税金				
		安全生产费				
			总计			

制表：　　　　　　　　　复核：

B.11 现场工程量变更签证单

<u>　　　　　　　</u>高速公路江苏段养护工程<u>　　　　</u>市段

承包单位_____　　　　合同号_____

监理单位_____　　　　编　号_____

现场工程量变更签证单

里程桩号		（　）幅	
桥名		结构部位	
计算图及几何尺寸：			
附：现场照片_____张，计算书_____页			
工程数量		承包人：	
审查意见： 　　　　　　　　　　　　　　　　　　　　　　监理工程师：　　年　月　日			
审批意见： 　　　　　　　　　　　　　　　　　　　　　养护工区负责人：　　年　月　日			

注：本表填写与设计文件或计划不符的工程量。

B.12　工序质量检验单（粘贴碳纤维）

_____高速公路江苏段养护工程_____市段

承包单位_____　　　　　　合同号_____
监理单位_____　　　　　　编　号_____

粘贴碳纤维加固工序质量检验单

里程桩号			（　）幅	
桥名			结构部位	

项次	工序名称	质量控制点	验收人	备注
1	构件表面处理	表面裂缝修补 □ 破损混凝土凿除 □ 基面打磨平整 □ 转角磨圆处理 □	签名： 日期：	
2	涂刷基底胶	无漏刷、流淌 □ 无气泡、毛刺 □ 胶体涂抹厚度符合要求 □ 胶体涂刷时间未超过7d □	签名： 日期：	
3	粘贴碳纤维	碳纤维材料裁剪合理 □ 碳纤维材料干净整洁 □ 胶体涂刷符合要求 □ 材料搭接宽度与间隙设置合理 □ 材料接头位置选择合理 □	签名： 日期：	
4	表面保护*	涂刷防护涂料 □ 撒黄砂、砂浆抹面 □ 其他防护 □	签名： 日期：	

注：在"□"中打"√"即表示符合要求；* 表面保护具备一种即可。

B.13　现场质量检验报告单(粘贴碳纤维)

_____高速公路江苏段养护工程_____市段

承包单位_____　　　　　　合同号_____
监理单位_____　　　　　　编　号_____

粘贴碳纤维现场质量检验报告单

里程桩号			（　）幅		施工时间	
桥名			桥跨编号		检验时间	
项次	检验项目		容许值	实测结果	备注	
1	粘贴位置		中心线偏差≤10mm		钢尺测量	
2	碳纤维布粘贴数量		≥设计标准		计算	
3	空鼓面积比		小于5%		小锤敲击法	
4	胶黏剂厚度	板材	2mm±1.0mm		钢尺测量	
		布材	<2mm			
5	硬度(布材)		>70°		测量	
6	拉拔试验					
7	施工温度(℃)		5~35℃			

施工小结：

　　　　　　　　　　　　　　　　　　　　　　　承包人：　　年　月　日

　　　　　　　　　　　　　　　　　　　　　监理工程师：　　年　月　日

　　　　　　　　　　　　　管理处桥梁主管或桥梁管理员：　　年　月　日

参 考 文 献

[1] 中华人民共和国行业标准.JTG H11—2004 公路桥梁养护规范[S].北京:人民交通出版社,2004.
[2] 中华人民共和国行业标准.JTG/T J22—2008 公路桥梁加固设计规范[S].北京:人民交通出版社,2008.
[3] 中华人民共和国行业标准.JTG/T J23—2008 公路桥梁加固施工技术规范[S].北京:人民交通出版社,2008.
[4] 中华人民共和国行业标准.JTG/T H21—2011 公路桥梁技术状况评定标准[S].北京:人民交通出版社,2011.
[5] 中华人民共和国行业标准.JTG/T J21—2011 公路桥梁承载能力检测评定规程[S].北京:人民交通出版社,2011.
[6] 中华人民共和国行业标准.GB 50367—2013 混凝土结构加固设计规范[S].北京:中国建筑工业出版社,2013.
[7] 中华人民共和国行业标准.JTG D60—2015 公路桥梁设计通用规范[S].北京:人民交通出版社股份有限公司,2015.
[8] 中华人民共和国行业标准.JTG 3362—2018 公路钢筋混凝土及预应力混凝土桥涵设计规范[S].北京:人民交通出版社股份有限公司,2018.
[9] 中华人民共和国行业标准.JTG/T 3650—2020 公路桥涵施工技术规范[S].北京:人民交通出版社股份有限公司,2020.
[10] 中华人民共和国行业标准.JTG B02—2013 公路工程抗震设计规范[S].北京:人民交通出版社,2013.
[11] 中华人民共和国行业标准.JTG/T B02-01—2008 公路桥梁抗震设计细则[S].北京:人民交通出版社,2008.
[12] 中华人民共和国行业标准.JTG/T L11—2014 高速公路改扩建设计细则[S].北京:人民交通出版社,2014.
[13] 中华人民共和国国家标准.GB 50017—2017 钢结构设计规范[S].北京:中国建筑工业出版社,2017.
[14] 中华人民共和国行业标准.CECS 319—2012 双曲拱桥加固改造技术规程[S].北京:中国建筑工业出版社,2012.
[15] 中华人民共和国行业标准.JT/T 327—2016 公路桥梁伸缩装置通用技术条件[S].北京:人民交通出版社股份有限公司,2017.
[16] 中华人民共和国行业标准.JT/T 327—2004 公路桥梁伸缩装置通用技术条件[S].北京:人民交通出版社,2004.
[17] 中华人民共和国行业标准.JT/T 4—2019 公路桥梁板式橡胶支座[S].北京:人民交通出版社股份有限公司,2019.

[18] 中华人民共和国行业标准.JT/T 391—2019 公路桥梁盆式支座[S].北京:人民交通出版社股份有限公司,2019.

[19] 中华人民共和国行业标准.JTG/T J21-01—2015 公路桥梁荷载试验规程[S].北京:人民交通出版社股份有限公司,2015.

[20] 中华人民共和国行业标准.JTG D50—2017 公路沥青路面设计规范[S].北京:人民交通出版社股份有限公司,2017.

[21] 中华人民共和国行业标准.JTG D40—2011 公路水泥混凝土路面设计规范[S].北京:人民交通出版社,2011.

[22] 中华人民共和国行业标准.JTG H30—2015 公路养护安全作业规程[S].北京:人民交通出版社股份有限公司,2015.

[23] 中华人民共和国行业标准.JT/T 531—2019 桥梁用芳纶纤维布(板)[S].北京:人民交通出版社股份有限公司,2019.

[24] 中华人民共和国国家标准.GB 50119—2013 混凝土外加剂使用技术规范[S].北京:中国建筑工业出版社,2013.

[25] 中华人民共和国国家标准.GB 8076—2008 混凝土外加剂[S].北京:中国建筑工业出版社,2008.

[26] 江苏省地方标准.DB 32/T 1363—2009 江苏省高速公路养护工程施工安全技术规范.

[27] 江苏省地方标准.DB 32/T 2172—2012 公路桥梁橡胶支座病害评定技术标准.

[28] 交通运输部公路科学研究院.公路桥梁加固改造技术指南[M].北京:人民交通出版社股份有限公司,2020.

[29] 叶见曙.公路旧桥病害与检查[M].北京:人民交通出版社,2012.

[30] 姚国文.桥涵维护与加固技术[M].北京:人民交通出版社股份有限公司,2015.

[31] 占劲松,黄志刚.公路桥梁检测与维修加固指南[M].北京:人民交通出版社股份有限公司,2017.

[32] 武春山,张德成.桥梁养护与加固技术[M].北京:人民交通出版社,2010.

[33] 福建省公路管理局,东南大学.公路桥梁养护维修与加固改造技术[M].北京:人民交通出版社,2013.

[34] 黄平明,陈万春.桥梁养护与加固[M].北京:人民交通出版社,2009.

[35] 张劲泉,王文涛.桥梁检测与加固手册(上下册)[M].北京:人民交通出版社,2009.

[36] 王化冰.山东高速桥梁维修加固技术手册[M].北京:人民交通出版社,2011.

[37] 刘自明.桥梁工程养护与维修手册[M].北京:人民交通出版社,2009.

[38] 施路遥.基于UHPC环箍约束的混凝土桥墩抗震加固研究[D].江苏:东南大学,2018.

[39] 牟泓雨.香格里拉大桥病害处置及加固技术研究[D].江苏:西南科技大学,2020.

[40] 秦向杰,等.基于文保要求的南京长江大桥双曲拱桥加固方案比选及设计[J].中外公路,2020(4):102-106.

[41] 林桂萍,等.有推力钢管砼中承式拱桥吊杆加固技术[J].广东公路交通,2020(6):35-39.

[42] 姚明杨.石拱桥维修加固施工技术应用研究[J].施工技术,2020(1):35-36.

[43] 方卫国.双曲拱桥维修加固设计[J].施工技术,2019(增刊):6-11.
[44] 宋恒扬.汶川大地震桥梁震害对山区既有简支梁桥抗震加固的启示[J].西南公路,2008(4):44-49.
[45] 严松,颜鹏飞.某大悬臂翼缘板连续梁桥裂缝成因分析及加固研究[J].交通科技,2019(4):41-44.